理论的四季

《深圳特区报》学术随笔

秦德君 著

天津出版传媒集团

天津人民出版社

图书在版编目（CIP）数据

理论的四季：《深圳特区报》学术随笔 / 秦德君著
. -- 天津：天津人民出版社，2022.1
ISBN 978 - 7 - 201 - 18203 - 2

Ⅰ.①理… Ⅱ.①秦… Ⅲ.①社会科学—文集 Ⅳ.
①C53

中国版本图书馆 CIP 数据核字（2022）第 017117 号

理论的四季：《深圳特区报》学术随笔
LILUN DE SIJI：《SHENZHEN TEQU BAO》XUESHU SUIBI

出　　版	天津人民出版社
出 版 人	刘　庆
地　　址	天津市和平区西康路 35 号康岳大厦
邮政编码	300051
邮购电话	（022）23332469
电子信箱	reader@ tjrmcbs. com
责任编辑	章　赪
封面设计	中联华文
印　　刷	三河市华东印刷有限公司
经　　销	新华书店
开　　本	710 毫米 ×1000 毫米　1/16
印　　张	19.5
字　　数	350 千字
版次印次	2022 年 1 月第 1 版　2022 年 1 月第 1 次印刷
定　　价	98.00 元

序

《深圳特区报》理论周刊主编/周国和

十月怀胎，一朝分娩，那种喜悦，唯有做母亲的才能亲身体会。秦德君老师的新书《理论的四季》，何止十月，而是十年。十年磨一剑，孜孜以求，其中味道，甘苦自知。用十年来做一件事情，在这个快餐文化时代，坚守不易，没有一点追求是难以做到的。

新书出版，秦德君老师让我写几句话。作为这本书的第一读者，我可能是仔细读过它每一个字的幸运读者。正是这种缘分。我恭敬不如从命，把秦老师的这种邀请作为一种信任和友情。

十多年前，我接手《深圳特区报》理论周刊工作时，为了把理论版办得更活一点，更有特色一点，到处请教高人。除了刊登一些重头的理论文章外，我们还邀请全国的专家学者，撰写一些形式活泼的学术随笔。它不拘题材，不拘写法，只求以专业的眼光来看待世事，有点思想深度，有点现实关怀，有点学术味道，大家写小文，这就有了后来"观澜"这个版面。秦德君老师就是当时我请教的高人之一，不单是问他如何把看似沉闷的理论版办得有点生气一些，而且请他亲自操刀。他满口答应，从第一篇开始到现在，没想到已经十多年了。

十多年，该发生多少的事情，何止沧海桑田，何止青丝如雪，但是对我来说，不变的是，催促和期待秦老师的稿件，首先是电话，后来是微信，秦老师照样总是答应。我知道，他的工作任务很重，曾主持完成上海市人民政府决策咨询重点课题、深圳市人民政府重大课题、上海市哲社规划办等省部级及以上课题二十多项，还有许多学术著作在写；我这边的学术随笔，他完全是工作之外的额外帮忙，可写可不写。可是他从来没有推辞过，反而是把它当成自己必需的工作，而且一写就是十多年。一件事，做一年可以，做十年就不是一般了。对他的这种热心与持之以恒，除了心存感激之外，我还有一份敬佩。

秦老师是政治学者，兼任上海市政治学会副会长，是上海市习近平新时代中国特色社会主义思想研究中心研究员、上海市改革创新与发展战略研究会学术委员会副主任，主要研究政治设计与体制改革。他所撰写的学术随笔也大多是政治学的。许多人以为政治与自己无关。其实，政治就是众人之事。孙中山说："政是众人之事，集合众人之事的大力量，便叫作政权；治是管理众人之事，集合管理众人之事的大力量，便叫作治权。所以政治之中，包含有两个力量：一个是管理政府的力量，一个是政府自身的力量。"

近代以来，国势颓唐，江山风雨飘摇，人民水深火热，仁人志士纷纷寻找救国救民之道。那些觉醒的人不断把目光转向欧美等先进国家，探寻富民强国的秘籍，成为最早睁眼看世界的人。作为现代国家的政治学也是在这时引入国内。为什么有的国家文明发达，有的却面临亡国亡种？国家的目的是什么，又是如何产生的？政府与国家是一回事吗？政府该如何组建，又如何发挥其应有的作用，而又不逾界？权力如何产生，来自哪里？为什么有的人拥有生杀予夺之权，君要臣死，臣不得不死？李唐赵宋，为什么几千年的古老中国都是一家一姓之中国，谁的拳头大，谁就拥有天下，打江山坐江山，一家推翻另一家，如此循环往复，国家发展却总是原地踏步，甚至远远落后，却依然夜郎自大，形成一个超稳定的封建系统？个人在国家中的位置应该是什么？权利到底为何物？权利与权力又有什么不同？

这些最早睁眼看世界的人发现，一个国家强大的基因就藏在那个看不见的个人背后，天下者非一人之天下，乃天下之天下也。严复说："身贵自由，国贵自主，生之与群，相似如此。"只有由自由人组成的国家才会强大。个人必须先成为自己的主人，才能成为国家的公民。因此，首先要做的就是摆脱奴役，去掉奴隶思想，让每个人成为独立的享有自由权利的人。要明确公权与私权之分，对私权利来说，"法无禁止即可为"；对公权力来说，"法无授权即禁止"。作为一个公民，只要法律没有禁止，他就可以充分享受自由的天地。而对于政府而言，法律规定的才可以做，不能任意逾界。

这就是近代以来的改造国民性。国家要强大，必先有自强自立之国民，因此，严复力倡"鼓民力、开民智、新民德"；梁启超提倡"新民"说，"余为《新民说》，欲以探求我国民腐败堕落之根原，而以他国所以发达进步者比较之，使国民知受病所在，以自警厉、自策进"；他又说，"苟有新民，何患无新制度，无新政府，无新国家"。

自晚清一百多年来，一大批先进的知识分子不遗余力地探寻现代国家建设的规律。他们认为，要建设现代国家，必须要有现代意识的国民，必须要建立现代国家制度。秦德君老师的许多学术随笔都是围绕这个来展开。比方说，对于现代国家制度的研究，秦老师写了一系列的文章；在《制度设计为什么重要》中，他从"分蛋糕原则"说到制度设计的重要性，认为最管用的办法是设定一条规则：切蛋糕者最后拿取蛋糕。这就是著名的"分饼规则"。根据这一"程序规则"，负责分饼者不可以先拿蛋糕而须在他人选取之后——如果没有这种"他人先取、操刀者最后"的程序安排，权力者为什么不可以把饼切割有大有小而先取呢？这样的规则创制，就是制度设计，也是政治设计。

他认为，作为一种政治规划行为，制度设计广泛存在于社会生活中。从公元前18世纪历史上第一部完整法典《汉穆拉比法典》诞生，到公元18世纪第一部成文宪法制定；从最初的生产、分配和交换产品中归纳出共同的规则，到现代法律体系的形成等等，制度设计在不同的历史时空中展现着风光旖旎的历史画卷。

对包括制度设计在内的许多政治学议题，秦老师作了富有成效的探讨。相信这本书能够给读者带来更深刻的思考。

2021 年 4 月 14 日，于深圳

前　言

"理论是灰色的，而生活之树常青。"

其实理论是社会生活的一部分。理论当有春的活力，如"领异标新二月花"；须有秋的沉静，如"删繁就简三秋树"；还得有夏的开放，负势竞上，旺盛勃发；有冬的凝练，抖落名缰利锁，在冷板凳上耐得住寂寞。

学术随笔作为一种学术言说方式，可直击生活，规避冗长空泛、八股泛滥。比起板着面孔说话硬邦邦的高头大文来，学术随笔更能接生活地气，融学理、鉴识与意趣于一体。表达上可更为灵动，融入学术个性。所以学术随笔最得"四季"之形色，春的活力生动、夏的开放洒脱、秋的沉静干净、冬的凝练冷峻都可以有。古今很多方家，不写大体系的宏大理论，却写下无数影响很大的札记、笔记、随笔等，盖缘此罢。

十多年来，有幸在《深圳特区报》理论周刊"观澜"学术、专论等版面上发表了一些小文；收录入本书时，个别处按编辑要求稍有技术改动外，均为发表时原貌。文章从不同方面、不同侧面记录、分析、反映了社会发展的历程。从小文中略可"观澜"到社会发展的线索和一些重点。

元末明初文学家刘崧《观澜》诗说："子舆观乎，维水有澜。其澜伊何，厥观实难。我观河江，其量弗殚。"生活的激浪总是澎湃向前，其量弗殚。今天无论是现实，还是理论，都进入了一个新境遇。理论、学术、思想如能到中流击水，浪遏飞舟，摒弃假大空，遏止伪学道，才能掠时代之风云，得生活之青色，析世相之真义，也才谈得上根植于生活的泥土，保持理论应有的品质。

2021 年 11 月 9 日

目　录

第一章

01

$$2021—2020$$

二十四节气之

大寒←小寒←冬至

从孔子时代到今天两千五百年来，未出现过"大同"世界。但是"天下为公""世界大同"成为历朝历代人们"美好生活"的理想，是中国文化最为珍贵的思想遗产之一。

　　马克思系统阐述了政治经济学研究对象和方法，把"在社会中进行生产的个人"和"社会生产"，作为整个研究的中心，展示了马克思独特的研究视角和研究方法。

　　越在文明发达社会，艺术水准可能越缺乏天真、天然和天性。而这一点，正是人类现代艺术面临的一个本质性困境。

1.1 理论为什么是"灰色"的

> 向郁郁葱葱、充满青色的生活看齐，深深扎根于生活的土壤，反映生活本质的真实，是理论永恒的使命。

《浮士德》第一部第四场"浮士德的书斋"中，有个青年学生慕名来找浮士德，想拜他为师，浮士德不想和他见面。魔鬼靡菲斯特斐勒司就戴上浮士德的帽子、穿上他大衣，假扮为浮士德，与学生见面，回答他的问题。在应这名学生要求，在纪念册上题字前，魔鬼对学生说："亲爱的朋友，一切理论都是灰色的，而生活之树常青。"

列宁在《论策略书》一文中引用说："现在必须弄清一个不容置辩的真理，这就是马克思主义者必须考虑生动的实际生活，必须考虑现实的确切事实，而不应当抱住昨天的理论不放，因为这种理论和任何理论一样，至多只能指出基本的、一般的东西，只能大体上概括实际生活中的复杂情况。'我的朋友，理论是灰色的，而生活之树是常青的。'"

这里饶有意趣的问题是，理论为什么是"灰色"的?

首先的原因在于，理论在客观上总是比生活"慢半拍"。社会生活一日千里，时时在抽出青色新芽，而理论则总是在"新芽"长成绿叶后，甚至在成为"枯叶"落下后，才构建起或显现它的"解释力"。马克思在《关于费尔巴哈的提纲》中有个经典说法："哲学家们只是用不同的方式解释世界，问题在于改变世界。"马克思在"解释"和"改变"两词上都加注了黑，以示对比。大多理论只是在忙碌地"解释世界"，而生活本身却在不停顿地"改变世界"。理论的社会速度，慢于生活的自然速度，这是个极为常见的悠久现象。比起郁郁葱葱的鲜活生活来，理论有着较高的"灰度"。

其次的原因在于，理论解释力的"不及"。马克思在《〈黑格尔法哲学批判〉导言》中写道："理论只要彻底，就能说服人。所谓彻底，就是抓住事物的根本。"但理论的"彻底"并不轻而易举。理论能否真正切入"生活事实"先不论，即使它源于生活，即使它"看起来像个理论"，理论对于世界的解释也不可能精确，即不可能"彻底"，只是大体上的接近，正如列宁指出的"至多只能指出基本的、一般的东西，只能大体上概括实际生活中的复杂情况。"理论不可能"全解"生活，只处于"黑—白"不同的各种事实中，抽象成"灰色"。这也可以视为理论所具有的弹性、张力和"温和"的一面。

理论是灰色的第三个原因在于，除了理论主体对于生活认知把握本身存在的差异外，还有着"表达"即"话语体系"的遮蔽。按照海德格尔的说法，"语言"永远不能精确表达真实意念。你有了一种"心知"，当你表达出来的时候，它已与这种"心知"产生了距离或偏离。语言与认知事实上不可能完全处于对称状态。理论经表达就进入了一种"灰色地带"。由此理论如何深根于生活的泥土、不失生活之气韵，也成其活力之源、生命之根。

理论是灰色的还有一个重要原因，是理论对象"共情"上的差异。受众千差万别，同一理论在千万个"哈姆雷特"那里就中和成了"灰色"。《庄子·秋水》中有段著名的话："井蛙不可以语于海者，拘于虚也；夏虫不可以语于冰者，笃于时也；曲士不可以语于道者，束于教也。"意思是井底之蛙，不能与它谈论大海，因为它的认知拘囿于居住环境的局狭；夏季的虫儿，不能与它谈论冰雪，因为它认知笃立于生存时间的局促；曲僻之士不能与他谈论大道，因为他的认知束缚于所受教育的局限。

注意这个"曲士"。《文选·左思》谈道："龌龊而筭，顾亦曲士之所叹也。"刘逵注："曲，谓僻也。言筭量蜀地，亦是曲僻之士。""曲士"者，不只是所受教育的偏偏，导致其认知的不健全，更在于"曲士"之"曲"喜以少知多、以偏概全、以"执"认死理。"曲士"是有点知识的，但其曲其执，多受束于其偏狭的思维结构限定上。王安石在《圣贤何常施》诗中调侃"曲士"说："圣贤何常施，所遇有伸屈。曲士守一隅，欲以齐万物。"曲士"守一隅"，见识偏狭，却要"齐万物"。如此这般，与其理论、论道，是不是显得多余呢？

由此，"理论是灰色的"是理论的宿命。向郁郁葱葱、充满青色的生活看齐，深深扎根于生活的土壤，反映生活本质的真实，是理论永恒的使命。

（《深圳特区报》2021年6月8日B03版 理论周刊/观澜）

1.2 海德格尔对"诗意地栖居"的解释视角

> "诗意地栖居"是以"诗的尺度"审度、建设生活，用人文精神、灵魂回归来稀释僵硬的生存系统。

人是地球的匆匆过客，也是自身美好生活的建造者。当文明发展到一定时候，如何才是人生存的恰当姿势？德国存在主义大师、存在哲学代表海德格尔（Martin Heidegger）提供了"诗意地栖居"的解释视角，从哲学和精神维度对人类美好生活进行阐释。

"诗意地栖居"，出自 19 世纪德国诗人荷尔德林（Holderlin）一首诗："充满劳绩，然而人诗意地，栖居在这片大地上。"事实上诗人荷尔德林"是无能应付生活的人"，但他敏锐意识到，科学、技术和工业文明的发展，对人的生存正在形成巨大挤压。他在《面包和酒》中发问："在一个贫乏的时代里，诗人如何为？"海德格尔则把荷尔德林这个实然性的表达，变为了应然性的生存哲学命题。

海德格尔认为在"上帝缺席""诸神消退"的时代，哲学贫困，人欲横流，技术理性至上，人文精神败落。凡勃伦曾描述的"富足"生活和"炫耀性消费"撩拨着人的虚荣和追求。而在另一方面，"我们的栖居为住房短缺所困扰。即便不是这样，我们今天的栖居也由于劳作而备受折磨，由于趋功逐利而不得安宁，由于娱乐和消遣活动而迷迷惑惑"。"技术统治之对象事物愈来愈快，愈来愈无所顾忌、愈来愈完满地推行于全球，取代了昔日可见的世事所约定俗成的一切。"

而这种"技术统治"波及一切，成为一种计算行为："人之人性和物之物性，都在贯彻意图的制造范围内分化为一个在市场上可计算出来的市场价值。这个市场不仅作为世界市场遍布全球，而且作为求意志的意志在存在的本质中进行买卖，并因此把一切存在者带入一种计算行为之中，这种计算行为在并不需要数字的地方，统治得最为顽强。"

工业文明社会"把一切存在者带入一种计算行为之中"，这是与"诗性"

相排斥的，是人的异化。正如马尔库塞（Herbert Marcuse）谈到的，技术理性把人变为"单向度的人"；也正如萨托利（Giovanni Sartori）指出的，"技术进步导致了人口过剩和过度的组织化，即一种个人成为单纯的数码"。对此，海德格尔一语中的："这是要把生命的本质交付给技术制造去处理。"

那么何为"诗意地栖居"？海德格尔认为："只有当我们知道了诗意，我们才能经验到我们的非诗意栖居，以及我们何以非诗意栖居。""'诗意地栖居'意味：置身于诸神的当前之中，受到物之本质切近的震颤。此在其根基上的诗意地存在——这同时表示：此在作为被创建（被建基）的此在，绝不是劳绩，而是一种捐赠。"海德格尔指出："如果说在今天的栖居中，人们也还为诗意留下了空间，省下了一些时间的话，那么，顶多也就是从事某种文艺性的活动，或是书面文艺，或是音视文艺。"这不是真正的"诗意地栖居"。

海德格尔进一步指出：于是我们面临着一个双重的要求，一方面，我们要根据栖居之本质来思人们所谓的人之生存；另一方面，我们又要把作诗的本质思为让栖居，一种筑造，甚至也许是这种突出的筑造。如果我们按这里所指出的角度来寻求诗的本质，我们便可达到栖居之本质。这两方面，构成了"诗意地栖居"的根本要求。

海德格尔强调的是：只有当人已然在作诗的"采取尺度"意义上进行筑造，人才能够从事上面这种筑造。"在如此这般的世界里，真正的诗人本质还在于，诗人总体和诗人之天职出于时代的贫困而首先成为诗人的诗意追问。因此之故，'贫困时代的诗人'必须特别地诗化（dichten）诗的本质。"

"诗是真正让我们安居的东西"，"诗意地栖居"是以"诗的尺度"审度、建设生活，用人文精神、灵魂回归来稀释僵硬的生存系统。海德格尔在荷尔德林基础上建立的解释系统，从哲学和精神维度对人类美好生活作了阐释。"诗意地栖居"包含的本质性问题是，当物质增长和技术世界发展到一定阶段，人的心灵、精神和哲学究竟应当何为？这是人类的新命题。

"诗意地栖居"是人类生存应有的合理姿态。在陶渊明的"结庐在人境"中，在亨利·梭罗的瓦尔登湖栖居里，都能见着这种追寻。

（《深圳特区报》2021年5月25日 B03版 理论周刊/观澜）

1.3 时尚的"在场"与群体趣味

　　　　　　　　　时尚是时间演进的印记。时尚是社会性的，又具有非理性的特征。

　　时尚是人类社会一大景观，也是人之社会的一大特性。几乎没有哪个社会没有时尚。时尚是一脉越出常规河道的激流，又如一股强劲的风，时尚之风吹来的时候，人们都跟着走。时尚是一种社会性偏好，有时是一种莫名的趣味。

　　西美尔（Georg Simmel）在《时尚的哲学》中认为，时尚是对既定模式的模仿，"它提供了一种把个人行为变成样板的普遍性规则"，"满足了对差异性、变化、个性化的要求"。西美尔是 19 世纪下半叶德国最富创见的社会理论家。对于时尚的关注，只是他对众多大都市问题研究的一个支点。西美尔以沉思的姿态凝视时尚的场景，把喧闹背后的寂静揭示出来。他是时尚哲学的开创者。

　　时尚反映了什么，包含了哪些社会内容？基于西美尔等人的分析，我们可以归纳出一些最为本质的特性、特点。

　　首先，时尚是社会需要的产物，是人们寻求一致化与个性化相结合的一种生命方式。时尚的历史，是希冀将这两种对立倾向调节为流行的个人与社会文化的历史。社会形式、服饰、审美判断、人类表达自我的流行风格，藉时尚而不断变异。对这一点，凡勃伦（Thorstein B Veblen）也指出："谈到服装，尤其是在式样、颜色、材料以及效果方面的时尚，荣誉准则成为我们爱好的决定准则。"时尚有"任性"的特质，有时它表现出与物质和美学都无关，"对现世的生活标准完全不在乎"。时尚总是被特定人群中一部分人先运用，社会中大多数人只是在接受它的路上。

　　其次，时尚不仅是"存在"（being）的问题，同时又是"非存在"（non - being）的问题，是过去与未来的分水岭。任何既定的服饰、艺术、行为形式和观念，都可能演变为时尚。而在一些形式的本质中，存在一种使它们成为时尚的因素。有些东西则不太容易成为时尚。比如，经典的东西就离时尚较远，并且往往与时尚相对立，尽管现代社会中经典时常被作为一种时尚的陪衬。

　　其三，时尚是阶层分野的产物，较高的社会阶层通过时尚的表达把自己与较低阶层区分开。较低的社会阶层总是向较高的社会阶层看齐。正如凡勃伦指出的:"富裕阶级的习尚、举动和见解,是社会其他成员奉行的行为准则。"而当较低阶层模仿较高阶层的时尚时,较高阶层就会抛弃这种时尚,通过"时尚再造",使自己与社会大众区别开。一方面,时尚意味着相同阶层的联合,意味着个体以它为特征的社会圈子的共同性;另一方面,在它的变化中,不同阶层、不同群体之间的界限不断被突破。而一旦一种时尚实现了大众化,就不再是真正的时尚。

其四,时尚的形成,受到复杂的社会心理的驱动。比如,14 世纪到 15 世纪德国社会中个性获得了充分发展,个人自由打破了中世纪的集体约束。但是这种发展,并没给广大女性拓展生存空间和带来更多的个人自由,女性的自我提升也得不到社会支持。出于"补偿",当时德国社会中女性穿戴出现了过度、夸张的形态,遂成一种"时尚"。而在一定意义上,时尚是对女性在专业群体中缺乏社会地位的一种补偿。

最后,时尚的趣味和"刺激的吸引力",在于它具有"广阔的分布性"与"彻底的短暂性"之间构成的落差。一方面,人们"引进"时尚的偏好强烈地存在;另一方面,人们又寻求获得一种"独特性",有时"丑陋和令人讨厌的事物居然变成时尚"。时尚的魅力在于,它使一定的社会圈子和其他的圈子相分离,同时又使一定的社会圈子更于紧密。相较于其他社会现象,时尚至少在它最高潮的时候,带给人们更强烈的"现在感"。

时尚是时间演进的印记。时尚是社会性的,又具有非理性的特征。时尚是领新标异的,又是平庸的。时尚有时犹如一匹感性的野马,它的奔跑没有确定的方向。时尚包含了新的内容,有时却只是过去的复归。时尚有多种,社会时尚、政治时尚、文化时尚,每一种都是一种复杂的结构。原始时代的时尚比现代的时尚更稳定;越是容易激越的时代,时尚变化就越迅速。从时尚的演变中,可以估量一个社会"对强烈刺激的迟钝程度"。

(《深圳特区报》2021 年 8 月 24 日 B03 版 理论周刊/观澜)

1.4 亚里士多德"优良的生活"建设的三个界面

> 亚里士多德强调"全人类的目的显然都在于优良生活或者幸福（快乐）"，人类美好生活的基础，在于"个人—集体"的"善德"和城邦政体的良治。

亚里士多德是最早对"优良的生活"作出系统分析研究的人。"优良的生活"或"人类最崇高的生活"，是亚里士多德关于美好生活分析的核心概念。亚里士多德强调"全人类的目的显然都在于优良生活或者幸福（快乐）"，人类美好生活的基础，在于"个人—集体"的"善德"和城邦政体的良治。亚里士多德强调"应该先论定人类最崇高的生活的性质"，如果对于这点还不清楚，那么对于理想政体的性质也一定不能明了。

"何为优良的生活"？亚里士多德认为无论个体还是集体，"都应具备善性而又配以那些足以佐成善行善政的必需事物，从而有立身立国以营善德的生活，这才是最优良的生活。"在此基础上，亚里士多德在三个界面，对如何建设"优良的生活"作出分析。

"优良的生活"建设的第一个界面，与个人"善德"相关。亚里士多德强调："真正善良而快乐的人，其本性的善一定是绝对的善"。那些心智上、善德上存在明显缺陷的，是很难谈得上"幸福生活"的。而那些充满贪欲、"务求娱乐于外物的人们"，更是难有"幸福生活"。"人们虽于外物的充裕和人性的完美两者都可获得幸福，两者结合起来也可获致幸福，然而凡德性不足而务求娱乐于外物的人们，不久就知道过多的外物已经无补于人生，终究不如衣食才能维持生活，而虔修品德（情操）和思想（理解），其为幸福毕竟更加充实。"他的"幸福方法论"就是："人们要取得幸福，必须注意两件事：其一为端正其宗旨，让人生一切行为常常不违背其目的。其二为探究一切行为的准则，凭以察识人生将何所规随才易于达到目的。"

"优良的生活"建设的第二个界面，与城邦集体生活（政体）相关。亚里士多德强调没有"优良的政体"和良好的公共生活，就谈不上个人"优良的生活"。他提出这样一个问题："城邦幸福和个人幸福究竟相同还是相异？"他的回答是："最优良的个人目的也就是最优良的政体的目的。"就是说，凡是个人的幸福目标，也是城邦的幸福建设目标，两者一致。关于这一点，柏拉图在《理想国》中也提出过"个人的正义就是国家的正义"这样类似的观点。

亚里士多德认为，评价一种政体好不好，要看它能不能给予人们"最大的幸福"；"优良的政体是使人人可以过上'幸福生活'的政体"，"理想政体应该是城邦凭以实现最大幸福的政体"。同时，也要看整个城邦的"善德"水准："幸福（快乐）基于善德，在一个城邦的诸分子中，倘使只有一部分具备善德，就不能称为幸福之邦，必须全体公民全都快乐的城邦才能达到真正幸福的境地。"

"优良的生活"建设的第三个界面，是如何进行政治创造。亚里士多德在许多著作中都强调，创造一种城邦中人人都能幸福的"优良的生活"，就要建设公民善德为基础的"最优良的政体"，即优政良治。由此要"研究最优良的政体，考察这种政体怎样才可能产生，又怎样才能成立？""进而研究怎样才能创建一个良好的政体。"亚里士多德的研究表明，使人人可以过上"幸福生活"的优良的政体，由两方面构成：一是治理者是"最优良的人们"，"最优良的政体就应该是由最优良的人们为之治理的政体。这一种类型的政体的统治者或为一人，或为一宗族，或为若干人，他或他们都具有出众的才德，擅于为政"；二是受治者适宜人类最崇高的生活，即"受治的公众都有志于也都适宜于人类最崇高的生活。"

亚里士多德是积极的政体建设论者，他提出政治创造主要基于两方面：一是要"创始各种制度"，"人类在历史过程中自有许多机会——实际上可说是无定数的机会——一再创始各种制度"，积极改善政制和其他各个方面；二是要让人们有更多闲暇以参与政治，"一个城邦，一定要参与政事的公民具有善德，才可能成为善邦"，而"培育善德从事政治活动，都必须有充分的闲暇"。

亚里士多德关于"优良的生活"的建设方法论有三个关键点：一是公民之"善德"与城邦之"善邦"是一体的。众人的心智和善德对城邦公共生活影响很大；二是"优良的政体"决定了"优良的生活"。反过来说，没有"优良的政体"就谈不上"优良的生活"，这是一种制度决定生活的视角；三是须依据实际创设制度体制，以改善政体。构建一种美好生活，实际上是建设一种"优良的政体"。这是一种深切的洞见，具有深刻的启发价值。

（《深圳特区报》2021 年 3 月 30 日 B03 版　理论周刊/观澜）

1.5 "小康"与"大同"：美好生活的古风图式

> 从孔子时代到今天两千五百年来，未出现过"大同"世界。但是"天下为公""世界大同"成为历朝历代人们"美好生活"的理想，是中国文化最为珍贵的思想遗产之一。

人类对于美好生活的追求，是文明前行的动力。对于美好生活的阐释和预期，在不同时期、不同地域，有不同层次、不同方位的设定。中国最早系统阐释"美好生活"愿景和相应社会形态的，是两千五百年前《礼记·礼运》中关于"大同"和"小康"的阐述，成为最早对相关社会秩序和社会结构的系统构图。

对于"大同"社会的描述是："大道之行也，天下为公。选贤与能，讲信修睦。故人不独亲其亲，不独子其子，使老有所终，壮有所用，幼有所长，矜寡孤独废疾者，皆有所养。男有分，女有归。货，恶其弃于地也，不必藏于己；力，恶其不出于身也，不必为己。是故谋闭而不兴，盗窃乱贼而不作，故外户而不闭，是谓大同。"

《礼记》是孔门后学解释《仪礼》所作的记，主要阐述仪礼各篇义理；后篇幅增益，乃独立成书，是战国至汉初礼仪论著的汇编。《礼运》中以孔子之口对于"大同"社会的描述，表达了先秦思想家对美好生活和良好社会形态的理解，展现了包括人、制度、社群关系、社会风尚等在内的社会图景。

从这一蓝图中可以看到，"大同"社会的主要型构，一是天下为公，国家权力不为专有；二是选贤与能，遴选德才兼备者，这是文官制度之滥觞；三是讲信修睦，社会有公信力，与邻睦和，友好型外交。孔子非常强调"民无信不立"，若无信誉，社会便无公信力和凝聚力可言；四是推行普惠型社会福利政策，鳏寡孤独废疾者皆有所养，可以说从摇篮到棺材；五是"男有分，女有归"，社会和谐、家庭安康；六是社会道德风尚好，"货，恶其弃于地，不必藏于己；力，恶其不出于身也，不必为己"，这是人尽其力、物尽其用，是极高的社会境界。

"大同"并非是乌托邦，历史上曾存在过。"与三代之英，丘未之逮也"，孔子说上古时期和夏商周三代是英明贤君当政的年代，自己没赶上，但是它是有确凿记载的。

关于"小康"社会的描述是："今大道既隐，天下为家，各亲其亲，各子其子，货力为己。大人世及以为礼，城郭沟池以为固，礼义以为纪，以正君臣，以笃父子，以睦兄弟，以和夫妇，以设制度，以立田里，以贤勇知，以功为己。故谋用是作，而兵由此起。禹、汤、文、武、成王、周公由此其选也。此六君子者未有不谨于礼者也。以著其义，以考其信，著有过，刑仁讲让，示民有常；如有不由此者，在执者去，众以为殃。是谓小康。"

"小康"社会的型构特点，一是家天下，权力专属专制；二是"货力为己"，财产私有；三是用"城郭沟池"作国防护卫，用礼义约束人们行为；四是由此"谋用是作，兵由此起"，社会争利多，智谋、欺诈多；五是通过刑罚、礼教"示民有常"；五是对于行为不端者，"在执者去"，即以罢免、废黜、刑罚等手段予以强制管控。

小康社会最大特点是大道隐没。在贫富差距、贵贱不等的情况下，产生一系列典章制度和伦理规范用以约制人们行为，花费大量人力物力搞"城郭沟池以为固"，由是"谋""兵"之类兴起。但这种社会毕竟还有正常秩序，故为"小康"。

"小康"时期的实践者，列举了禹、汤、文王、武王、成王、周公诸人，"大同"则无谈及，因"大同"还是理想，小康乃为现实。这里还有一点值得注意，即在孔子看来，花费大量军力物力搞的"城郭沟池以为固"之类，与民众生活并无关利，是未达"大同"才不得不有的。这种眼界是非常超前而宽阔的。

"大同"一词，最早见于《庄子·在宥》中，意谓与天地万物融合为一。用"大同"来状述"天下为公"社会理想，始于《礼记·礼运》。"大同"理想虽为孔子首创，实际上乃为先秦儒、道、墨、农各家的本旨阐发。"小康"一词最早源出《诗经·大雅·民劳》："民亦劳止，汔可小康，惠此中国，以绥四方。"意思是老百姓终日劳作不止，最大希望是过上小康的生活。这个意思在《礼记·礼运》得到系统阐述，成为与"大同"社会对举的理想模式。

今天我们的小康社会与《礼记·礼运》中描述的"小康"是不相同的。今天我们的小康社会是超越型的。从孔子时代到今天两千五百年来，未出现过"大同"世界。但是"天下为公""世界大同"成为历朝历代人们"美好生活"的理想，是中国文化最为珍贵的思想遗产之一。它体现在东晋陶渊明"落英缤纷"的《桃花源记》中，体现在康有为"去九界"的《大同书》中，体现在孙中山先生"天下为公"的人类自由、平等、博爱的博大理想中，也成为今天建设"美好生活"可资的思想资源和文化依据。

（《深圳特区报》2020 年 12 月 22 日 B03 版 理论周刊/观澜）

1.6 马克思以"人"和"社会"为中心的研究方法

马克思系统阐述了政治经济学研究对象和方法，把"在社会中进行生产的个人"和"社会生产"，作为整个研究的中心，展示了马克思独特的研究视角和研究方法。

恩格斯在谈到马克思的《政治经济学批判》时指出："德国人早已证明，在一切科学领域内，他们与其余的文明民族不相上下，在大部分领域内甚至胜过它们。只有一门科学，在它的大师们当中，没有一个德国人的名字，这就是政治经济学。"1859 年马克思《政治经济学批判》的出版，才改变了这一现象。

1857 年第一次世界经济危机爆发，资本主义内在矛盾被反映出来。它促使马克思"发狂似地通宵总结我的经济学研究，为的是在洪水之前至少把一些基本问题搞清楚"。1859 年《政治经济学批判》出版，马克思称这是自己"一生中的黄金时代的研究成果"，恩格斯称它"系统地概括经济科学的全部复杂内容"。而 1857 年马克思《〈政治经济学批判〉导言》的完成，为《政治经济学批判》出版奠定了坚实基础。

马克思在《〈政治经济学批判〉导言》中指出："在社会中进行生产的个人，——因而，这些个人的一定社会性质的生产，当然是出发点。"正是从这一"出发点"出发，马克思系统阐述了政治经济学研究对象和方法，把"在社会中进行生产的个人"和"社会生产"，作为整个研究的中心，展示了马克思独特的研究视角和研究方法。

关于"人"，马克思认为"在这个自由竞争的社会里"单个的人"一方面是封建社会形式解体的产物，另一方面是 16 世纪以来新兴生产力的产物"。但在庸俗经济学家看来，"这种个人不是历史的结果，而是历史的起点。因为按照他们关于人性的观念，这种合乎自然的个人并不是从历史中产生的，而是由自然造成的"。马克思分析人所体现的深刻社会关系，提出了著名论断："人是最名副其实的政治动物，不仅是一种合群的动物，而且是只有在社会中才能独立的动物。孤立的一个人在社会之外进行生产——这是罕见的事"。

马克思进一步批判了经济过程中把"人"虚置化的现象："在生产中，人客体化，在消费中，物主体化；在分配中，社会以一般的、占统治地位的规定的形式，担任生产和消费之间的中介；在交换中，生产和消费由个人的偶然的规定性来中介"，人处于一种孤立、物的附庸、非主体化的位置。马克思把这一"颠倒"的认知再颠倒过来，指出"产生这种孤立个人的观点的时代，正是具有迄今为止最发达的社会关系（从这种观点看来是一般关系）的时代"，而且"我们越往前追溯历史，个人，从而也是进行生产的个人，就越表现为不独立，从属于一个较大的整体"。这正如他在《〈黑格尔法哲学批判〉导言》中所论及的："人不是抽象的蛰居于世界之外的存在物。人就是人的世界，就是国家，社会。"马克思以"人"为中心的研究视角，是对当时普遍流行的"见物不见人"现象的一种批评。

关于"社会"，马克思认为不仅所有的生产、分配、消费、交换产生于社会，而且正是社会促成了生产、分配、消费、交换及再生产构成了互为对象关系。比如消费作为一种社会行为，是产品最终得以实现的条件："一件衣服由于穿的行为才现实地成为衣服；一间房屋无人居住，事实上就不成其为现实的房屋；因此，产品不同于单纯的自然对象，它在消费中才证实自己是产品，才成为产品。"在这样一种视野中，"生产直接是消费，消费直接是生产。每一方直接是它的对方"。

马克思进一步分析"劳动"所负载的经济关系和历史关系："劳动这个例子令人信服地表明……同样是历史条件的产物，而且只有对于这些条件并在这些条件之内才具有充分的适用性。""劳动"作为人类创造财富的基本活动，是一定历史关系的反映，"因此，这个十分简单的范畴，在历史上只有在最发达的社会状态下才表现出它的充分的力量。它决没有历尽一切经济关系"。

马克思在批判"从这种简单性上来把握的'劳动'"的错误后进一步指出："对任何种类劳动的同样看待，适合于这样一种社会形式，在这种社会形式中，个人很容易从一种劳动转到另一种劳动，一定种类的劳动对他们说来是偶然的，因而是无差别的。这里，劳动不仅在范畴上，而且在现实中都成了创造财富一般的手段，它不再是同具有某特殊性的个人结合在一起的规定了。"

这里说的"这样一种社会形式"，即是马克思 1867 年在《资本论》中提出的"作为历史运动的最高目标"的"自由人的联合体"的那种社会形式："让我们换一个方面，设想有一个自由人联合体，他们用公共的生产资料进行劳动，并且自觉地把他们许多个人劳动力当做一个社会劳动力来使用。"马克思认为，这是在未来新型社会形态中摆脱了异化了的"无差别的"劳动，是未来"自由人的联合体"中才能实现的状况。

（《深圳特区报》2020 年 11 月 24 日 B03 版　理论周刊/观澜）

1.7 更好展现负责任大国国家形象

国家形象体系是一个包括多方面知识结构的技术系统，有诸多"应然性"技术规范。一方面要通过切实的政策行为展现大国担当，建构作为负责任大国的"社会认同"（social-identity construction as a responsible power）；另一方面则要通过优化"国家政策形象"（image of national policy）来提升。

政治学家布丁（Boulding, K. E.）认为：国家形象是一个国家对自己的认知和国际体系中其他行为体对其认知的结合；它是一种结构十分确定的信息资本，是一系列信息输入和输出的结果。国家形象不仅是一种"认知外观"，也是在全球信息体系和市场流通中国家竞争力的重要变量。国家形象通常通过一国的政治效能和在国际社会的作为担当来体现。

政治效能是"一个政治体系在解决重大事件和为使人口中占支配地位部分获得满意和以此尽量减少对体系本身的挑战时所体现出来的能力"（劳伦斯·迈耶）。在另一方面，国家形象也是现代信息社会中的"带货直播"能力，乃为政治智慧运筹之果。国家形象的营建和营销，都体现于三个基本方面：一是在"人类命运共同体"框架中展开，遵循"开放、包容、普惠、平衡、共赢"和平发展理念；二是以"负责任"道义为核心，以国家利益与国际责任相统一为原则；三是按照国际社会易接受、能理解的方式展开，遵循公理，以事实说话。

所谓"负责任大国"（responsible major country）的形象，是指人们公认的随着一国实力的提升积极参与全球治理、承担相应国际责任，为世界和平发展发挥建设性作用的形象。中国是联合国创始国，坚持信守联合国宪章和国际法准则，积极应对人类各种共同的挑战，根据国际规则承担责任，参与了300多个国际条约、130多个国际组织。改革开放后，我国国际责任观的表达方式经历了从"国际主义"到"国际责任"的转变。20世纪90年代后我国提出了做"负责任大国"的目标。十八大报告首提"以更加积极的姿态参与国际事务，发挥负责任大国作用"；十九大报告进一步强调："中国将继续发挥负责任大国作用，积极参与全球治理体系改革和建设，不断贡献中国智慧和力量。"发挥"负责任大国"的国际责任，既可以在联合国多边主义框架内，也可与其他国家开展双边、多边合作。多年来中国积极参与联合国框架内的国际行动，同时也通过相关国际组织平台如上合组织、金砖国家、二十国集团（G20）等发挥作用，在国际政治、国际安全领域提供了诸多公共产品。

国家形象体系是一个包括多方面知识结构的技术系统，有诸多"应然性"技术规范。一方面要通过切实的政策行为展现大国担当，建构作为负责任大国的"社会认同"（social-identity construction as a responsible power）；另一方面则要通过优化"国家政策形象"（image of national policy）来提升。在前一方面，我国在取得疫情防控战略性成果后，走在了全球经济复苏曲线的前面，并在国际社会实施了诸多举措取得一定效果。在后一方面，2020 年 6 月 7 日我国政府发布《抗击新冠肺炎疫情的中国行动》白皮书，全面客观介绍了中国整个抗疫过程的卫生政策、公共政策和实施情况，与世界分享经验，为中国国家形象在全球的进一步展现奠定了基础。

在重大突发事件中，政策要有灵动性、及时性和调适高效性。制定科学高效的政策对我国现阶段的国家治理有重要意义。要进一步优化国家政策形象的输出，包括卫生医疗政策、公共治理社会政策、突发事件处置政策以及包括人类命运共同体和"一带一路"在内的国家外交政策等；说好中国抗疫中的政策故事，同时要参与说好全球抗疫故事，尊重不同国家社会制度下的抗疫方式和实践，分享其经验；同时更要通过进一步扩大开放来营建和输出国家形象，有效解构各种"脱钩""切割"行为。

近年我国在学科建设上除了增设人工智能、机器人、大数据、物联网等新兴领域的 400 多个专业点之外，还增设了外语非通用语种等紧缺专业，基本可实现对"一带一路"沿线国家语种全覆盖。但除了语种全覆盖等方面的技术条件外，还要通过加大文化国际流通量，重视作为国家形象营建营销基本手段的国际话语"论说结构"优化。按照福柯（Michel Foucault）的理解，对于"论说结构"（discursive formation）的重视，反映了这样一种理念，即真理性认同时常是一种社会建构。这种"社会建构"本质上是一种国际化、开放式的全球互动模式，是平等、包容、互鉴的文明对话建设模式。

（《深圳特区报》2020 年 11 月 10 日 B03 版　理论周刊/观澜）

1.8　艺术是人类"儿童天性"的纯真表现

　　　　　　越在文明发达社会，艺术水准可能越缺乏天真、天然和天性。而
　　　　这一点，正是人类现代艺术面临的一个本质性困境。

　　1902 年在马克思文稿中发现一份遗稿，第二年在柏林《新时代》杂志上发
表，即著名的《〈政治经济学批判〉导言》。它是 1857 年 8 月至 9 月马克思写的
经济学手稿的开头部分，《资本论》是对这部著作的逻辑扩展。马克思在这部著
作的后部分，以较大篇幅讨论艺术、艺术生产、艺术与社会等问题，揭示诸多
艺术机理，对于人类艺术现象有深刻的洞见。

　　马克思首先揭示了人类艺术的一个本质性特征，即艺术水准与文明发展之
间的不对应性。"关于艺术，大家知道，它的一定的繁盛时期决不是同社会的一
般发展成比例的，因而也决不是同仿佛是社会组织的骨骼的物质基础的一般发展
成比例的。"人类艺术水准、艺术状况，并不与社会发展同步，艺术本身并不以
"文明"昌盛为条件。甚至一定臻至完美的艺术，只能产生于人类原始的阶段。

　　这里，马克思洞见了"艺术"的一种现象："某些有重大意义的艺术形式只
有在艺术发展的不发达阶段上才是可能的"，即某些具有重大价值的艺术只产生
于人类"不发达阶段"。而在"发达阶段"，艺术反而可能是平庸、黯然无光的。

　　随着文明发展，"当艺术生产一旦作为艺术生产出现，它们就再不能以那种
在世界史上划时代的、古典的形式创造出来"，人类一旦有了"艺术生产"，那
么这种"艺术"便会失去原始、古典、天真的特质，有了"造做"的成分。

　　马克思以希腊艺术为例子，指出："希腊艺术的前提是希腊神话，也就是已
经通过人民的幻想用一种不自觉的艺术方式加工过的自然和社会形式本身。这
是希腊艺术的素材。"希腊艺术的原始情景和文化土壤是"希腊神话"，"希腊
神话不只是希腊艺术的武库，而且是它的土壤。成为希腊人的幻想的基础"，希
腊神话不能与"现代性"——诸如"自动纺机""铁道""机车和电报"同在。
在技术理性的现代性面前，作为人类艺术思维母体的原始神话、古典传说等就
会风化，就会土崩瓦解。

为什么现代性会解构艺术的原始基础？马克思指出："任何神话都是用想象和借助想象以征服自然力，支配自然力，把自然力加以形象化"，"随着这些自然力实际上被支配，神话也就消失了"。人类能力达不到时，才会诉诸想象和神话；一旦能力所及，想象和神话就会消失。

由此有着极高水准的古典艺术，是与现代性"排异"的。现代性和工业文明理性是人类许多艺术分化、消亡的动因，"阿基里斯能够同火药和铅弹并存吗？或者，《伊利亚特》能够同活字盘甚至印刷机并存吗？随着印刷机的出现，歌谣、传说和诗神缪斯岂不是必然要绝迹，因而史诗的必要条件岂不是要消失吗？"

其次，马克思揭示了人类艺术的另一个本质性特征，即原始艺术或古典艺术不仅是不可复制、不可模拟的，甚至"不可企及"、具有不可超越性。它们具有永久的魅力，"仍然能够给我们以艺术享受，而且就某方面说还是一种规范和高不可及的范本。"

那么为什么原始艺术具有永久的魅力？"为什么历史上的人类童年时代，在它发展得最完美的地方，不该作为永不复返的阶段而显示出永久的魅力呢？"

马克思认为，因为它处于天真烂漫的"人类童年时代"，"艺术是自然的右手"（席勒），艺术产生（不是艺术生产）自然而然，是与当时原始的一切相得益彰的。它们"对我们所产生的魅力，同这种艺术在其中生长的那个不发达的社会阶段并不矛盾"，它恰恰"倒是这个社会阶段的结果，并且是同这种艺术在其中产生而且只能在其中产生的那些未成熟的社会条件永远不能复返这一点分不开的"。这似乎可以简单归纳为一句话："原始产生真正的艺术"。

由此马克思强调："决不是这样一种社会发展，这种发展排斥一切对自然的神话态度，一切把自然神话化的态度；因而要求艺术家具备一种与神话无关的幻想。"排斥了"神话思维"，真正的艺术不可能产生。

在"人类童年时代"，希腊人是"正常的儿童"。他们的艺术杰作是"儿童天性"的发散，而"古代民族中有许多是属于这一类的"。"一个成人不能再变成儿童，否则就变得稚气了。但是，儿童的天真不使成人感到愉快吗？他自己不该努力在一个更高的阶梯上把儿童的真实再现出来吗？"

在后来的每一个时代，如果说有一定价值的艺术产生的话，那是"儿童天性纯真地复活"的灵光乍现。这里隐含的意蕴是：越在文明发达社会，艺术水准可能越缺乏天真、天然和天性。而这一点，正是人类现代艺术面临的一个本质性困境。

（《深圳特区报》2020 年 9 月 22 日 B03 版　理论周刊/观澜）

1.9 马克思对德国国家制度的深刻剖析

　　　　　　马克思认为，国家制度的问题是德国发展的根本问题，"当旧制度本身还相信而且也必定相信自己的合理性的时候，它的历史是悲剧性的"。而对于德国国家制度的革命性改造的认知，又是"哲学的迫切任务"，即思想理论的迫切任务。

　　1843 年底到 1844 年初，马克思写了著名的《〈黑格尔法哲学批判〉导言》，对德国社会现状作出深刻分析。它从宗教批判开始，分析人民、国家、国家制度、国家哲学和法哲学的现状，成为一篇学术含量、思想含量都极高的经典文献，具有多方面的认识论价值。其深刻的思辨光芒透过历史尘埃而闪耀于今。

　　《〈黑格尔法哲学批判〉导言》对如何建立体现"人"的价值的国家制度作出深刻反思，提出德国国家制度改造的现实性要求和世界性意义。人是一切现代国家问题的焦点和起点，马克思开宗明义："一个人，如果曾在天国的幻想现实性中寻找超人，而找到的只是他自身的反映"，"人不是抽象的蛰居于世界之外的存在物。人就是人的世界，就是国家，社会。"

　　而"思想"的任务，就要为现代国家引入文明进步的观念。"理论在一个国家实现的程度，总是取决于理论满足这个国家的需要的程度。"马克思指出："思想的闪电一旦彻底击中这块朴素的人民园地，德国人就会解放成为人"，即只能通过启蒙的力量，才能撬动德国人民的觉醒，德国人也才能"解放成为人"，成为心智健全、有判断力的国民。

　　马克思认为，国家制度的问题是德国发展的根本问题，"当旧制度本身还相信而且也必定相信自己的合理性的时候，它的历史是悲剧性的"。而对于德国国家制度的革命性改造的认知，又是"哲学的迫切任务"，即思想理论的迫切任务。但那时的德国思想界极为平庸，思想和理论不仅根本不能"满足于这个国家的需要"，还严重误导国民。马克思强调："真理的彼岸世界消逝以后，历史的任务就是确立此岸世界的真理。人的自我异化的神圣形象被揭穿以后，揭露具有非神圣形象的自我异化，就成了为历史服务的哲学的迫切任务。"

对于德国国家制度存在的根本性问题，马克思指出："现代德国制度是时代错乱，它公然违反普遍承认的公理，它向全世界展示旧制度毫不中用；它只是想象自己有自信，并且要求世界也这样想象。如果它真的相信自己的本质，难道它还会用一个异己本质的假象来掩盖自己的本质，并且求助于伪善和诡辩吗？"马克思一针见血地指出德国国家制度"违反了公理"的本质和"把自己的本质掩盖起来"的假象。

那么对于德国国家制度的这种思想批判，是不是只对德国一国具有意义？

马克思认为不是这样。德国制度表现的是"现代国家的机体本身的缺陷"，由此"对现代各国来说，这种反对德国现状的狭隘内容的斗争，也不会是没有意义的"。就是说，"旧制度是现代国家的隐蔽的缺陷"，这种批判就有了世界性意义："这些国家如果看到，在它们那里经历过自己的悲剧的旧制度，现在又作为德国的幽灵在演自己的喜剧，那是很有教益的。"这是因为，"当旧制度作为现存的世界制度同新生的世界进行斗争的时候，旧制度犯的是世界历史性的错误，而不是个人的错误"。

马克思非常强调的一点是，制度的基础是人："德国唯一实际可能的解放是以宣布人是人的最高本质这个理论为立足点的解放。在德国，只有同时从对中世纪的部分胜利解放出来，才能从中世纪得到解放。"制度批判的核心是如何实现对国民的启蒙："德国人的解放就是人的解放。这个解放的头脑是哲学，它的心脏是无产阶级。"由此，马克思进一步的论断是："理论的解放对德国也有特殊的实践意义"，而"现在的革命则从哲学家的头脑开始"。

（《深圳特区报》2020 年 9 月 1 日 B04 版　理论周刊/学术）

1.10　正视"全球化"停滞、放缓的"新常态"

　　各国的政治决策，能否以高超的政治智慧来驾驭当下全球经济衰退的多重复杂局面，对人类"全球化"历史进程与和平发展，才是决定性的。

　　联合国5月发布《2020年世界经济形势与展望年中报告》，对2020年新冠疫情导致的全球经济影响作出评估：2020年全球经济将萎缩3.2%，发达国家经济将萎缩5%，发展中国家经济将萎缩0.7%。2020年至2021年全球经济产出累计损失将达8.5万亿美元，几乎抵消以往4年的累积的全部增长。报告还预计：2020年世界贸易将收缩近15%；全球将有约3430万人跌入"极端贫困"，到2030年"极端贫困"状态下的人口将新增1.3亿，这对全球消除极端贫困和饥饿的努力构成一个"巨大打击"。

　　国际货币基金组织（IMF）4月14日公布最新《世界经济展望报告》，预计（此前预期为3.3%），世界经济将发生自20世纪30年代大萧条以来最严重的经济衰退。世界银行（World Bank）6月8日发布2020年第6期《全球经济展望》则进一步指出：新冠肺炎疫情大流行所带来的巨大冲击以及防控措施造成的经济停摆，将使2020年全球经济萎缩5.2%，成为"二战"以来最严重的经济衰退，也是1870年以来人均产出下降的经济体数量出现最多的一年。由于内需和供应、贸易与金融严重中断，2020年发达经济体的经济活动将收缩7%，新兴市场及发展中经济体将收缩2.5%。人均收入将下降3.6%，亿万人将陷入极端贫困当中。在主要经济体中，只有中国经济2020年维持正增长。

　　联合国贸易和发展会议（UNCTAD）最近发布研究报告也显示，疫情造成全球贸易供应链中断，全球最大跨国公司中2/3以上业务遭受重大影响，41家公司发布利润下调预警。全球5000家最大企业中近一半下调了盈利预期。发展中国家大型企业盈利预期下降至16%。另预计，2020年全球外国直接投资（FDI）下降5%至15%。除了世界经济加速衰退，国际金融市场动荡，全球失业率快速攀升。

疫情的全球性蔓延对全球的影响远非只在经济领域，而影响到方方面面，不仅在病理学意义上，更在国际政治、人类学意义上改变世界。全球政策时空巨变，全球政治经济格局进入重塑进程。"全球秩序重置"将成为全球相对持久的"新常态"。这里有个非常现实和突出的问题："全球化"会不会就此停摆，"全球化"会不会出现根本性的逆转？

16世纪以前人类没有全球体系，只有一些地区性的体系。随着航海技术和工业文明发展，使狭隘范围内的贸易成为世界性的事业，一个世界范围的全球市场开始出现。20世纪后随着新的国家和其他国际力量的形成，新技术和新观念改变了国际环境，各国与国际成员的行为不断适应这些变化，形成了新的全球秩序。整个世界不可避免地形成了一个紧密交织的体系，形成了那种所谓"多环非线性反馈系统"（multiloop nonlinear feedback system）。正如政治学家布鲁斯·拉西特、哈维·斯塔尔著名的观点：于是国际社会中"某一行为者的菜单，在很大程度上取决于该菜单与其他行为者的菜单的相互关系"。人们甚至认为，继续按传统的威斯特伐里亚逻辑来解释世界不仅是无益的，而且还是有害的，因为它已不能真实准确反映全球深度相互依赖这一基本的现实。

相互依赖是所有"系统"的特征，"全球化"体系正是以经济相互依赖为基础形成的这样一种体系。可以看到，"全球化"是人类文明长期进化的一种规律性趋向，正是在此本质上，不会出现历史进程逆向意义上的"反转"。但"全球化"的停滞、放缓和"逆全球化"返潮，则为一种应当正视的"新常态"。

"把这个时代与以往区分开来的是不断扩展至全球范围的共同利益"，但全球经济的相互依存，在多大程度上能够成为维持和平发展与全球化历史进程强有力的因素，并不是既定的、确定的。美国人文科学院院士约翰·米尔斯海默就认为：全球经济相互依存关系"并没那么重要"，"它对于全球化和人类和平发展所能产生的影响是有限的"。正是在这个意义上可以看到，各国的政治决策，能否以高超的政治智慧来驾驭当下全球经济衰退的多重复杂局面，对人类"全球化"历史进程与和平发展，才是决定性的。

（《深圳特区报》2020年8月4日B03版　理论周刊/观澜）本文又以《应当正视"全球化"停滞、放缓的"新常态"》为题在"圳论"刊出

1.11　公共决策的"有限理性"与制度供给

　　　　人的理性是一种"稀缺性资源"，不可能拥有"全知全能"理性
　　　体系。制度通过一系列规则的设定，来减少环境的不确定性，提高人
　　　们认知和把握环境的能力，并规范决策行为自身。这也正是人类社会
　　　存在"制度需求"与"制度供给"这一基本关系的一个深刻动因。

　　决策是政治—行政领域的基本行为。公共决策的质量，对于社会进步和公
共福祉关系重大。长期以来对于决策行为的研究，一直是不同学科的一个交叉
点。决策的基础是"理性"，决策具有对"理性"追求的倾向。关于决策中的
理性，有三种代表性理论成为理解决策和制度的基本依据。

　　一是"绝对理性"决策理论。其基本假设认为，人们在决策上拥有全能全
知的智性，具有明确的价值序列，并能运用掌握的知识作出期望价值的选择。
决策的限制只在于外在因素。制度主义经济学家道格拉斯·C. 诺斯指出：在新
古典经济学中，"理性人"常常能根据给定的效用函数来达到有目的的或主观的
"最好决策"。认知心理学中的"理性人"则是根据可得知和计算方式而以程序
合理方式，来作出他或她的决策。

　　二是贬抑理性的"非理性"决策理论。这一理论把焦点置于决策的价值冲
突上，认为所有"价值"都是相对的，甚至是人们随意、随机择取的，决策并
不以所谓"理性"为指归。英国政治学家格雷厄姆·沃拉斯（Graham Wallas）
指出：传统的政治理论大都强调"人是理性的"，但在实际政治中人往往在感情
和本能的驱动下行事，"大多数政治见解并非是受经验检验和推理的结果，而是
习惯所确定的无意识或半意识推理的结果"。他强调公共决策应当克服"唯理智
论"的主观见解。

　　三是"有限理性"决策理论。美国行政学家、管理学家和经济学家西蒙是
这方面的代表。"有限理性"理论认为人作为生物体不具备全能的知识体系和对
于环境变化的全部感知。决策中的理性充其量是一种"有限理性"（bounded ra-
tionality）。"完全理性"假设不符合人类行为的现实描述。西蒙指出：如果我们

假定决策者的计算能力是不受限制的，那么就可以得出两个重要的结果。第一，我们不必将真实世界与决策者对它们的认识区分开来：他或她对世界的看法与真实世界一样；第二，我们可以预言，一个理性的决策者根据对现实世界的知识所作出的选择，不需要有关决策者对感知或计算模式的知识（当然我们确实得了解他或她的效用函数）。

这一理论从人的意识、决策环境与人的能力等方面颠覆了"完全理性"的假设。正如西蒙论述的："理性指一种行为方式，第一，适合实现指定目标，第二，在给定条件下和约束的限度之内。""理性就是要用评价行为后果的某个价值体系，去选择令人满意的备选行为方案。"决策者是在存在无法控制的未知数和变化着的内外环境中决策，是在"有限理性"下决策。由于人智能的局限，不可能全部搜集到并充分分析处理所需要的全部信息，行政机构只能接受"不圆满的决策"，不可能实现"最佳决策"。

总的来说，"有限理性"表现在两个方面：一是人面对的环境是复杂的。在非个人的交换形式中，由于参与者众多，同一项交易很少重复进行，所以人们面对的是一个复杂的、不确定的世界。而且交易越多不确定性越大，信息越不完全；二是人对环境的计算能力和认知能力是有限的。

决策是"社会中价值的权威分配"，客观上需要"完全理性"支撑，然而理性短缺是决策领域的客观事实。众多研究表明，人不仅受到物质因素和环境不确定等的影响与限制，还受到诸如记忆容量、判断准确程度、计算能力等生物性的限制，此外还受到私利驱动等人性因素的干扰。公共选择（public choice）理论把市场经济下人的选择的原则应用于公共选择中，确立了代理人的"经济人"角色和寻租理论，拓展了决策领域的视角。

任何组织都是"人"的组合。环境信息不完整性以及人的认识能力的局限性，使得人们对于环境反应所建立的主观模型差异很大。人的理性是一种"稀缺性资源"，不可能拥有"全知全能"理性体系。人不但处于"有限理性"下，还时常处于"非理性"状态下。正因如此，人类社会才需要"制度"这个东西。制度通过一系列规则的设定，来减少环境的不确定性，提高人们认知和把握环境的能力，并规范决策行为自身。这也正是人类社会存在"制度需求"与"制度供给"这一基本关系的一个深刻动因。

（《深圳特区报》2020 年 7 月 14 日 B02 版　理论周刊/专论）

1.12　制度文明的思想光芒

制度（institutionalism）是一套基于现实来调节人和群体行为的持久而稳定的安排。这当中，政治制度具有正式的特征，通常包括宪法、科层机构、司法机关、政党制度等内容。它基于明确且强制的规则和决策程序来实施，成为国家机器典型的组成部分。

人类历史，风景无数，制度文明是其中一道旖旎的长廊。人们时常面对这样一个问题：人类为什么需要制度？或者说制度缘何而存在？没有制度，人类社会将如何？

这个人类学问题实际上探究的是，人究竟是怎样的一种物种存在？关于这个问题，18 世纪启蒙思想家孟德斯鸠在被伏尔泰称为"理性和自由的法典"的《论法的精神》一书中，作过一个具有普遍性启示价值的描述：人"作为一个'智能的存在物'来说……他是一个有局限性的存在物；他和一切'有局限性的智灵'一样，不能免于无知与错误；他甚至于连自己微薄的知识也失掉了。作为有感觉的动物，他受到千百种情欲的支配。""这样一个存在物，就能够随时忘掉他自己；哲学家们通过道德的规律劝告了他……立法者通过政治的和民事的法律使他们尽他们的责任。"

孟德斯鸠对人的"特质"作了揭示。人的物种是"有局限性的智灵"，"受到千百种情欲的支配"，"不能免于无知与错误"。人类这种缺陷，只有通过外在的道德和规制才可救济。由此道德的"耳提面命"和法律的刚性钳制，都须臾不可离，于是制度、法律、各种规制应运而生。罗素在《社会改造原理》一书中指出："在现代世界里，由于国家权力过大所造成的罪恶很大，但却很少被人认识到"，古往今来，无数见识深邃的思想家都对"利维坦"持有高度的警觉；对于公权力的监督制约、如何把它"关制度的笼子"，也成为超越地域政治的共同话题。

制度的产生，可以说是人类最伟大的文明创造。它是对人性缺陷的洞察之果。在学理上，制度（institutionalism）是一套基于现实来调节人和群体行为的持久而稳定的安排。这当中，政治制度具有正式的特征，通常包括宪法、科层机构、司法机关、政党制度等内容。它基于明确且强制的规则和决策程序来实施，成为国家机器典型的组成部分。

制度主义（Institutionalism）将制度视为凭借自身理性而存在的行为体，它们独立于并有能力广泛影响于社会、经济和文化力量。作为一种政治分析方法，制度主义试图通过制度视角来解构复杂的社会现实。在 20 世纪 50 年代以前，制度主义一直是政治分析的主流和传统。在一定意义上，制度主义可以追溯至柏拉图、亚里士多德的古典理论，并经马基雅维利、霍布斯、洛克、卢梭等人得以发展。这一思维体系关注正义、秩序、自由等价值，且注重考察其中最有可能有效保护"社会共益"的制度构造。在 19 世纪和 20 世纪初，这种思维体系演变为政治分析的"宪法—制度"方法。20 世纪 60 年代后行为主义与系统理论崛起，制度主义有所式微，但仍为政治分析中最重要和最有影响力的学派之一。70 年代后，随着人们对公共管理、政策分析、宪法改革兴趣的增强，制度主义再次焕发青春而方兴未艾。

"传统制度主义"（Traditional institutionalism）将政治制度作为关键的政治行为体，通过聚焦制度性行为对正式和法律规则的分析以及对制度结构的比较和历史考察，对政治学开展反省。"新制度主义"（New institutionalism）自 80 年代后兴起并超越传统制度主义。新制度主义主要理论形态，是历史制度主义、理性选择制度主义和社会学制度主义。无论是传统制度主义，还是新制度主义，相同的缺陷是过多基于国家中心，相对忽略国家与社会的内在关联以及由社会塑造的那些因素。但不管怎样，制度主义是解析人类社会最重要的分析方法，同时又是解决人类"社会病痛"的重要思想方法。它的价值和思想光芒是永恒的。

一场疫情，加快了全球根本性变化的节奏。世界秩序重组，国际政治不确定性增加，全球化面临极为复杂的新境遇。无论是全球治理还是国别治理，无论是遏制"逆全球化"还是推进"再全球化"，回归制度主义立场方法，最大限度地遏制人性弱点，减少"受到千百种情欲的支配"和"无知与错误"，发挥文明理性和作为理性凝结的制度的功能价值，乃为新的必要和普遍性的全球治理命题。

（《深圳特区报》2020 年 6 月 23 日 B03 版　理论周刊/观澜）

1.13 进一步完善社会体制、形制、机制、创制

> 我们正在推进的中国特色社会主义，是经济政治文化社会生态联动共进的社会形制，即要能充分吸纳优秀历史文化的养分而又不袭故蹈常，形成更具活力、更具时代特点的形制特色。

《中共中央关于坚持和完善中国特色社会主义制度 推进国家治理体系和治理能力现代化若干重大问题的决定》（以下简称《决定》）提出"坚持和完善共建共治共享的社会治理制度"的重要命题。全面贯彻落实这一要求，关键是要在社会治理上进一步完善体制、形制、机制、创制。

体制是制度"形之于外"的结构方式。一种制度通过不同的体制形态表现出来。社会体制决定了一个社会结构的样式，它是一个多维构成的系统。比如：社会运行体制，它以社会组织、社会公共地带构成其主体；社会治理体制则以多方面治理主体构成一个整体，2013 年《中共中央关于全面深化改革若干重大问题的决定》提出加快创新社会治理体制，十九届四中全会《决定》把这一体制表述为"党委领导、政府负责、民主协商、社会协同、公众参与、法治保障、科技支撑" 28 字的要求。如何在新时代加快构建作为中国特色社会主义重要构成的新型社会体制，形成以共建共治共享为主线的开放型、法治型的新型社会体制，是一个需要深入探索的大课题。

社会形制是一个社会的"文化样式"。我国历史上形成过许多形态的社会形制。比如：春秋战国时期百家争鸣，是以思想博弈为标志的时代；唐宋时期士子阶层科层化，市井坊间则形态百变，社会生活丰富多样，是个"知书达礼"的时代；民国时期古今交织、中西融汇，成为古典与时尚相济的时代。改革开放发端的 20 世纪 80 年代，是思想大解放、活力大迸发的时代。我们正在推进的中国特色社会主义，是经济政治文化社会生态联动共进的社会形制，既要能充分吸纳优秀历史文化的养分而又不袭故蹈常，形成更具活力、更具时代特点的形制特色。

社会机制是社会按其内在逻辑运行发展的机能。机制与体制容易混淆，事

实上两者差异甚大。"社会机制"作为反映社会运行内在机能的特性偏柔性，"社会体制"作为反映社会结构相对稳定的社会样式偏刚性。一个社会一旦形成了成熟、良性的社会机制，就能比较好地协调运行。近现代以来人类社会文明发展的特点表明，优化社会机制最有效的途径，至少有五个方面：

一是完善市场机制。由市场来进行资源配置，社会则通过扩大公众参与来实现资源效率的"帕累托最优"（Pareto Optimality）。慈善、教育、医疗、养老等民生事业，则不能按"市场原则"来推行。二是健全竞争机制。《决定》提出要"完善公平竞争制度"，竞争机制源于市场机制但不限于市场机制。一个社会只有通过充分竞争，才能实现遴选和择优。有良好竞争机制，才有良好的激励机制。垄断是社会进步的羁绊。三是促进社会流动机制。社会各阶层的高度流动，社会阶层处于更新之中，才能稀释社会问题的张力。阶层固化引发和加剧社会隔阂、摩擦和冲突，是社会停滞的先因。一个社会流动度越高，社会阶层结构越具弹性。要弱化"先赋性"规则而推行"后致性"规则。四是强化利益协调机制。形成合理的利益流向，建构法治化社会补偿机制，消除不平等现象，通过多元的社会协调机制来分流压力。五是拓展公众参与机制。《决定》提出要"拓宽人民群众反映意见和建议的渠道""完善群众参与基层社会治理的制度化渠道"。现代社会不仅表现为利益和生活方式的多元性，更表现为民意诉求机制的丰富性。成熟畅达的民意诉求机制是坚持"以人民为中心"原则的重要体现，无论"民愿"抑或"民怨"，都应得到充分表达，使它成为完善公共治理的"晴雨表"和"助推器"。

社会创制是社会创新的具体化、成果化。社会创新的根本问题是实现"创制"，即拿出新东西，获得增量成果。社会是创制创投的主要领域，又是创制创投的动力源。社会活力低下，创新遭遇的社会性磨损就大，创制能力必会弱化。要实现有价值的社会创制，就要激荡社会活力，不仅要有理念系统的擘画谋新，更得有切实的营建突破。特别要通过统筹社会力量、价值引导和多方位的政策手段，进行有效的创制突破，实现公共产出的最大化。

（《深圳特区报》2020年6月2日B03版　理论周刊/观澜）

第二章

02

| 2019—2018 |

二十四节气之

大雪←小雪←立冬

形形色色的"学术人设"，成为学界风景线。比如各种学术名号头衔，远超中国历史上任何时期；"学术名流"之量大势众，堪可"秒杀"前代学术先贤阵容；学术圈子数量众多，"突破""创新""弥补空白"等扑面而来。

北方经师恪守东汉经师的家法，厘析训诂章句，不能别出机杼，是一种拘圄书面、相对保守的学风；南方经师则博融众说，阐发经义，别有心得，是一种由书面渗入书中的学见。

定性是定量的依据，定量则是定性的具体化。根据实际研究对象的需要，把两者结合起来综合运用，而不是为追求概念的时髦，才能真正取得研究的最佳效果。

2.1 强化对权力运行的制约和监督

相对于其他制度和制度体系，监督制度体系更加成熟更加定型任务更为繁重。这是因为，一方面"反腐败斗争压倒性态势"是十八大后形成的，另一方面我国反腐败实践是以"治标"来赢得"治本"的时间，这决定了完善监督制度体系的紧迫性。而十八大以来高强度的反腐败实践，也为坚持和完善党和国家监督体系提供了现实条件。

党的十九届四中全会强调："党和国家监督体系是党在长期执政条件下实现自我净化、自我完善、自我革新、自我提高的重要制度保障。"《中共中央关于坚持和完善中国特色社会主义制度　推进国家治理体系和治理能力现代化若干重大问题的决定》（以下简称《决定》）提出，"坚持和完善党和国家监督体系，强化对权力运行的制约和监督"。

《决定》提出了制度更加成熟更加定型的三阶段建设目标。相对于其他制度和制度体系，监督制度体系更加成熟更加定型任务更为繁重。这是因为，一方面"反腐败斗争压倒性态势"是十八大后形成的，另一方面我国反腐败实践是以"治标"来赢得"治本"的时间，这决定了完善监督制度体系的紧迫性。而十八大以来高强度的反腐败实践，也为坚持和完善党和国家监督体系提供了现实条件。

在党内监督建设方面，十八大以来共修订颁发了90多部党内法规，正如监察部长杨晓渡所说："今天中国的反腐败，依靠制度、依靠纪律、依靠法律的程度是极大地提高了。"在国家监督制度方面，十三届人大一次会议通过《中华人民共和国监察法》，为坚持和完善党和国家监督体系打下了坚实基础。

从制度设计联动性、平衡性和现实需求看，贯彻落实十九届四中全会精神，坚持和完善党和国家监督体系，有几个重要方面：

一是进一步完善反腐败国家立法。十九大报告提出实施反腐败国家立法，并强调"强化不敢腐的震慑，扎牢不能腐的笼子，增强不想腐的自觉，通过不懈努力换来海晏河清、朗朗乾坤"。《中华人民共和国监察法》作为我国反腐败

第一部国家立法，立足反腐败实践作出体制安排，为进一步推进反腐败提供了法治条件，在此基础上推出后继相关反腐败立法，是新时代推进反腐败法治治理的重要内容。

二是进一步完善金融实名制。金融实名制包括身份确认、金融交易报告、执行控制、客户信息保护等要素，是规范金融交易秩序、防范金融风险的基础性工程。基于金融安全、反洗钱、反腐、消费者保护等考虑，世界上许多国家都积极推行金融实名制。它是反腐败制度体系建设的重要构成。2000年我国颁布《个人存款账户实名制规定》，标志银行账户实名制实施，此后出台了《人民币银行结算账户管理办法》《金融机构客户身份识别和客户身份资料及交易记录保存管理办法》《关于进一步落实个人人民币银行存款账户实名制的通知》等规制，为今天推行更全面、严格的金融实名制提供了条件。

三是建立和完善资产转移征税制度。资产转移征税制度是对把资产移至国外课以税额的制度。在美国和欧洲一些国家，公民如果把在本国资产转移国外，须交纳资产转移税。目前我国尚无这方面税制。应加快出台资产转移征税制度，无论外资还是内资，无论属海外正常投资经营活动还是有意的资产转移，都应征收资产转移税。这一制度的建立完善有利于有效遏制腐败资产转移的行为。

四是进一步完善公职人员财产申报制度。财产申报制度的核心是公职人员财产公开化，接受公众监督。在法理上，公职人员有义务说明财产的来源。根据我国《民法通则》，财产包括动产和不动产，也包括债权和债务。仅申报个人收入，家庭财产未予全面申报，会减弱反腐败功效。尽快出台国家工作人员家庭财产申报等法规，将申报严格界定为"财产"，有利于更好地将国家公职人员有效置于监督之下。

五是进一步完善离任审计制度。这是对公职人员离开岗位前，对其任期内财务收支、经济手续真实性、合法性进行检查审核，明确责任并作出结论的内控制度，被公认是反腐败的利器。但目前离任审计还局限于任内公款消费、投资状况、经济发展规划等方面，并存在对升任干部审计疏漏、滞后等问题，使一些人带"病"升迁、边腐边升。要通过制度设计，使离任审计制度成为反腐败的坚实关卡。

六是进一步完善公职人员职业回避制度。这一制度的核心，是禁止公职人员为获取报酬而从事与公职道义不一致的"兼职"，非经批准不得参与经商或接受任何雇佣性工作；同时对公职人员在公职外兼职作出严格限定，对公职人员离职后所从事的职业范围和能接受馈赠的范围等，作出明确界定。更为严格规范的职业回避制度对推进从严治党、从严治政意义重大。

七是进一步完善刑事立法。腐败往往与《刑法》中所规定的国家公职人员违反或偏离公共职责、滥用公共权力的职务犯罪具有内在关联，由此从反腐败高度对刑事立法作出科学设计，进一步杜绝腐败漏洞非常重要。比如，增设国家工作人员拒不申报财产罪，对拒不申报或者不如实申报家庭财产的除继续采用组织、行政处分外，进一步引入刑罚机制；增设诸如国家工作人员拒不申报财产罪等目次，能更好地放大刑罚强制对于反腐败的功能。

（《深圳特区报》2019 年 12 月 31 日 C02 版　理论周刊/专论）

2.2 国家制度能力与文明秩序变量

> 人类历史上真正的制度变革都非常不容易，真正成功的制度革命也历经波折重重。多数情况下，一种制度的"变革"比一种制度的"产生"更难。人类学研究表明，制度的变革是人类根本性的变革，制度的进步是人类真正的进步。

自16世纪以来人类社会被认为进入了"现代性"（modernity）阶段，现代国家成为民族聚合的政治方式，而国家制度能力决定了现代国家的实际发展效能。英国社会学家吉登斯认为，"现代性是指社会生活或组织模式，大约十七世纪出现在欧洲，并且在后来的岁月里，程度不同地在世界内产生着影响"，但事实上，"现代性"更在人类的规制规模和规制质量上体现出来。

历史学者伯恩斯和拉尔夫在《世界文明史》中指出，新石器时代是迄今世界历史上"最有意义的时代"，因为这时不仅物质进步的水平上升达到了新的高度，人们比他们的任何祖先都更能掌握周围环境，还在于"各种制度得以形成"。这种"制度得以形成"虽是革命性的，却是不自觉的，也是不稳定的。在自然状态的重复博弈中，某种制度也可以演化而产生，形成规范社会成员的各种规则，但这种内在制度不可能形成稳定的均衡状态，因其每个社会成员都存在激励偏离均衡的动力。

国家制度能力是国家的根本能力，更是一种"现代性"的特质。国家的本质在于提供制度和维系制度，亦即制度经济学家诺斯提出的，国家的主要作用在于界定和实施产权结构。一个国家的竞争力，归根结底是制度的竞争力。国家制度能力构成主要表现在两方面：一是提供规制的能力；二是运用制度进行治理的能力。

具体来说，国家制度能力，首先是制度建设（包括制度设计）与制度供给的能力，能为国家和社会发展提供稳定的规则体系。在所有的国家能力中，这种能力最重要，也是最高的能力。制度经济学把制度分为"正式制度"和"非正式制度"两种，"正式制度"须由国家来提供；而包括价值信念、伦理道德、文化传统等在内的"非正式制度",同样需要由国家来引导调适,虽然它是在长期文化演进中累积而成。

其次是推动制度变革的能力。马克思曾指出,制度是一种"特殊的社会存在物"。其"特殊"的一种表现,在于制度也是一种社会"沉淀物",一经生成即易"硬化",形成所谓"路径依赖"(path dependence)。德国社会学家马克斯·韦伯指出:"一旦充分实行的科层体制,就属于最难摧毁的社会实体",因为这种体制结构是"建立在它的'技术的'优势之上的,如同在技术的整个领域里一样,在这里也就导致了这种结果:凡是较老的结构形式以一种特别发展的技术上对现存需求的适应性发展其职能的地方,这种进军恰恰是最缓慢的"。

人类历史上真正的制度变革都非常不容易,真正成功的制度革命也历经波折重重。多数情况下,一种制度的"变革"比一种制度的"产生"更难。人类学研究表明,制度的变革是人类根本性的变革,制度的进步是人类真正的进步。

再者是运用制度进行治理的能力。"制度治理"与"非制度治理"是人类社会两种基本的方式。制度作为内生变量,对经济增长有着重大影响。制度因其覆盖面广、集成性强,比非制度化方式更具有治理效能。只有制度能大规模解决社会问题。人类社会"利好"大部分是由规制来提供的。诺斯通过论证包括产权制度在内的制度激励功能,解释了人类社会经济增长的真正动因。我们可以把人类所有的文明进步,都归纳为是制度变革带来的结果。现代国家治理,本质上是指制度治理。最大限度地以制度思维、制度方法来提升治理绩效,是一种非常重要的国家能力。

国家制度能力是国家的根本能力。国家治理体系与治理能力现代的核心,是提升国家制度能力。人类"现代性"是由制度为骨架的现代文明体系来标定的。制度不仅是经济增长的内生变量,更是文明秩序的变量。正如伯恩斯和拉尔夫在《世界文明史》中论及的:"政治的、社会的和经济的制度已经发展到至少足以解决一个复杂社会的秩序、安全和效能的某些问题这样一个阶段,那么这个文化就应当可以称为文明。"

(《深圳特区报》2019 年 12 月 10 日 C03 版 理论周刊/观澜)

2.3 "健康中国"的战略价值与政策方位

> 一个社会如何具备更多的公共理性，有更多的宽容精神和包容品质，是社会情绪健康重要的表征。要围绕"健康中国"大目标，在社会情绪调适引导、提升社会认知水平、提升社会公共道德质量上，加大政策创新和投放力度。

"美丽中国"命题的提出，是近年我国生态文明建设上更大的推进和升华。随着社会经济发展，生态压力不断加大，严格的体系化的生态治理势在必行。"健康中国"更是聚集到"人"这个社会的中心上来。只有人的健康，才能全面小康，也才能实现中华民族伟大复兴的目标。从昔日"东亚病夫"到今天"健康中国"，中国经历了划时代的、历史性的变迁。

"健康中国"的战略价值非常丰富，这一命题形成是与我国社会主要矛盾发生变化，即十九大提出的"我国社会主要矛盾已经转化为人民日益增长的美好生活需要和不平衡不充分的发展之间的矛盾"这一社会现实相一致的，包含着丰富的历史和社会内容，有着广阔而多面的建设地带。尤其要靠强有力的政策体系来推行落实，实现政策供给与政策需求之间的社会平衡。从十九届四中全会提出的推进国家治理体系和治理能力现代化建设的要求看，加大"健康中国"建设的政策创制和政策投放，有这样几个大的方位：

一是"身体的健康"。人的"身体的健康"是实现民族强盛和民族复兴的基础性问题，是"健康中国"的基础性政策方位。据统计，目前我国高血脂人群有1亿多、高血压人群有1.7亿、超重和肥胖病人群有2亿多人。英国《科学》杂志报道，中国人"运动习惯"已处于世界前列，但身体素质排名仍低于同在亚洲的韩国和日本。身体的健康是人的生存价值的目标所在。十九届四中全会提出"完善覆盖全民的社会保障体系，强化提高人民健康水平的制度保障"，要通过制度和政策的创制来实现这一目标，提升全民健康。这当中尤其要解决好两个重点：一是进一步提升全民医疗服务水平；二是加大食品安全的监管力度，提高饮食卫生质量，让餐桌更加干净健康。

二是"精神的健康"。精神的健康对于一个民族来说，重要性甚至超过身体的健康。从大的方面看，"赶超型"现代化国家都面临着社会群体心理健康问题突出的现象。发达国家在转型期也经历过社会心理问题高涨的问题。现阶段我国突出的心理健康问题，一是心理问题群体比较大；二是人们心理、精神卫生知识相对匮乏并对心理医治存在普遍的"社会性漠视"。据世界卫生组织数据，目前中国心理问题人群至少有 2 亿至 3 亿人，精神问题如自杀等成为最重要的疾病。2019 亚洲精神科学高峰会议披露，中国抑郁症患者超过 2600 万人，但只有不到 10% 的人接受了相关治疗。发达国家如美国，把心理治疗作为基本服务项目纳入全民医疗保健体系，发给赤贫阶层的公费医疗卡也包含了心理治疗服务的项目。要加大对于人的精神心理健康的关注，通过精神、心理健康公共服务和政策投放，推进心理卫生和心理治疗建设。

三是"社会情绪的健康"。这是"健康中国"政策投放的重要方位。民粹主义、历史虚无主义、极端主义出现；极端事件、变态事件、病态事件时有发生，成为"健康中国"要解决好的深层次社会问题。社会情绪的健康，其实是社会道德的健康。一个社会如何具备更多的公共理性，有更多的宽容精神和包容品质，是社会情绪健康重要的表征。要围绕"健康中国"大目标，在社会情绪调适引导、提升社会认知水平、提升社会公共道德质量上，加大政策创新和投放力度。

总的来说，"健康中国"战略存在大量政策需求和政策创制、政策投放的空间。应以更多的"健康自觉"，把人的身心健康问题全面纳入社会治理、城市治理的大盘子中，通过科学的政策设计、政策创制、政策推行，全面落实《健康中国 2030 规划纲要》提出的各项任务，推进"健康中国"战略目标的全面实现。

（《深圳特区报》2019 年 11 月 12 日 C03 版　理论周刊/观澜）

2.4　社会创制与历史进步

这种借助历史经验和政治传统，以制度安排为核心的社会创制及其构想，构成了人类各个历史时期政治设计跌宕起伏的历史景观。

人既是历史的"剧作者"，又是受剧情制约的"剧中人"。人的历史选择受到客观规律的制约，社会历史规律又通过人的自觉选择活动得以实现。

人类历史发展中人们对社会发展乃至历史进程表现出一种主体意识和历史主动精神，追求正义、合理、秩序和合乎人性要求，借助已有历史经验和政治传统，以理想的政治目标为指向，以政治构想、社会规划、社会蓝图的方式对社会发展作出筹划安排，而这种筹划安排的理论与实践不同程度地干预了社会历史的发展。

这种借助历史经验和政治传统，以制度安排为核心的社会创制及其构想，构成了人类各个历史时期政治设计跌宕起伏的历史景观。

人类社会历史发展是历史规律与人的主体性的统一，亦即"决定"与"选择"的统一。历史的规律性、必然性是决定人们历史选择活动的既定背景和客观尺度；历史选择活动则为历史规律性、必然性的作用方式和具体体现。社会历史是通过人类自觉选择活动而实现的自然历史过程。历史选择活动或社会选择活动，乃是历史主体按照内在尺度与外在尺度统一，能动地对客体（自然、社会与自身）展开创造性的活动和过程。

人类社会历史发展又是必然性与偶然性的统一。社会历史发展的必然性，是指社会历史发展有着自身的逻辑与一般性规律。社会历史发展的偶然性，是指社会历史发展过程中的"不确定"因素和随机性。马克思指出："如果'偶然性'不起任何作用的话，那么世界历史就会带有非常神秘的性质。""发展的加速和延缓在很大程度上是取决于这些'偶然性'的，其中也包括一开始就站在运动最前面的那些人物的性格这样一种'偶然情况'。"人类各个历史时期的政治设计，成为各历史时期社会发展偶然性的重要变量。

政治设计是人的"族类本质"的体现，是为解决社会生活中所面临的难题或优化社会生活所作的政治安排。在政治设计范畴下，有政治理念设计、政治规制设计、发展战略设计、社会政策设计、公共组织设计、政治秩序设计、社会目标设计等。历史上比较成功的政治设计，都具有一种"整体观照"，显示出对社会发展的"通盘考虑"，一般能从比较本原的层次上触及和作用于社会。

历史上政治设计的表现范式呈现几种类型。一种可区分为"建构性"政治设计与"发展型"政治设计；一种可区分为"整体主义"与"渐进工程"；还有一种可区分为"乌托邦"范式、技术范式与社会原理范式。作为一种理性化的社会创制，历史经验、政治传统、社会批判意识、社会理想与相关原则，构成了政治设计的既定要素。

"超前"是政治设计的"常性"，理想化和浪漫主义（或唯意志主义）也是政治设计常有的特点。这也是政治设计可能跌入乌托邦泥潭的一定缘由。由于人的理性是一种"有限理性"，只能有适应性的理性决策，不可能建立全知全能的理性体系，因此政治设计必须有边界；一旦越过边界，就会产生巨大理性风险。

政治设计的形成是一个复杂的多维的过程，受经济发展因素、社会意识、地域文化传统以及设计主体、政治思维、价值取向、利益关系、知识智慧等不同复杂关系的制约。政治设计展开的逻辑，不能脱离社会经济基础、群体价值基础、文化背景基础等构成的社会综合基础。

历史经验，历史遗留的思想材料作为历史精神给养，总是给后来的政治设计提供借鉴和拓展的基础。政治设计受到政治理念的统摄和影响，是一种政治价值的系统表达，具有"理论（价值）负荷性"。由此，政治设计是具有自身逻辑的观念体系。对于政治设计的命题，通过一定的逻辑方式总能予以解读。

政治设计是人类长期积累的宝贵精神文化财富，反映人类政治思维、政治实践和政治发展的历史性步伐。它的本质体现了人的本质，是历史规律作用下历史主体的历史主动精神和社会创制。政治设计本身已形成不断继承与发展的理论与实践的文化体系。

（《深圳特区报》2019 年 10 月 29 日 C03 版　理论周刊/观澜）

2.5 "一带一路"背景与完善外资政策规制

"引进来"与"走出去"，都是一种全球资源配置方式。与世界经济发展情况相比，我国立法还有待完善，亟须通过体系性规制的完善以更好地应对外商投资领域出现的新形态，及时作出法律回应。

外资是推动中国经济快速发展的引擎之一。中国改革开放 40 年来大量外国资本进入国内市场，加速了中国经济的崛起。联合国贸易和发展会议（UNCTAD）最近发布《2019 年世界投资报告》，全球外国直接投资 2018 年下降 13%，连续 3 年下滑，但中国等亚洲国家和地区外国直接投资逆势增长。自 1992 年以来，中国实际使用外资连续 27 年在发展中国家居首位；2018 年实际使用外资额达 1349 亿美元，位列世界第二。

外资作为我国改革开放的参与者和见证者，不仅对中国经济和开放作出了重要贡献，还对未来中国经济发展有着不可替代的作用。1979 年 7 月 8 日我国颁发《中华人民共和国中外合资经营企业法》，这是改革开放后第一部涉外法律，开启了外商投资立法大幕，后于 1990 年、2001 年、2016 年三次修订。1986 年 4 月 12 日颁布《中华人民共和国外资企业法》，后经四次修订。1988 年 4 月 13 日七届人大一次会议通过《中华人民共和国中外合作经营企业法》，于 2000 年、2016 年修订。1990 年 8 月 19 日颁布《国务院关于鼓励华侨和香港、澳门同胞投资的规定》，1994 年 3 月 5 日八届人大六次会议通过《中华人民共和国台湾同胞投资保护法》，对港澳台同胞在大陆的投资权益作出规定。1995 年国家计委同有关部门编制出台《外商投资产业指导目录》和《外商投资企业进口管理实施细则》《外商投资产业指导目录》，并多次修订。

进入新时代后，我国外商投资管理体制实现了历史性变革，推行准入前国民待遇加负面清单的管理模式，统一内外资法律法规，加快商签投资协定，实行 30 多年全链条式审批制度改为有限范围的审批，实行告知性备案制度，营商环境得以改善。同时在贸易实验区外资管理方面，实行新的管理体制。

为进一步明确外资政策导向，2017 年 1 月 17 日国务院《关于扩大对外开放积极利用外资若干措施的通知》提出 20 项措施。2017 年 2 月 17 日国家发改委、商务部发布《中西部地区外商投资优势产业目录》（2013 年版《中西部目录》废止），进一步明确了外商投资项目的相关优惠政策。

纵观改革开放以来我国关于外商投资的规制历程，有两个突出特点：一是公司法和外商投资企业法构成了我国对外商投资立法的基本内容。虽立法重点、立法背景不同，但公司法与外商投资企业法之间存在相关内容重复矛盾的现象，一定程度上削弱了统一性；二是我国实行"针对性立法"原则，针对外商投资中出现的新现象新情况出台相关法律，具有针对性，但存在内容分散、交叉重复和矛盾冲突的情况，如《中华人民共和国企业法》与"三资企业法"（《中华人民共和国中外合资经营企业法》《中华人民共和国中外合作经营企业法》和《中华人民共和国外资企业法》）就存在这种情况。

立法的价值确立和技术效果都会成为外资流入的变量。法律政策不仅是一种管理手段，更是一种投资者安全心理的源泉。规制的社会学含义是"一个表明在某些情境中什么行为是必须的，什么行为是可以选择的，或什么行为是禁止的这样一种可遵循的规定"。立法的价值，更要立足有利于维系包括外商投资在内的经济领域的公平公正和投资主体的合法权益。

随着全球化的推进，出现了许多利用外商投资的新形式，如 BOT 方式、跨国并购、外商投资股份制、外商设立研发中心、外资公司和金融机构在华设立分支机构等。但随着国际经济环境变化和国内经济结构调整，我国吸引外资正面临新的机遇和挑战，出现新的战略调整需求。通过规制体系的完善促进经济增长与外商利益的双赢，是我国融入全球化过程中特别是推进"一带一路"进程中经贸规制改革的主题。

"引进来"与"走出去"，都是一种全球资源配置方式。与世界经济发展情况相比，我国立法还有待完善，亟须通过体系性规制的完善以更好地应对外商投资领域出现的新形态，及时作出法律回应。比如在发展传统"三资企业"的同时进一步规范新的经贸方式，进一步扩大对各种外资的吸引，更好地适应国家"一带一路"建设和构建人类命运共同体的需要。

（《深圳特区报》2019 年 10 月 8 日 C03 版　理论周刊/观澜）

2.6 本科教育决定国民教育的质量

　　由于本科教育决定了一个国家综合和长远的竞争力，对于国家未来发展具有决定性意义，因而新时代国民教育布局中，在教育规模、教育投资、教育体制和教育模式革新等方面，要以更大擘画力度突出本科教育的主体地位，并进一步推进综合性的教改创新。

　　大学本科教育是一个国家国民教育的主体，是体现国家整体教育水平和质量的决定性因素。更远点说，本科教育决定了国家未来的前程，是实现国民精神再造的根本性条件。本科教育与专科教育、研究生教育共同构成了高等教育的结构体系。我国已建成世界上规模最大的高等教育体系，但由于人才培养模式、体制和质量标准等方面存在的问题，我国本科教育离世界一流还有很大距离。

　　改革开放以来，我国本科教育经长期积累和不断探索创新，教育规模、水平和教育模式都有了很大发展，已具有良好结构体系和发展势头。但比起硕博阶段的教育，本科教育在资源投入、体制变革、内容创新等方面的强度都相对弱，在高校事业体系中相对弱势。由于本科教育决定了一个国家综合和长远的竞争力，对于国家未来发展具有决定性意义，因而新时代国民教育布局中，在教育规模、教育投资、教育体制和教育模式革新等方面，要以更大擘画力度突出本科教育的主体地位，并进一步推进综合性的教改创新。

　　首先，要更注重以基础性、前沿性来优化学科结构。蔡元培先生说过："教育者，非为已往，非为现在，而专为将来。"要着眼国家发展的长远性发展目标进行结构设计，比如中国文化教育、心理良知教育应列入基础性规划。2018年教育部发布实施《普通高等学校本科专业类教学质量国家标准》，涉及56000多个专业点、92个本科专业类，为进一步优化专业设置、提升质量提供了依据。这当中重点要着眼建构前沿、开放的教学体系，形成更多由基础性学科门类组成的专业集群。

　　其次，要形成以本科生为中心的"教学关怀模式"。本科教育一个重要特点，是不仅要有健全的基础知识体系输入，更要有春风化雨式的人性人生关怀，因为它是本科生人生成长重要阶段。"一堂课的教学"（教师只在课上与学生照面）、"一本书的教学"（教学内容固化狭窄）、"一张试卷的教学"（学生为学分而学），是难以培养出人才的。社会上流传的教师"认真培养自己、马虎培养学生"、学生"醉生梦死、迷茫飘浮"的现象，在大学普遍存在。1996 年联合国教科文组织发布《教育—财富蕴藏其中》报告，提出"学会认知、学会做事、学会共同生活、学会生存"的新教育理念；2015 年联合国教科文组织发布《反思教育：向全球共同利益的理念转变》报告，强调"基础技能、可转移技能和职业技术技能"培养的重要性，就是要把"通识教育"、认知能力提升、综合能力培养，置于本科教学的中心。而这一切是必须建立起以本科生成长为中心的"教学关怀模式"，激荡教育良知，培育真善美为第一要义，把本科生的德性、智性、理性开发作为主线。

再次，要强化本科教育综合性服务支撑体系。本科教育上接中小学阶段教育流程体系，下启硕博阶段教育过程；内接高校教育事业各块面，外联社会各个方面。它绝非仅仅是教育系统、高校的事，是全社会的事。比如：本科教育综合设计，要与中学阶段教育和硕博阶段对接起来，放大它"本位"价值功能；由教育家来办教育，是教育的本质属性要求；要形成全社会、全方位支持体系。在优质化生源、实施开放式教研探索模式、建立师资遴选科学机制，特别是淡化"行政化"等方面，形成以教师为中心的治理模式和社会支持模式。

最后，要进一步普及大学精神和现代教育理念。要开放胸襟，以博大心怀引入更多国际视野。比如，德国"能力—技术"应用科学本科教育方式、美国"博雅—发展"学术科学本科教育方式等，都可引为教学教改参考。在本科教改中如果只是把诸如引入全球高排名学者、刺激 SCI 论文"生产"等作为统计取向，就会偏离本科教育主线。以"好看"的数据代替大量需要改革的实际议程，疏略本科教育的内在生长机制，不仅与大学精神相去远甚，在整体上还会遏制我国本科教育水准的提升，须引为警戒。

（《深圳特区报》2019 年 8 月 13 日 C03 版　理论周刊/观澜）

2.7 学术人格与学术人设

> 形形色色的"学术人设",成为学界风景线。比如:各种学术名号头衔,远超中国历史上任何时期;"学术名流"之量大势众,堪可"秒杀"前代学术先贤阵容;学术圈子数量众多,"突破""创新""弥补空白"等扑面而来。

1917 年德国社会学家马克斯·韦伯在慕尼黑大学作了一场"以学术为业"的演讲。他指出:"学术已达到了空前专业化的阶段,而且这种局面会一直继续下去。无论就表面还是本质而言,个人只有通过最彻底的专业化,才有可能具备信心在知识领域取得一些真正完美的成就。"

就是说,一个人只有经"彻底的专业化",方能步入"学术"并可能取得相应成就。"彻底的专业化",是指业已超越知识学问"初始习得"阶段而步入"品悟把玩"阶段。熊十力先生说:"凡有志根本学术者,当有孤往精神。"这种"孤往精神"是基于兴趣的长期"以学术为业"之果。

重要的是,学术不仅是一种非常专业的东西,更是一种融于"最彻底的专业化"的人格。反过来说,缺乏真正的学术人格,是难以学术的;其谓"学术",亦非真学术。

如果不讳言的话,我们应当可以"言说"这样一种事实,即当下学术沧海横流而泥沙俱下。这当中有个饶有意思的现象是,形形色色的"学术人设",成为学界风景线。比如:各种学术名号头衔,远超中国历史上任何时期;"学术名流"之量大势众,堪可"秒杀"前代学术先贤阵容;学术圈子数量众多,"突破""创新""弥补空白"等扑面而来。可学术真实面貌究竟如何,人们心中都有数。

如若不是春节那场多少有点偶然的"学术打假"风潮,"不知知网"的翟式"学术人设",今天一定还夺人耳目,"明星学霸博士后"各种"神话"会源源不断炮制成时尚。谁会觉得这有什么问题呢?

好的学术,必先有其学术者;好的学术者,必先有其学术人格。这种学术人格，透出的是一种"专致"精神，不仅经"彻底的专业化"而臻专业水准，更具备熊十力先生说的"孤往精神"。无论"昨夜西风凋碧树，独上高楼，望尽天涯路"的王国维，还是"文字之力之大，无过于此者"的梁启超；无论"五十之前不著书"的黄侃，还是"幸得梅花同一笑"的陈寅恪，都无所谓"人设"，惟有强健的学术人格和扎实的真学问。

有趣的是，一些既未达到"最彻底的专业化"要求，又缺乏"孤往精神"，甚至连学术兴趣、学术基本功都谈不上的人，在热热闹闹地吆喝着学术。一些基础训练很差、严格意义上做不了学术的人，一些很水甚至话都未必写得明白的人，挂着五光十色的学术头衔和各种标签游走江湖。为何缺乏学术人格、缺乏慧根更缺乏"孤往精神"的伪学术可登堂入室？林林总总的"学术人设"，究竟是怎样形成的？

这是个复杂的社会历史现象。这一现象背后，还有复杂的学术体制机制缘由。比如，有个惯常现象是，借"平台"之力做人设，即以单位的行政的资源和声誉，转化为自身的优势便利，"假其虎势而得其虎"，为"人设"之热门捷径。而一旦离开平台，可能什么都不是。人们戏称这种现象为"狐假虎威"式人设。

美国晶体科学家、诺贝尔化学奖获得者杰罗姆·卡尔勒（J. Jerome Karle）说：有些人之所以被吸引到科学事业中来，是因为偶尔会"获得崇高的声誉"，但是真正的科研获得崇高声誉的机遇是很少的。正如各式"书展"越多，人们的读书可能越少一样，"学术人设"越多，一个社会的学术风貌可能越糟糕。"学术人设"调门越高，学术人格可能越要命。

还是回到韦伯的话上来。他进一步指出：在科学领域，如果有人把他从事的学科当作一项表演，并试图"我如何才能说点在形式或内容上前无古人的话呢？"不是发自内心献身于使他"达到高贵与尊严"的术业，"则他必定会受到败坏和贬低……"

让我们多点学术人格，少点学术人设；多点冷板凳学问精神，少点哗众取宠之心。因为道理很明白，缺乏学术人格的"学术人设"，不以学术为业、热衷"表演"为业，乃是对学术的亵渎和破坏，最终遭到"败坏和贬低"。

（《深圳特区报》2019 年 7 月 30 日 C03 版　理论周刊/观澜）

2.8　世界大历史与规律论

> 历史著作难免涉及历史规律方面的内容。历史规律预设了世界文明的走向，一代人、数代人，乃至历代人，都只是"历史规律"长河中一个水分子。人类似乎是朝着一个神秘的目的地行进——不管是昂首阔步，还是步履蹒跚。

历史学者戴维·弗洛姆金师法古希腊希罗多德和修昔底德，"用心记录史实"。他的《世界大历史》"尤其着重人类在自我组织管理的方式以及战争、和平与生存等课题观念上的流变"，与其说它是一部论著，倒更像一部历史学术散文。夹叙夹议的轻松方式，使它的历史之旅充满了云淡风轻。

《世界大历史》分过去、现在、未来三篇，通过"十二个根本转折"把人们由数百万年前的非洲森林，带至 20 世纪 90 年代和往后的世代。展现了人类从文明曙光到 21 世纪的万象风光，有一种"削繁就简三秋树"的疏朗。书中的议论和见解相当不同流俗。

历史著作难免涉及历史规律方面的内容。历史规律预设了世界文明的走向，一代人、数代人，乃至历代人，都只是"历史规律"长河中一个水分子。人类似乎是朝着一个神秘的目的地行进——不管是昂首阔步，还是步履蹒跚。

18 世纪意大利哲学家维柯和德国哲学家赫尔德，可以说是"历史规律说"的滥觞。维柯的名著《关于民族共同性的新科学原理》，在神学之外寻找历史演进规律，把人类历史分为"神的时代""英雄时代"和"人的时代"。德国浪漫主义先驱赫尔德在《人类历史哲学的概念》一书中，把人类历史分为"诗的时代""散文时代""哲学时代"的交替。这些时代分类富有诗意，而历史是"有机整体"等观念，对后世产生了极大影响。

18 世纪是理性主义高歌猛进的时代。起草吉伦特宪法的法国启蒙思想家孔多塞在《从历史上看人类的进步》一书中，把人类未来分为十个阶段；而他身处的法国大革命，则是这十个阶段来临的标志。他的《人类精神进步史表纲要》则提出如何预测、指导和加速人类历史的进步。

康德在其《一个世界公民观点下的普遍历史观念》中确信，人类历史具有"合目的性"和"合规律性"的双重性质；人类历史归宿是合乎理性的、完美的。大约在这时，"历史规律论"这一历史哲学，已成为一种影响甚大的理论了。

"历史哲学"这一概念由18世纪的伏尔泰提出，但伏尔泰没留下这方面著作。到了19世纪，理性主义历史哲学的大腕、大师抑或集大成者，都非黑格尔莫属。在他那里，人类历史区分为"只知道一个人自由"的时代（古代东方）、"知道部分人自由"的时代（古希腊罗马）和"知道人人皆自由"的时代（日耳曼精神）。重要的是，"理性""绝对理念"在黑格尔那里，才是世界的真正主宰。这种"神秘主义幽灵"，至今余波未息。

但"历史规律论"长期受到学界质疑。人们愿意接受这样一个事实：历史本质上是一个混沌的走向。如雅斯贝尔斯说："我们正在一片未经标测的海洋上航行，无法达到这样一个岸口：在其上我们可以获得观察全体的清晰视野。"以解释文明"挑战—应战"机制以及"文明解体"著称的英国历史学家汤因比说："人们醒悟过来，发现自己处于一个混沌的世界之中。"历史学家伯恩斯和拉尔夫在《世界文明史》中指出："历史的动因是各种各样的"，"人类活动的促动因素是异常复杂的"。受到马克思高度赞誉的美国杰出社会科学家摩尔根，在他那部伟大著作《古代社会》中也说："文明社会之所以能完成于它实际完成之时，乃是一系列偶然事件的结果……"

普波是质疑"历史规律论"的巨擘。他认为由于受知识增长的限制，人类历史进程不可预测。"历史规律"无迹可寻，"历史命运"之说纯属迷信。普波对"历史决定论"的深刻质疑如空谷传响，回声久远。

弗洛姆金的《世界大历史》没有正面讨论历史规律问题，但揭示"人类活动的促动因素是异常复杂的"，"历史的动因是各种各样的"。"贪婪无疑是人类活动的有力动机，但这并不意味着经济的因果关系必须被视为普遍的规律"。弗洛姆金指出："历史的发展充满了反讽……历史的过程中，并无所谓的必然"，"主导历史走向的，往往是偶发事件"。与众多历史学者一样，弗洛姆金不认为有着一种客观历史规律，在主导人类的未来命运。

（《深圳特区报》2019年7月2日C03版　理论周刊/观澜）

2.9 租金、创租、寻租与腐败机理

　　　　　寻租理论阐明了腐败的深层本质。没有对于市场的过度干预，没
　　　　有干预所提供的特殊垄断地位，租金便无从寻求，腐败也无从产生。

　　公共选择（public choice）理论把市场经济下私人选择活动中适用的理性原则，应用到社会政治领域的公共选择活动中，形成了"经济人假设"和"寻租"理论。公共选择理论认为，只要个人行为有一部分实际上受效用最大化动机所驱使，只要个人与群体的一致达不到让所有的个人效用函数相同的程度，那么"经济个人主义"模型就具有价值。无论个人还是公共代理者"利己主义"都是正常的。问题在于，当这种"利己主义"动机与经济租金（economic rent）相结合，就会源源不绝地产生"寻租活动"（rent-seeking activities）。

　　所谓"租金"（rent），指某生产要素所有者获得的收入中超过这种要素的机会成本的那一部分剩余。在早期李嘉图学派中，"租金"指没有供给弹性的生产要素的报酬，它诱使这种生产要素进入市场所必需的最小的额外收益。马歇尔在《经济学原理》一书中拓展了"租金"概念，指出它还应包括被称为"准租金"的暂时没有供给弹性的生产要素的报酬。

　　租金是由于行政行为（干预和管制）遏制供给增加的结果。租金的本质乃是在权力干预下，由于管制市场竞争而形成的级差收入。寻租活动是人们在某种制度环境下，凭借行政保护而展开的寻求财富转移的活动。这种努力的结果，不是创造社会财富而是导致大量浪费。而在寻租活动中，人们并不仅仅只充当被动的"被利用"角色，通常"主动出击"进行"政治创租"（political rent creation）并"抽租"（rent extraction）。纯粹租金的因素，从而权力因素更容易在复杂交易而不是简单交易中出现，更容易在社群关系而不是在两人关系中以及在行政协定中而不是在市场协定中出现。

　　公共选择学派"寻租理论"（Rent-seeking Theory）描述了经济生活中公权力与经济财富相交换的内在过程，揭示了腐败产生的现实经济根源和内在逻辑。一切凭借行政权力谋取私利的行为，都是"寻租行为"。正如诺贝尔经济学奖获

得者詹姆斯·布坎南指出的：官僚的行为逻辑同经济学家研究的其他人的行为逻辑，没有任何不同。对这个简单事实的承认以及由此对这个事实在现代社会环境中含义的实证分析，是进入推动社会改革更广泛的比较分析的基本通道。正是由于现代官僚制理论和规则理论的洞察力，人们才逐渐意识到新的制度约束的重要性。

寻租理论揭示出寻租活动是社会经济生活中公权力行为的伴生物，并总与对市场的过度干预紧密关联。正如亨廷顿指出的："腐败的基本形式就是政治权力与经济财富的交换"。只要公权力深度介入经济活动，寻租活动便难以根绝。恩格斯曾把公权力对社会经济的"反作用"概括为三种情况，其中特别指出："政治权力会给经济发展带来巨大的损害，并造成大量的人力和物力的浪费。"恩格斯这一论述，非常适合用来描述寻租活动对社会经济造成的危害。

寻租理论阐明了腐败的深层本质。没有对于市场的过度干预，没有干预所提供的特殊垄断地位，租金便无从寻求，腐败也无从产生。

人类经验证明，抑制腐败的"圣贤道德"路径和各种非制度化路径都难以走通。良好、严谨、体系化的制度设计，是最强大有效的腐败"防火墙"，是遏制腐败最有效的方式。由宪法、法律、制度构成的规则体系以及演绎这些规制体系的法治（rule of law），乃是人类智能所能达到的确保公共领域实现正义的最有效率的工具，是人类公共生活难以避免的技术选择。在遏制腐败上"消极的"政治观才能产生积极的政治成果。

由此布坎南的这一建议也是非常值得重视的，即他提出，人类科学劳动的正确划分，客观上要求政治科学把更多的研究力量集中在"政治安排"上、要求经济科学则将更多的研究力量集中在"市场安排"上，这样才能更好地发挥出学科建设的"经世致用"功能。

（《深圳特区报》2019 年 5 月 28 日 C03 版 理论周刊/观澜）

2.10　城市精细化治理的灵魂

　　　　　城市精细化治理的本质，是城市资源配置的最优化、以"人"为中心的城市运行的合理化。它是一种有灵魂、有温度的"最优"管理。

　　"精细化"城市治理模式的兴起，表明了当下中国城市治理的新路向。现代人类城市是一个高密度的物理体，人流、物流、事流被压缩在一个有限的空间里，关联度加深，牵一发而动全身，于是"精细化"治理应运而生。作为一种治理方式，精细化的价值取向，首先在于把可能的风险降低到最低程度；其次在于尽最大可能，提升城市运行的质量和公共效率。

　　但应看到，精细化治理虽有利于提升城市运行安全系数，但也可能导致城市生活的僵硬和技术理性的刚性，扼制城市活力。如何对"精细化"治理有比较健全的认知而不陷于一二表层，是当下中国城市治理普遍面临的问题。

　　城市精细化治理的本质，是城市资源配置的最优化、以"人"为中心的城市运行的合理化。它是一种有灵魂、有温度的"最优"管理。也就是说，精细化不只是技术网络、人工智能这些东西，而是一种更高层面上统筹安排、科学调度、绿色节能的"城市人性治理"。

　　城市精细化治理存在这样三个界面：

　　一是物理界面。城市各系统实现精细化的分类管理，即实现信息化统筹、网格化监管、精量化定则、精准化操作。实现管理的标准化（流程、目标、考绩标准化）、管理的网格化（信息和大数据并网联网运用）、管理的智能化（基础设施、道路交通、市容环卫、市场监管、街面治安、危机处置、社区管理实现信息技术覆盖）、管理的专业化（从城市规划到城市营运，实行低碳、绿色的专业化管理）。

　　二是技术界面。即形成精细化的治理手段和技术体系。其主要包含两方面内容：一是如何提升城市管理中的运筹学能力和协调性功能。如北宋科学家沈括《梦溪笔谈》中"一举而三役济"记载，就体现了技术界面的精细化管理。宋朝祥符年间一次大火，烧坏了宫殿，有个叫丁谓的大臣主持修复工程。当时

"患取远土"是个很大的麻烦。丁谓就让人在大街就地取土，街面很快挖出很大沟渠，然后"乃决汴水入堑"——引汴水入渠变成航道，再用竹筏船只将建材物什运进来。宫殿修毕，把废弃的砖瓦、碎屑、灰土回填沟渠，又恢复成原先的街道。一举多得，省下大量工程费用，且环保节能。二是如何提升城市规制体系的精细化，即在城市结构、组织体制方面兴利除弊，实现城市结构上的精进。

三是人文界面。即把人的价值置于城市治理的中心点上，一切考量从"人"出发而不是从"物"出发。立足城市历史和传统、社会心理等各种基础因素，进行科学配置，优化合乎人性的都市多元空间结构，提升"城市人性指数"。比如：在构筑越来越多的公交专用道、机动车快车道时，同样要构筑"慢行空间"供人活动；在构筑越来越多的"标志性建筑"、大型公共时尚场所的同时，要注重人的居住本位，把更多资金用在居民的"人本空间"上；在构筑越来越多的"中心商务区"时，要更多保护"住文化"，防止中心城区人居荒漠化、异质化。而在更高哲学层面上，还要注重城市的弹性地带、模糊空间、精神草地对于城市活力的涵养功能。

上述三个界面中，"物"的界面是基础性的，主要是要解决好如何实现从粗放型治理向精细化治理转型，推动互联网、大数据、人工智能与城市管理深度融合的基础性建设。

"技"的界面是中观性的，主要是要解决城市资源配置的合理化、技术手段的科学化和城市营运的效能化，即实现城市各系统的数字化、全覆盖、无缝隙、低缺陷的技术手段现代化。城市治理价值链的质量如果缺乏精细化支撑，再好的治理目标也难以实现。

"道"的界面是最高层级的，其本质是要建立一种城市哲学，赢得城市治理的灵魂。当下中国城市的"精细化"治理须超越技术理性，立足于"人性"的擘画而不止于"物理"的安排，使城市更富有人性和温度。此外"精细化"并不是管得越多越细越好。把市场、社会的作用发挥到最大最优，方为精细化城市治理的高境界。

（《深圳特区报》2019 年 5 月 14 日 C03 版　理论周刊/观澜）

2.11 "一带一路"中文明文化的对话和融汇

> 重视"一带一路"中的"解说力"建构，能更好地说好"中国故事"，优化外宣质量，提升我国的国际形象，更好地提升国际综合竞争力特别是文化软实力，更全面地参与全球治理。

"一带一路"建设，已从经贸领域的通道畅通、节点便通、设备互通、技术联通的沿线大通关建设阶段，进入到文明文化对话的"升级版"建设阶段。"一带一路"建设正处于历史性关键点上。一个突出的问题是，除了经贸政策层面，这一宏大国际倡议的推进，应以怎样的话语体系面向世界？如何才能更好地阐发"中国主张"、更好地融汇中国文明文化，增强面向全球的解说力？

"一带一路"倡议是十八大后我国推出的国际经济合作倡议。"一带一路"倡议的战略规模宏大，穿越亚洲文明、伊斯兰文明、欧洲文明。而不同文明文化之间存在摩擦碰撞。提升"一带一路"的解说力，形成更为优质的解说表达系统，能在地缘政治不确定性不断增加的态势下，减少"文明的冲突"，促进文明的融合，更好地推进"一带一路"倡议的实施。

"一带一路"倡议已得到全球 100 多个国家和国际组织的支持参与，至少有123 个国家和 29 个国际组织与我国签署了 171 份合作文件。中国与沿线国家贸易总额超过 6 万亿美元，对沿线国家直接投资达 156 亿美元。中国开发银行、进出口银行在沿线国家贷款余额 2500 亿美元，中国出口信用保险公司在沿线国家累计实现保额 6000 多亿美元。中欧班列开行 1.4 万列（截至 2019 年 2 月底数据，不包括到中亚地区班列）。

尽管很多国家对"一带一路"倡议抱有兴趣，但有些仍处观望徘徊阶段。而对于"一带一路"倡议的疑虑则一直没有间断过。地缘政治安全问题、世界主要国家的质疑以及沿线国家的变化不定，都构成对"一带一路"倡议的巨大障碍。重视"一带一路"话语体系营建，以更加自觉的意识、更优质的话语系统面向世界，增加解说力，可大幅度减少国际社会存在的对"一带一路"倡议的认知障碍，有效减少各种质疑、忧虑和摩擦。

　　"一带一路"在深层次上是一种文化交互行为，其底蕴是文明文化的对话和融汇，是构建人类命运共同体。有无自觉的"话语意识"，结果是完全不同的。从人类文明发展看，一种宏大的行为领域必有其相应的"话语体系"。正如古希腊思想家亚里士多德指出的："说服"是一种高超的政治学问，公共交往最明晰的风格"是由普通语言形成的"。

　　"话语体系"一般指一门学科或一门科学所拥有和运用的特定表达结构系统。"一带一路"话语体系是在"一带一路"这一人类新型合作领域和这一发展合作巨型平台上，所形成的以推进人类命运共同体为焦点，具有时代特征、中国特色、面向世界的文明文化对话系统。"一带一路"话语体系缺失，事实上构成对"一带一路"的制约，亟须通过加大文化沟通量，促进形成沿线国家包容互鉴的对话新模式，夯实构建人类命运共同体的现实基础。

　　重视"一带一路"中的"解说力"建构，能更好地说好"中国故事"，优化外宣质量，提升我国的国际形象，更好地提升国际综合竞争力特别是文化软实力，更全面地参与全球治理。

　　推进"一带一路"话语体系建设的过程，更是一个整理思路、提升理性、强化自觉，推进文化传承，提升与沿线国家对话和文化交流质量的过程，对深度推进"一带一路"各方面工作，都具有重要意义。由此立足"一带一路"的文化、话语界面，扩展"一带一路"文化交流量，为全方位推进"一带一路"发展提供精神文化支持，成为当下推进"一带一路"的重要内容。

（《深圳特区报》2019 年 4 月 23 日 C03 版　理论周刊/观澜）

2.12 "城市型社会"与城市研究的新境遇

　　　　　　　　所谓"一切以时间地点为转移"，聚焦中国城市当下新的社会情境，才能有更好的研究切入，也才能更好地解决当下城市中的诸多热点问题。

　　判断一个国家或地区总体上是否进入城市型社会，有城镇人口、空间形态、生活方式、社会文化和城乡关系等多方面标准。国际社会通常以人口城镇化率对城市作出划分，城镇化率51%至60%之间为初级城市型社会，城镇化率61%至75%之间为中级城市型社会，城镇化率76%至90%之间为高级城市型社会，城镇化率大于90%为"完全城市型"社会。改革开放40年的发展，中国总体上已进入发展型城市社会的形态。"发展型城市社会"具有的主要特质，成为当下城市研究新的立足点和新的学术框架。

　　一是形成了特定的社会结构。社会结构（social structure）是社会体系各部分和诸要素之间相对持久稳定的联系模式。2011年我国城镇人口首次越过50%界线，人口城镇化率达51.27%，意味着以乡村型社会为主体的时代结束，开始步入以城市社会为主体的时代。其时北京、上海、天津迈入高级城市型社会，广东、辽宁进入中级城市型社会，另有十省份跻身初级城市型社会之列。这是中国社会结构新的历史性变化。

　　总体上我国虽已形成城市型社会结构，但离中高级城市型社会标准还有较大差距。例如，大量进城务工农民工、郊区就地转化的农转非居民以及县改市存在大量农民，统计上虽为"城镇居民"，但并未真正融入城市，实现"城市化"。从社会文化结构看，城市的建制镇缺乏特色，城市品级较低。城乡结构上两元分割，公共服务布局落差大，也一直是城乡融合和城市一体化要解决的一个难题。

　　改革开放40年，我国社会阶层结构由单质化到多元化，但社会阶层结构的现代化转型远未完成。总体上我国处于初级城市社会阶段，处于由乡村型社会向城市型社会转型关键时期。社会中下阶层比重大，中间阶层比重小，整个社会结构与真正的现代性"橄榄形"结构，仍有着相当距离。这与我国仍长期处于社会主义初级阶段是相一致的。如何实施好十九大提出的"乡村振兴战略"，推进农民市民化、城乡融合共享，提高城镇化质量，提升城市品级，成为推进国家治理现代化的一个关键所在。

二是形成了高强度的"社会互动"（social interaction）。可以说，高强度的社会互动是改革开放 40 年来中国城市与乡村之间、城市群落之间最大的社会景观。1908 年德国社会学家 G. 齐美尔在《社会学》一书中提出"社会互动"概念，后在美国形成了相关学派和系统理论，如"符号互动论"影响甚大，社会心理学家和社会学家 G. H. 米德、H. G. 布鲁默等为其代表。在各种社会互动的学术分析中，值得关注的是从"过程"和"结构"等方位上展开的学术分析。社会互动作为结构意义上的互动，有着不同界面的内容：宏观界面表现为诸如阶层之间、民族之间、国家之间的互动；微观界面则表现为社群的"角色互动"（role interaction）。

正是 40 年来改革开放和城市型社会的形成，促进了大规模的人际交往，构成新的社会互动关系，成为当代城市治理面临的一种新"场景"。当下大规模社会互动和社群交往以及相应的竞争、合作、冲突、调适等问题，引发了源源不绝的城市治理命题。城市研究，一定意义上就是研究城市社会变迁过程及其带来的各种新问题。

三是构成了特定的"社会情境"（social situation）。"城市是各种人和各种阶级融合在一起的地方。尽管有些勉强，且争论不休，但是各类人和阶级还是创作出虽短暂和瞬息万变的共同生活。"（戴维·哈维）城市不只是一个建成实体，更反映了多种多样的社群与文化的抱负和希望。一个城市的形态、功能、时尚和魅力，都表现了一整套的心境、习惯、风俗以及生活方式。此种情境，今天尤为激荡、加剧。有人甚至认为，"城市生活"已成为"一种生态隐喻"（阿德里安·富兰克林）。

社会情境构成了现代城市特定的"域场"，甚至构成了不同城市的个性与风格，构成了诸多新的城市治理变量。所谓"一切以时间地点为转移"，聚焦中国城市当下新的社会情境，才能有更好的研究切入，也才能更好地解决当下城市中的诸多热点问题。

（《深圳特区报》2019 年 3 月 26 日 C03 版　理论周刊/观澜）

2.13 强化"制度思维" 推进深度制度创新

全面深化改革，把改革进行到底，有待进一步强化"制度思维"，加快构建系统完备、科学规范、运行有效的制度体系，促使各个领域制度更加成熟和更加定型。

习近平在庆祝改革开放40周年大会上的讲话中指出："制度是关系党和国家事业发展的根本性、全局性、稳定性、长期性问题。我们扭住完善和发展中国特色社会主义制度这个关键，为解放和发展社会生产力、解放和增强社会活力、永葆党和国家生机活力提供了有力保证，为保持社会大局稳定、保证人民安居乐业、保障国家安全提供了有力保证"。

制度是一个社会结构的灵魂，政治发展最显性的地带是其所形成的国家制度体系。一个社会的进步，归根结底是制度和体制的进步。我国40年改革开放，本质上是深层次、多方面的制度变革和创新过程。从经济体制的改革，推进到经济、政治、文化、社会、生态文明各领域的改革。近年行政管理体制改革、司法体制改革、外事体制改革、社会治理体制改革、生态环境督察体制改革、国家安全体制改革、国防和军队改革、纪检监察制度改革等一系列重大改革相继展开，在极大地解放社会生产力的同时，极大地释放了社会主义的制度效能。

社会主义是人类历史上进步的事业，是指它在制度体系上的先进性、探索性和整体突破性。它是一种负载着人类美好理想的新型制度形态。社会主义事业本身，就是一种制度创新；而社会主义事业的进一步发展和推进，又依赖于新的更为深度的"制度创新"。正如习近平指出的："制度总是需要不断完善，因而改革既不可能一蹴而就、也不可能一劳永逸。"我国40年改革开放，使国家基本制度日趋成熟，但另一方面，制度的真正成熟定型又是一个长期甚至漫长的过程，且基本成熟定型后，也并非一成不变，还要不断容纳时代精神与时俱进，正如恩格斯指出的："所谓'社会主义社会'不是一种一成不变的东西，而应当和任何其他社会制度一样，把它看成是经常变化和改革的社会。"全面深化改革、将改革进行到底，就必须"扭住完善和发展中国特色社会主义制度这个关键"，在进一步推进制度和体制改革创新上下功夫，促进我国国家制度体制的进一步完善。

一、立足"制度自信"，通过进一步制度创新凸现社会主义制度的优越性

"制度自信"是一个国家制度体系背后的精神力量。"制度自信"不是盲目的，它是基于对制度型构、制度内质、制度功能特别是制度价值、制度效率的理性认知和制度比较所获得的一种制度信念。一种制度的"自信"，在于它既吸纳了人类制度文明的相关成果，又有不同于其他规制的"型构特质"。改革开放40年中国政治发展的制度成果，构成了当代中国国家制度体系。它集中体现了"生成性"（文化、传统、民族习性）与"创制性"的双重特性，包涵了丰富的"中国特质"。扭住完善和发展中国特色社会主义制度这个关键，就要立足中国实际，按照社会生活的实际需要进行制度创新，实现供需对应和动态平衡，最大限度地促进制度体系的完善并强化整体性制度效能。

二、推进国家治理体系和治理能力现代化的进程，加快制度体系的"更加成熟、更加定型"

习近平指出："应该看到，中国特色社会主义制度是特色鲜明、富有效率的，但还不是尽善尽美、成熟定型的。中国特色社会主义事业不断发展，中国特色社会主义制度也需要不断完善。"在各制度领域，还存在不适应实践发展要求的体制机制，影响和制约了社会主义制度优越性的发挥。尤其处于当下日新月异和全球日趋激烈的国际竞争的大变格局中，制度的深度变革更为迫切。而推进制度体系的"更加成熟、更加定型"，尤其要立足于国家治理体系与治理能力现代化的客观实际和切实的"问题导向"，更多地让制度和体制来解决问题。敢于破除利益固化藩篱，向各种痼疾开刀，清除妨碍社会主义制度优越性体制机制障碍。

三、坚持"摸着石头过河"实践理性与"顶层设计"的政治智慧相统一，注重各领域制度创新的联动和集成

国家制度体系是一个国家公共生活的基本框架。我国社会主义制度本身就是不断改革创新的产物。随着生产力和生产关系的变化发展，随着时代、实践的发展而不断改革完善，其优越性不仅在于它符合我国实际，更在于它强大的自我完善能力，在于它能够与时俱进地自我革新和自我完善。

这种制度上的自我革新和自我完善，一方面要坚持实践第一，强化实践理性，注重实践中的形成和养成；另一方面要依据现实，从实际出发进行科学审慎的顶层设计即科学审慎的制度创制。在统筹推进重要领域和关键环节的制度改革的基础上，注重全局与局部相配套、治本与治标相结合、渐进与突破相促进。在制度设计和创新过程中，要坚持"务实、效能、管用"的原则，实现制度创新的系统性、整体性和协调性。

总之，全面深化改革，把改革进行到底，有待进一步强化"制度思维"，加快构建系统完备、科学规范、运行有效的制度体系，促使各个领域制度更加成熟和更加定型。

（《深圳特区报》2019 年 2 月 26 日 B02 版　理论周刊/专论）

2.14　话语体系与"形质建设"

> 当仰寻形识，俯探理类，通过"文化自觉"，从习惯于简单抄搬国外相关学术概念、学术标签的境况中走出，以使学科话语体系的形质更具特点、更合乎中国实际、更具创造性和建设性。

任何一门科学（science）、学科（subject）都是通过话语体系来表达的。构建一种话语体系，首要的问题，是它应具备怎样的"形质"。形质（form-quality）是一种物事呈现的"特质"形态。一种话语体系有没有完整的理论逻辑结构，属于"形制"的问题；有没有独特的话语编码结构，则属于"形质"的问题。

"形质"之义，亦稍近似王国维先生提出的"原质"（protoplasm）概念。他在谈及文学的质地时指出："然南方文学中，又非无诗歌的原质也。""虽其中之想象的原质（即知力的原质），亦须有肫挚之感情，为之素地，而后此原质乃显。"（王国维：《屈子文学之精神》）在各艺术门类中，"形质"与"神韵"通常被认为是两大最基本的关键。南朝书家王僧虔认为"神采为上，形质次之，兼之者方可绍于古人"（《笔意赞》），强调形质、神采"兼之者"的重要性。

形质与"范式"（paradigm）紧密关联，但也不同。"范式"（paradigm）概念由库恩创造。"范式"被认为是一幅用来类比的具体的"图画"，"因为它是一种'看的方式'"（拉卡托斯等：《批判与知识的增长》），"是考察世界的方式"（拉里·劳丹：《进步及其问题》）。

话语的"形质"不是形式，而是由内在信息数码反映出来的相对稳定的特质外现，呈现为一种物事的"文化外相"。话语形质是"话语衣肤"与"话语内质"，"话语形器"与"话语形藏"的统一。

中国历史来有考辨言辞的传统。例如，被誉为"智慧禁果"的《鬼谷子》一书，把"辞言"分为"病、怨、忧、怒、喜"五种，指出它们形质上差异是"病者，感衰气而不神也；怨者，肠绝而无主也；忧者，闭塞而不泄也；怒者，妄动而不治也；喜者，宣散而无要也。此五者精则用之，利则行之"（《鬼谷子·权》），指出"病态之言"神气衰弱，"幽怨之言"缺乏主见，"忧郁之言"不能畅言，"激怒之言"条理不清，"悦喜之言"自由散漫。孔子强调"君子欲讷于言而敏于行"（《论语·里仁》），同时又指出"言之无文，行而不远"（《左传·襄公二十五年》），就是强调"言文"形质的重要性。

所谓"形者神之质，神者形之用；是则形称其质，神言其用；形之与神，不得相异"（《梁书·范缜传》）。历史上范缜用"质"和"用"这对范畴，来说明"形体"和"精神"不是两个不同东西的机械拼凑，它是一体化的两面。"质"为形质、实体；"用"为功能、作用，并包含着派生和从生。范缜"形质神用"论，具有学术方法论的价值。所谓"道非器可名，然不远物，则常存乎形器之内"（宋薛季宣：《答陈同甫书》）。总体上，我国哲学社会科学话语体系建设，当强化"形质神用"，从核心概念到基本范畴，从问题取向到学术本位，从中国语汇到世界眼光，从学术渊源到返本开新，都应突出形质主线，实现"神者形之用"创新范式。

应当看到，一定意义上，一种"话语体系"是自然形成的，不是"硬做"的。"构建"也者、"建设"也者，实际上是投射一种"文化自觉"，以推动体系形质上的凸现，形成一种特定的社会修辞和言说体系的方式。而一种"成熟的"话语体系，一定是熔铸了时代精神、政治文化、社会风尚、习惯偏好的"社会物"。

人类发展的文化经历表明：社会文明发展至一定阶段，会促使一定话语形质产生变化乃至"激变"。我国哲学社会科学话语体系的建设，既是一种学科性建设，也是国家治理体系与治理能力现代化的"言说"界面。在这过程中，当仰寻形识，俯探理类，通过"文化自觉"，从习惯于简单抄搬国外相关学术概念、学术标签的境况中走出，以使学科话语体系的形质更具特点、更合乎中国实际、更具创造性和建设性。

（《深圳特区报》2019 年 1 月 15 日 C03 版　理论周刊/观澜）

2.15 南北学风：“渊综广博”与“清通简要”

> 北方经师恪守东汉经师的家法，厘析训诂章句，不能别出机杼，是一种拘囿书面、相对保守的学风。南方经师则博融众说，阐发经义，别有心得，是一种由书面渗入书中的学见。

关于南北学人学风的不同，最具影响的说法，是南朝刘义庆《世说新语》中的记载。褚季野语孙安国云：“北人学问渊综广博。”孙答曰：“南人学问清通简要。”支道林闻之曰：“圣贤固所忘言。自中人以还，北人看书，如显处视月；南人学问，如牖中窥日。”

褚孙两人是东晋名士，支道林是东晋高僧。这个对话中，褚季野以“渊综广博”概括北人学问的特点，孙安国则以“清通简要”归纳南人学问特点，都准确凝练，勾画出中国学人的不同特点。

但说得更精当明白的是支道林的这个比喻“北人看书，如显处视月；南人学问，如牖中窥日”，意思是北方学者以章句训诂为学问，缺少识见，犹如明处看月亮，淡光罢了。南方学者以探求义理为学问，有见解，好似窗棂里看太阳，少见他物，但看太阳真切。把复杂的学问差异说得透白，这僧人可谓“才藻新奇，花烂映发”。

《隋书·儒林传序》说：“南人约简，得其英华；北学深芜，穷其枝叶。”这实际是说，北方秉承了东汉古文经学派学风，南方则发展了魏晋学风。所谓东汉学风和魏晋学风，从经注方面看，南方的经师，《周易》用王弼《注》，《尚书》用《伪孔传》，《左传》用杜预《注》；北方的经师，《周易》《尚书》用郑玄《注》，《左传》用服虔《注》。至于《诗》，南北经师都用《毛传》《郑笺》，《三礼》则都用郑玄《注》，南北之间差异并不大。

但从释经方面看，差别就大了，主要表现在：北方经师恪守东汉经师的家法，厘析训诂章句，不能别出机杼，是一种拘囿书面、相对保守的学风；南方经师则博融众说，阐发经义，别有心得，是一种由书面渗入书中的学见。大抵北方经学崇尚郑玄学问，排斥王肃学问，更排斥玄学；南方经学则不仅郑、王兼用，还兼采玄学。玄学尚清谈，剖析名理，是当时士人的重要功业。梁时盛行讲经，口头讲经的记录称"讲疏"或"讲义"，如梁武帝有《周易讲义》《中庸讲疏》。还有一种称为"义疏"，阐发经义比经注更详尽些。南方士人有讲义和义疏，北方士人有义疏，则无"讲义"一体。南朝时人讲经，重于义理。《魏书·李业兴传》记载，一次李业兴到梁朝聘问，梁武帝问他，儒玄两学如何可得贯通？李业兴回答，自己只学五经，不懂玄学深义。梁武帝又问有无"太极"？李业兴回说，自己不习玄学，不知有无太极。这一问答，亦颇可说明南北学问学风之不同。

"渊综广博"与"清通简要"的扼要区分，对于认知"南北学风"有启迪。但至少有三点不可忽略：一是褚裒、孙盛和支道林所说的"南北"，其地缘界限与后人的理解，是有差别的。二是对于南人、北人学问学风差异，在东晋褚、孙之前，已有论及。例如，《三国志》卷五七《虞翻传》注引《吴书》："策既定豫章，引军还吴，飨赐将士，计功行赏，谓翻曰：'孤昔再至寿春，见马日磾，及与中州士大夫会，语我东方人多才耳，但恨学问不博，语议之间，有所不及耳。孤意犹谓未耳。卿博学洽闻，故前欲令卿一诣许，交见朝士，以折中国妄语儿'。"孙策话中说到"中州士大夫"与"东方人"学问差异，如所谓东方人"学问不博"，与褚季野所谓"北人学问渊综广博"似可呼应。三是当时北方学问崇尚"博通"之风，与东汉古文经学有关。"博通"学者，大抵为古文经学家或倾向于古文经学的学者。今文学家中，像杨震那样"明经博览，无不穷究"的较少。总体上那时北方学术思潮对南方影响不大，南方一流学人所学的依然是今文经学。

所谓"汉魏之际，中华学术大变"，这一时期虽不甚长，却是一个急剧变革的重要时代。其时北方士子对博与通的追求，开始逾出经学范畴，正如余英时先生在分析东汉士风转变时说的："东汉中叶以降士大夫多博学能文雅擅术艺之辈，如马季良、蔡伯喈、边文礼、郦文胜、祢正平等皆是也。"南方学人于经学领域之外，亦有向博通发展趋势。比如当时陆绩，陈寿称之"博学多识，星历算数无不该览"。

（《深圳特区报》2018 年 5 月 29 日 C03 版　理论周刊/观澜）

2.16 提升城市品牌建设创新引领型全球城市

> "创新"是深圳的文化之母、城市之根。"先行先试""敢为天下先"是深圳最深刻的城市记忆。人口多元是深圳的核心特征之一。异质性外来移民的市民构成、改革精神的认同、公民文化的社会交往和多元包容的社会环境，以及社会组织、第三部门等，构成了深圳公共领域的多元结构和城市底色。

中国特色社会主义进入了新时代。党的十九大对我国社会主要矛盾作出了新判断，并提出了中国现代化 2020—2035、2035—2050 两个阶段的战略蓝图。作为中国改革开放第一个经济特区，深圳要通过革新城市治理模式，建设世界级的品牌城市，成为新时代中国特色社会主义的示范城市。

深圳具有优势和条件，可以在中国进入新时代后新一轮发展中起到引领作用。深圳建设世界级品牌城市，不仅有改革开放以来的历史动因，更是实现城市新发展的新要求；不仅是对深圳发展的推动，也是对推进中国城市现代化、实现两个阶段战略目标的重要推动。深圳市委六届九次全会提出，率先建设社会主义现代化先行区，到 21 世纪中叶，建成代表社会主义现代化强国的国家经济特区，成为竞争力影响力卓著的创新引领型全球城市。

一、提升城市品牌应立足城市品性和城市基因

城市品牌本质上是在城市文明序列中"站位"的艺术。一个城市形成有了品牌概括，就等于细分了这个城市面对的市场。美国著名学者凯文·莱恩认为："像产品和人一样，地理位置或空间区域等也可以成为品牌，即城市可以被品牌化。"深圳世界级城市品牌营建要立足和依据深圳的人文基质和城市特性。

1. "青春城市"的都市品性

深圳有 6700 多年人类活动史、1700 多年郡县史，新石器时代就有原住民繁衍生息，并于清初建墟。但深圳本质上属于新兴城市一类，与北京、南京、洛阳、西安那种历史厚重不一样，与上海、天津、广州、重庆亦不同。从最初只有 3 万多人到 1200 多万人口的大都市，从当年"逃港潮"到如今"回深潮"，深圳已成为展示中国特色社会主义生机与活力的亮丽名片。深圳当代史不长，应向新异求锐气。深圳具有先天性"敢闯敢为"的青春品性，有着可进一步发挥充沛的活力，动感、创造的都市文化品性资源。

2. "移民城市"的多元构成

在全球近现代国家发展历史上，移民是一种宝贵的资源。人口多元是深圳的核心特征之一。异质性外来移民的市民构成、改革精神的认同、公民的社会交往和多元包容的社会环境，以及社会组织、第三部门等，构成了深圳公共领域、市民文化的多元结构和城市底色。法国思想家卢梭认为：一个城市的"体制愈良好"，"则在公民的精神里，公共的事情也就愈重于私人的事情"。

3. "创新城市"的文化基因

得改革开放之春风而成为立于世界城市之林的经济特区和开放城市，深圳是中国改革开放的产物，是中国一段风云历史的凝结。"创新"是深圳的文化之母、城市之根。"先行先试""敢为天下先"是深圳最深刻的城市记忆。深圳属岭南文化区，但本土文化为亚文化的一种，不存在主流文化群体和地域文化，流入的各亚文化群体多元均衡，平等交流竞争。深圳的社会地理位置和 DNA 与先行先试的改革试验区非常相融。深圳的移民与开放特质也有利于创新类质的养成。从本土文化到今天的五湖四海，凸现"创新之都"最切合深圳的特性。

二、面向新时代提升城市品牌效应的战略目标

面向新时代的深圳城市品牌提升，应凸显并紧扣"年轻""创新""新型""活力"这些基本符号。文化并不一定得以厚重古老的城墙残垣、地下遗存来诠释，青春和朝气同样是文化，同样是宝贵的文化财富。深圳应成为体现"新时代"精神最显性、最前沿的城市。

1. 目标选择——创新先锋城市

深圳的城市特性、社会资源和文化身份表明，深圳城市品牌建设应鲜明定位于创新先锋城市。十九大报告指出："创新是引领发展的第一动力，是建设现代化经济体系的战略支撑。"世界城市理论认为，城市重要性"是按照功能而不是简单的大小来区分，是城市在全球网络中的功能，而不是城市的大小决定的城市的地位"。世界上公认的包括美、日、芬兰、韩国等在内的 20 多个创新型国家，都是以创新为核心驱动力的国家，创新综合指数明显高于其他国家。深圳不应以体量规模而应以内质功能和创新的先锋性作为城市之本，作为立于世界城市之林的追求目标。这就要大规模发展高新技术产业和文化创新产业，同时大力推进社会治理、社会形态、社会公共空间的革故鼎新，把城市各个方面融入中国创新先锋城市这一建设主线当中。

2. 价值培育——创新原质的放大与扩散

世界城市之间的博弈根本上是科技原创力的较量，是文化创意和创造力的较量。目前对人类影响最大、覆盖面最广的技术创新是信息技术。深圳已是信息产业的全球生产、创新和交易中心，也是全球硬件创新的基地。在信息科技、加工贸易、港口航运、生命健康等方面深圳形成了多个世界级产业优势。过去五年深圳连续入选国际权威的全球创新城市百强榜，为中国在关键领域领先的"枢纽"城市之首。在福布斯《中国大陆创新能力城市排行榜》上深圳多年位居前列，在高新制造业占规模工业增加值比重、人口活力以及万人授权专利量等方面，都处于领先地位。

创新的真正力量不仅在于一定领域、一定方位、一定焦点上的突破，更在于创新成为一种城市价值，融入城市的各个细节中。由此深圳要把"创新原质"放大、扩散、传播，使创新成为漫延于深圳每个角落和城市细节的文化精神和城市特色。具体来说，一是要在公共价值上引导创新，二是要在法律法规上保护创新，三是要在城市秩序上激活创新，四是要在文艺作品中讴歌创新，五是要在城市设计（包括城市规模、城市功能、城市布局）上体现创新。"创新"应成为深圳城市话语的核心概念和强劲的社会逻辑，正如 1992 年邓小平在南方谈话中指出的"深圳的重要经验就是敢闯。没有一点闯的精神，没有一点'冒'的精神，没有一股气呀、劲呀，就走不出一条好路，走不出一条新路，就干不出新的事业……"

深圳基本价值体系要转向"人文导向"，推进城市创新文化结构的强健，注重克服文化建设浅表化、雷同化以及"重形式、缺内涵"的现象；同时，要防止因国际风貌导向而使深圳本土文化特色、文化断层消失，真正从深圳自身的"地气"和城市特性上——即创新文化、创新基因这个原点上，对城市发展作面向新时代的谋篇布局，率先建成中国创新型城市。

3. 城市模式——防止向传统惯性回归

深圳作为一座改革开放的新锐城市，如果向传统的城市模式回归，最终落入旧的城市窠臼，就丧失了最宝贵的精神特质，中国城市地平线上就丧失了一个新型发展的坐标。

从历史、时间方面制约一座城市的为"传统"，从地理、空间外部位置等制约一座城市的为"环境"（包括自然环境和社会精神环境，前者一般被理解为与"风土"有关的狭义环境，后者则为"精神的气候"，包括制度、集团、阶级等政治社会因素以及宗教、哲学、科学等因素在内的精神和习俗的一般状态）。既定的传统和环境对城市创新产生很大制约。如何突破传统与既定环境制约，形成面向世界的新型发展的路径和模式，是深圳面临的挑战。

全国一些城市正在被雷同化、齐一化所淹没。深圳要在日益庞大的城市群落中凸现自己的文化身份。正如美国知名专栏作家里奇·卡尔加德在谈到深圳时说的："城市代表未来"，深圳应代表中国城市的"未来"，成为包含对未来丰富想象力、变异力的一个城市样本。应以更多锐气和开放精神，规避和转化"传统引力"和"环境约束"的双重挤压。

4. 个性风格——营建文化视觉识别

揆诸史实，深圳有多种文化特质和光谱，它们是城市品牌建设应发掘的内涵。美国洛杉矶以好莱坞、篮球和知名大学构成了城市品牌和城市的独特性；奥地利维也纳以金色大厅、新年音乐会、夏天露天音乐会以及美泉宫、圣斯蒂芬大教堂等，形成了独特的城市品牌魅力。在深圳的城市空间中，创新精神应如春风，时时拂面而来。创新应如一根红线，串起社会生活的方方面面。比如，其他城市有历史博物馆之类，深圳应有自己的"创新博物馆"，可以有"创新大道""创新广场""创新文学"等城市符号。

"品牌"是一座城市在文明街市中的门牌号，而好的城市品牌要注重发掘"故事""传奇"。"故事"是城市文化最动人、最显性的表达方式。"传奇"比故事更具色彩性、新奇性和易传播性，也包括城市某方面的业迹功绩。1992年邓小平视察南方并发表重要谈话，最后由《深圳特区报》以《东方风来满眼春》和《猴年新春八评》进行报道扩散，由此引发20世纪90年代改革开放"第二春"，这是个传奇。而深圳由一个偏僻小镇发展成为中国改革开放的创新先锋城市，本身也是个传奇。例如，"深圳速度"最早指在建设国贸大厦时创下的"三天一层楼"的纪录，后成为深圳改革发展的象征，它又演绎出"求优不求全、求特不求同、求精不求多"的"深圳质量"，成为"中国速度"的形象代言。对于一座城市，传奇是不可多得的，要发掘这些文化资源，融入新的内容为今所用，改变城市文化个性不突出、文化视觉识别不足的倾向。

(《深圳特区报》2018年5月15日C02版　理论周刊/专论)

2.17　传统文化体系中的公仆理念

　　　　传统文化是中国国民文化强健的脉系之一，也是一种源远流长的
有深厚力的文化特质。通过对国民文化特质的厘析和扬弃，才能为国
家治理现代化提供优质的文化资源，才能更好地实现文化自信。

　　公民身份是现代的，但公民品质、公仆理念是历史的，并非今天才有。从
文化自信的视角看，古代公民品质和公仆理念是我们今天文化建设应认真汲取
的重要文化资源。

　　如柳宗元当年写于永州司马任上的《送薛存义序》，从中可以看到其时充沛
的公民特质："河东薛存义将行，柳子载肉于俎，崇酒於觞，追而送之江浒，饮
食之。且告曰：'凡吏于土者，若知其职乎？盖民之役，非以役民而已也。凡民
之食于土者，出其什一佣乎吏，使司平于我也。今我受其直怠其事者，天下皆
然。岂惟怠之，又从而盗之。向使佣一夫于家，受若直，怠若事，又盗若货器，
则必甚怒而黜罚之矣。以今天下多类此，而民莫敢肆其怒与黜罚者，何哉？势
不同也。势不同而理同，如吾民何？有达于理者，得不恐而畏乎！'……"

　　当时柳宗元的同乡薛存义代理永州零陵县令，柳宗元写序送行。他说作为
一个地方官员，你知道你的职责是什么吗？你的职责是当好老百姓的仆役，因
为我们是老百姓上缴的赋税养活的，我们只有全心全意、鞠躬尽瘁为老百姓办
事情的道理。可这个社会上，一些官吏不好好为老百姓干事，还要搜刮偷盗民
脂民膏，骑在百姓头上作威作福，老百姓却敢怒不敢言。如果是他们家中的佣
仆，干事不踏实，手脚不干净，他可以训斥你，处罚你，赶你走，但老百姓对
待这样的官员却丝毫没有办法，这是一件多么可怕的事情啊？

　　一个生活在一千多年前的官员，能有这样的公仆理念，实在难能可贵。中
国古代这方面的例子很多。闻名遐迩的《左传·庄公十年》记载："十年春，齐
师伐我。公将战。曹刿请见。其乡人曰：'肉食者谋之，又何间焉？'刿曰：'肉
食者鄙，未能远谋。'乃入见。问'何以战？'公曰：'衣食所安，弗敢专也，
必以分人。'对曰：'小惠未偏，民弗从也。'公曰：'牺牲玉帛，弗敢加也，必

以信.'对曰:'小信未孚,神弗福也.'公曰:'小大之狱,虽不能察,必以情.'对曰:'忠之属也,可以一战。战则请从.'"

这一幕,发生在春秋时代鲁庄公十年(公元前684年)。齐鲁长勺之战。当时齐国进攻鲁国,强国欺凌弱国。村民曹刿看到情势危急,觉得"肉食者鄙,未能远谋",于是跑去战争现场划策。这是典型的公民责任,也是典型的政治参与。从《左传》记载看,曹刿沉稳而智慧,洞察细微,判断精准,还提出"夫战,勇气也。一鼓作气,再而衰,三而竭。彼竭我盈,故克之"等灼见。作为国君鲁庄公听一个村民的意见,最终赢得胜利,成为中国战争史上以弱胜强的著名战例。

一个国家大的社会文化脉系是诸种亚文化之聚合。中国古代文化发端于上古时代。生存的压力,对于各种严峻挑战的应战,是形成包括公民品质在内的社会正向"鼓励机制"最重要的历史因素。《史记·夏本纪》记载禹治水时"劳身焦思,居外十三年,过家门不敢入"。上古时代的权威如炎帝、黄帝、少昊(玄嚣)、颛顼、帝喾、帝挚、尧、舜等,都以品性和才干著称,是公民品行的典范。可以说整个尧舜禹时代、周公时代,品性和业绩是其安身立命第一条件。

传统文化是中国国民文化强健的脉系之一,也是一种源远流长的有深厚力的文化特质。通过对国民文化特质的厘析和扬弃,才能为国家治理现代化提供优质的文化资源,才能更好地实现文化自信。

(《深圳特区报》2018年3月27日C03版 理论周刊/观澜)

2.18 社会科学定量研究现象裨正

> 定性是定量的依据，定量则是定性的具体化。根据实际研究对象的需要，把两者结合起来综合运用，而不是为追求概念的时髦，才能真正取得研究的最佳效果。

从近代科学到现代科学的发展过程中，自然科学采用了从定性到定量的研究方法，自然科学被称为"精密科学"。而社会科学、人文科学等由于研究对象的复杂性、非计算性，通常采用定性的思辨和描述方法，由此被称为"描述科学"。但这种状况随着科学技术的发展已发生重大变化，有些学科如经济学、社会学等开始向实证、定量研究方向发展。

毫无疑问，社会科学研究中应用实证、定量的研究方法是十分必要的。但必须看到，社会科学研究中应用定量方法和其他自然科学的研究方法是为求得更为精确的研究结果，而不是为了赶时髦。事实上在社会科学领域，很多东西是难以机械地运用定量研究方法的。

著名思想家达尔指出："国家的统治需要的不仅仅是严格意义上的科学知识。统治并不是物理学、化学甚至（就某些方面而言）医学意义上的科学，原因在于，首先，事实上一切重大的政策决定，无论涉及个人或政府，都需要道德判断。我们在对政府政策意图达到的目的（比如，正义、公平、幸福、健康、生存、安全、福利、平等诸如此类的事情）进行决定的时候，是在作伦理的判断，而伦理判断并不是通常意义上的'科学'判断。"

政治学家莱斯利·里普森也认为：在当代的"科学"研究中存在太多测量工具和模式、系统、统计及其他时髦的东西。他进一步指出："传统物理研究所使用的方法——例如从经验观察中或在严格控制条件下进行的试验形式的普遍归纳——在社会探究中的运用，只是有限的。这个方法的最高权威目前在自然科学中已经受到了质疑。"

19 世纪末，德国哲学家文德尔班（W. Windelband）创立的"价值学派"把世界分成两部分："事实世界"与"价值世界"。20 世纪 20—30 年代以石里克

（M. Schlick）、卡尔纳普（R. Carnap）等人为代表的逻辑实证主义认为，科学是关于客观的事实判断，与"主观"价值无关。一切属于价值评判性的做法务必从科学领域中荡涤干净。

尽管"事实世界"与"价值世界"的区分，本身对于推进科学研究非常有价值，如"价值中立"对于科学研究有重要的方法论意义，但是在许多科学领域，"事实世界"与"价值世界"是难以完全绝缘的。正如美国著名哲学家普特南（H. Putnam）指出的：因为价值是带有事实的价值，事实则是带有价值的事实，"每一事实都含有价值，而我们的每一价值又都含有某些事实"。

事实上，即使是在自然科学研究中，产生了重大成果的，也并非都是实证和定量分析之果。有人曾问爱因斯坦："你是如何得出你的理论的？"爱因斯坦回答："在想象里。"

定量分析是依据统计数据，建立数学模型并运用其分析对象的各项指标及其数值的一种方法；定性分析主要是凭直觉、经验，凭分析对象过去和现在的延续状况及最新的信息资料，对分析对象作出判断的一种方法。定性分析在古希腊时代就得到了很好的展开；定量分析作为一种研究的基础思维则始于伽利略。作为近代科学的奠基人，伽利略第一次把定量分析法全面运用于他的研究中，从动力学到天文学，伽利略抛弃了以前臆测成分居多的分析而代之以实验、数学符号、公式等。

定性、定量对数学等知识的要求虽有高低，但并不存在定量研究"高于"定性研究的结论。事实上，现代定性分析方法同样要采用数学工具进行计算，而定量分析则必须建立在定性预测基础上，两者是相辅相成的。

在思想家波普那里，定量分析被称作"亲自然的研究"。波普认为，在社会科学领域滥用"亲自然的研究"是有害的。在当下我国的社会科学研究中，机械的、赶上时髦式的"滥用"定量分析比比皆是，这不利于我国社会科学研究。定性是定量的依据，定量则是定性的具体化。根据实际研究对象的需要，把两者结合起来综合运用，而不是为追求概念的时髦，才能真正取得研究的最佳效果。

（《深圳特区报》2018 年 1 月 16 日 C02 版　理论周刊/专论）

第三章 **03**

| 2017 |

二十四节气之

霜降←寒露←秋分

社会特征和社会因素表现形式不是唯一的，人们测量到的特征都具有不同的取值。变量作为可测量的、具有不同取值的概念，是制度设计和制度创新的重要分析依据。

"问题域""问题群"或问题的复杂关联性，是变革社会中社会问题的新特点。制度设计不仅要有针对性，还要有系统、协调性，才会有效率。国家和地方治理体系与治理能力现代化，一定程度上是实现治理体系和治理能力的系统化。

人类有着向往美好社会制度的天性。历史上理想国、乌托邦、新大西岛、太阳城，一个个充满阳光的理想处所，正是这种"天性"的表达。尽管人类生活在"事实"中，但总是保持着超越现实的萌动。理想是人类手上永远玩不腻的玩具。

3.1 制度行为应当注重结构形态的调适和完善

制度的设计和创新，作为一种结构功能主义行为，要特别关注各个领域结构形态上变革、调适和完善，注重从静态和过程两个层面对制度对象进行调适和安排。

结构（structure）是制度设计和制度创新的基本范畴。当两个以上的要素按一定方式结合组织起来构成一个整体，形成了某种确定的构成关系时，就有了"结构"。包括制度变革、制度设计和制度创新在内的各种制度行为，在提升科学化过程中，要特别关注社会事物结构的完善、优化和调适。事物变革的真正动因和本质是结构的变革。

首先，制度的设计、创制和创新是一种以理性、经验、智慧为支架的社会行为，亦有其自身的结构形态，在一般构成要素、表现形态、社会基础等方面都有其结构特征。制度的设计和创新有着可逆与不可逆、对称与不对称、有序与无序的内在结构性。如历史上的制度创制可分为理性主义与经验主义的不同结构范式（paradigm）。制度安排和创新呈现价值理性、规制理性、组织理性等的不同。在性态上则表现为规则性创制、程序性创制、架构性创制等不同类型；在形态上表现为战略层面、体制层面、组织层面、政策层面、行政议程层面等的不同。在制度设计和创新技术类型上，表现为整体—局部、单元—组团、常规—专项等的不同和相应结构。

其次，制度的设计、创制和创新作用于事物对象的结构才有好的收益。法国结构主义哲学家阿尔都塞（Louis Althusser）曾提出一个重要概念"结构因果"。他认为历史上有三种因果性理论，即线性（机械）的因果性、表现（目的论）的因果性和结构的因果性；这当中，"结构的因果性"才是正确的，因为它关注全面性结构对局部性结构的决定作用。制度行为的本质，就在于对社会事物对象在结构上进行组构、解构、调节和优化。

再如就制度行为作用与经济关系来说，它注重对经济结构的合理性进行组合、调适和变异。1859 年马克思指出："人们在自己生活的社会生产中发生一定的、必然的、不以他们的意志为转移的关系，即同他们的物质生产力的一定发展阶段相适合的生产关系。这些生产关系的总和构成社会的经济结构"。经济结构也是国民经济各部门及社会再生产各个方面的构成及其相互关系，包括国民经济的部门结构或产业结构、技术结构、企业规模结构、地区经济结构、国民经济结构、生产结构、分配结构、交换结构、消费结构等，因此包括当下"放管服"改革在内的经济体制改革的本质，是经济结构性变革，结构上的变异和优化才是经济体制和"放管服"改革的真正动力。

"结构"作为事物诸要素所固有的相对稳定的组织方式或联结方式，它具有的一般特征：一是稳定性。结构系统诸要素之间具有确定的稳固联系，使系统具有相对不变性。结构的破坏会导致系统的消解。二是有序性。结构系统内部诸要素存在规则的相互作用或相互替换性。当人们说系统中的每个要素都由作用于它的因果律所控制时，指的就是结构的有序性。三是形式特征。结构是一种形式关系，可用数学方程来表达。这也使得从数学观点给系统下定义成为可能。结构与系统关系是结构不能脱离系统而独立存在。一定的结构保持在一定的系统类型的各种系统之中。

结构之所以是制度行为的重要范畴，是因为结构能从社会本原的层次触及于社会。比如，近年我们在国家治理上注重结构性优化，通过行政结构、体制结构、制度结构、运行结构的完善，消除各种体制性腐败障碍，推进国家治理体系与治理能力的现代化。党的十九大报告提出"深化供给侧结构性改革"，也反映了"结构"改革的重要性。索绪尔、乔姆斯基等思想家认为，结构作为一种关系的组合，结构的变革和完善是由各个成分完善构成的一个整体。如前述，制度行为只有致力于"结构"时，才是事倍功半的。

制度的设计和创新，作为一种结构功能主义行为，要特别关注各个领域结构形态上变革、调适和完善，注重从静态和过程两个层面对制度对象进行调适和安排。静态层面主要注重分析社会体系结构，过程层面主要注重完善社会体系的功能。在结构的调适完善中显现智慧和质量，提升制度行为的产出与效率。

（《深圳特区报》2017 年 11 月 28 日 C03 版　理论周刊/观澜）

3.2　推进"放管服"是深化改革的灵魂

> "放管服"是当下深化改革特别是供给侧结构性改革的"牛鼻子",只有建立起市场化的服务互动模式,才能实现市场活力和社会创造力的新释放。

随着简政放权的推进,如何提升"简政"和"放权"的含金量,强化市场导向,成为新的突出命题。改革是要废除旧的计划经济体制,建立起新的市场经济体系和运行方式。这就要求政府部门放松对经济活动的控制,让人们有更多从事经济活动的自主,让经济活动更多体现市场法则和市场逻辑。

一是要处理好"定型"与"转型"的关系。1992 年邓小平在南方谈话中说:"恐怕再有三十年的时间,我们才会在各方面形成一整套更加成熟、更加定型的制度。在这个制度下的方针、政策,也将更加定型化。"严格说,这不是个"限定性"目标而是个"比较性"目标,不是强调"三十年的时间"在各方面形成更加成熟、更加定型的制度,而是强调"恐怕再有三十年的时间"才可能在各方面"形成"一整套更加成熟、更加定型的制度以及相应的方针政策。达此境界的前提,是如何真正加快制度创新。关键是要推进以市场为导向的"放管服"改革,加快社会经济的转型。经济结构和体制的转型,是各方面制度"成熟"和"定型"的条件。只有依据国内外环境的变化,对体制机制、运行方式和发展战略进行深刻变革和动态调整,才能将旧的发展模式推进到新的发展模式,形成一套更加成熟、定型的制度和相应的方针政策。

二是要处理好"复兴"与"振兴"的关系。实现中华民族伟大复兴是近代以来中华民族的梦想。时间上我们界定在新中国成立 100 年时实现这一目标。复兴,本质上是一种"振兴"而非复归到历史上某个时代。沧海桑田,任何时代都是不可复制的。"振兴中华"由孙中山先生率先提出。1894 年 11 月他在兴中会章程中提出"是会之设,专为振兴中华、维持国体起见",成为"振兴中华"口号的由来。孙中山还具体阐述了如何实现"振兴中华"路径和条件。实现"复兴"的本质是"振兴"。"振兴中华"是个历史性过程,它不仅是一种人民福祉的实现，更是"天行健，君子以自强不息"民族精神的新弘扬。

三是要处理好"自信"与"他信"的关系。在坚持道路自信、理论自信、制度自信、文化自信的同时，还要处理好与"他信"的关系，即让更多的人看到中国道路、理论、制度、文化"比较优势"的一面。道路、理论、制度、文化的力量，不仅在于"自信"，还在于"他信"。只有让世界上更多的人信服、信从，我们的道路和制度才更具有渊源不绝的感召力量和说服力量。

四是要处理好"初心"与"恒心"的关系。鲁迅先生说："做一件事，无论大小，倘无恒心，是很不好的。"不忘初心，方得始终，最根本的是不忘初衷、不忘宗旨。李克强总理指出："'放管服'改革实质是政府自我革命，要削手中的权、去部门的利、割自己的肉。计利当计天下利，要相忍为国、让利于民，用政府减权限权和监管改革，换来市场活力和社会创造力释放。"这实际上是坚守一种"初心"，即为人民谋利益。没有恒心，"初心"是难以坚持的。今天我们不仅要一秉"初心"，更要有持之以恒的恒心和实现目标的坚韧耐心。

五是要处理好"道理"与"治理"的关系。道理是说，治理是做，做比说重要。中国说了几千年道理，从先秦诸子百家到今天。中国文化很大程度上是由"道理"构成的。但今天更重要的是做而不是说，是治理和如何治理。改革进入了"深水区"，步入了要着重解决体制性、结构性问题这样一个阶段，关键是要厘清政府的权力边界，解决阻碍市场发展的深层次问题。改革呼唤行动派，贵在"动真格"，把更多的气力和资源放在治理即解决社会实际问题上。所谓"凡治国之道，必先富民"（《管子·治国》），通过治理，让人们有更多"获得感"，提升生活质量和幸福指数。"道理"还得讲，但我们更应寻找各类社会问题的切实解决之道。

（《深圳特区报》2017 年 10 月 10 日 C02 版　理论周刊/专论）

3.3　制度创新要注重社会关联的平衡性

> 正如自然法则为物质系统提供了秩序一样，社会关系中存在的对
> 称或和谐的趋势也促进了社会系统中的平衡。一项制度政策举措的推
> 出，可能打破整个社会的平衡，但要能促进现实达到新的平衡。

德国经济学者威廉·勒普克在《伦理与经济生活》一文中说：当时我提出了一个今天也许广为人知和几乎不再有争议的假说——一个社会的各个方面和领域总是构成统一的整体，在这个统一体中所有的部分相互联系而形成一个不能由我们任意摆弄的整体。

达尔文在其划时代的《物种起源》一书中也指出：整个的体制在它的生长和发育中是如此紧密地结合在一起的，当任何一部分发生些微的变异，并且通过自然选择而被累积时，其他部分也要发生变异。自然界如此，社会领域亦如是。平衡性是一切自然系统、社会系统的普遍属性。当社会中任何一部分发生变异并经过社会选择而被累积时，社会其他部分迟早会受其影响并发生变异。

比如，当我们发展人工智能，建设智慧城市，同时就得处理和解决好包括技术理性化、公民隐私、社会形态变形乃至人工智能失控风险等在内的一系列相关问题。当我们大力"拆违"、整治"群租"、驱逐"路边摊"，就得面临如何解决外来务工人员租房和生活成本大升、城市失业群体增大、低端服务业大面积萎缩乃至市民生活便利受影响等后发问题。当我们大力发展汽车工业，就得应对和解决好汽车使用量激增的巨大交通压力，环保问题、停车位管理问题，以及城市停车空间"侵食"公共绿地等相关社会管理问题。

进一步的问题是，制度行为所面对的社会领域是充满比例、轻重、急缓、节奏等秩序比例和平衡性要求的，如中心城区与城镇分布的比例、传统产业与新兴产业的比例、就业群体与失业人口的比例、中间阶层与贫富阶层的比例、权力横向配置与垂直分权的比例、行政控制与自主管理的比例、新异与传统的比例等。任何改革和制度创新都面临着如何把握好平衡性这样一个问题，都要求有良好的规制把握感。

帕雷托指出：社会系统的各种主要特征是相互依赖、相互作用的，如果其中某一特征发生变化，其他特征会作出相对的反应。这类反应可能有两种结果，或者消除变化恢复到原有的平衡状态，或者也作出相应的变化，达到一种新的均衡。有社会学者认为，中心问题就是社会系统的均衡问题。任何社会系统的各个子系统在结构和功能上必须相互平衡，以使社会系统能够存在。这种均衡既是社会变迁也是社会系统从一种均衡状态向另一种均衡状态的转变。

现代社会学理论中"社会均衡论"（Social equilibrium）基本观点是平衡社会的常态，变迁是暂时的，变迁的目的最终也是为达到新的平衡。在一定意义上，制度行为是用来平衡和优化社会关系的，如区域发展中的城乡平衡、经济增长中人与自然的平衡、权力配置中地方权益与中央统筹的平衡、战略规划中长远愿景与近期目标的平衡等。

任何制度安排都不是孤立的，都应有整体的和平衡的视野，正如制度经济学家科斯指出的"一个制度安排的效率极大地依赖于其他有关制度安排的存在"。制度设计要避免很容易出现的"不对称"（asymmetry）现象，即"对政治系统的稳定有直接影响的个人和团体的行为有各种不同的异质性、不平等和冲突"，"一种不平衡或不合比例的状况"。正因为如此，著名政治学家葛德文指出："在人类社会这架机器上，全部轮子都必须一齐转动。谁要想猛然把任何一个部分提得比其他各部分都高，或者强迫一个部分脱离其他部分，谁就一定是自己时代的敌人而不是造福者。"

系统理念是制度设计与创新应遵循的技术规定性，平衡理念则是制度设计与创新关于全局性的规定性，是对系统理念的具体化。任何制度行为都应有一种整体性的观照，给出的是一种站立于全局视野的平衡方案，不能顾此失彼。

正如自然法则为物质系统提供了秩序一样，社会关系中存在的对称或和谐的趋势也促进了社会系统中的平衡。一项制度政策举措的推出，可能打破整个社会的平衡，但要能促进现实达到新的平衡。因此制度的设计与创新应当深切体悟大自然和人类社会的平衡性，并恪守这种平衡性。

（《深圳特区报》2017 年 9 月 19 日 C03 版　理论周刊/观澜）

3.4　要注重对制度设计相关变量的研究

　　社会特征和社会因素表现形式不是唯一的，人们测量到的特征都具有不同的取值。变量作为可测量的、具有不同取值的概念，是制度设计和制度创新的重要分析依据。

　　制度设计的科学基础，在于对不同变量的深入研究、分析和把握。应把握主要的变量以及有关变量的性质、数量、形式、操纵方式和控制方法。在经验研究中，变量（variable）是表示有差异的社会特征或社会因素的技术范畴，也称变项。简单说，变量是指会变化、有差异的因素系列。变量是相对于常量而言。社会特征和社会因素表现形式不是唯一的，人们测量到的特征都具有不同的取值。变量作为可测量的、具有不同取值的概念，是制度设计和制度创新的重要分析依据。

　　在制度研究领域，取值差异的实际测量有不同层次，相应的变量也有不同类型。如"定类的变量"，有类别之分而无大小次序之分；"定序的变量"，除具有定类变量的特征外，其各类变量是有序的。如对某一政策、制度的社会评价，可分"很满意""满意""不满意""很不满意"等纵深层级。再如"定距的变量"，除了具有定类和定序变量的特征外，各类间的距离是有实际意义的。又如"定比的变量"，除具有上述各变量的特征外，还具有实际意义的"零点"等。

　　在制度设计过程中，保持其科学性的一个重要手段是科学地把握相应的变量。第一，要重视制度设计的内生变量与外生变量。内生变量其数值是在所研究的系统模型本身内决定的变量。它是该模型求解的结果，属于因变量。内生变量既影响该系统，同时又被该系统及其外部因素所影响。也就是说，它既决定该系统的其他内生变量，同时有被其他内生变量和前定变量所决定。当前定变量的数值给定时，通过求解该模型可获得所有内生变量的数值。外生变量其数值是在所研究的模型之外决定的，不受模型内部因素影响的变量。它取决于经济系统之外的诸因素而不受系统本身的影响，但它的变动却影响和冲击该系统，也就是说，它影响内生变量但不受内生变量的影响。第二，要重视制度设计的中介变量。中介变量（intervening variable）也可称"中间变量"，是介于原因和结果之间，隐而不显、起媒介作用的一种变量。一般来说，制度设计中两种变量之间的相关关系须以第三变量为中介才得以发生，第三个变量就成为中介变量。中介变量是不能直接观测和控制的变量。第三，要重视制度设计中的歪曲变量。两个实际相关变量，由于各自与其他变量相关联，使两者显得不相关或改变相关的方向，就成为压抑变量或歪曲变量。

在制度设计中开展变量分析，应注意变量间的因果关系和相关关系。在相关关系中变量的变化是相伴随的，两者是对称关系。

相关关系可能是正相关，即两个变量的变化方向相同；也可能是负相关，即两个变量的变化方向相反。相关关系也可能是一种"伪相关"，即两个变量的相关其实只是表面上的，它实际上由第三变量引起；当第三变量消失时，相关关系亦随之消失。第三变量各与两者相关，使两个变量之间显现不出相关关系。对于制度设计过程中的变量研究，可以通过定义一个概念来完成，也可通过建构一组指标来完成。

如前述，制度设计研究中常常会涉及多种变量，变量的作用、功能也各不相同，有主要的，有次要的；有主动的，有依附的；有连续的，有类别的。其中有些变量是需重点分析研究的，有些变量则是可以忽略的。对于制度设计的有效分析来说，应把握好各种变量的性质，区分不同类型的变量，厘清不同变量在包括制度变革、制度创新在内的制度行为中的关系。这对提升制度设计的科学性是非常重要的问题。

（《深圳特区报》2017 年 9 月 5 日 C03 版　理论周刊/观澜）

3.5 制度设计应注重系统性和协调性

> "问题域""问题群"或问题的复杂关联性，是变革社会中社会
> 问题的新特点。制度设计不仅要有针对性，还要有系统、协调性，才
> 会有效率。国家和地方治理体系与治理能力现代化，一定程度上是实
> 现治理体系和治理能力的系统化。

制度设计是根据治理实际需求的制度供给行为。改革开放以来特别是全面
深化改革以来，我国制度领域有很高的出产量，但制度行为的系统性、协调性
仍需完善。

之所以要重视制度行为的系统性、协调性，因为我们生活在"系统"之中，
任何社会问题都发生在"系统"之中。社会是由"系统"组成和分割的，任何
规制要解决的问题都是社会系统中的问题，无论金融、产业、就业、低保、生
态问题，无论宏观方面还是微观方面，都如此。很少有真正"孤立""独个"
的问题。正如政治学家迪韦尔热指出的：在社会领域"可以假设社会世界的一
切因素，正如天体演化论者对物理世界的各种因素所做的假设一样，都是互相
依存的，并构成一个统一体"。

"问题域""问题群"或问题的复杂关联性，是变革社会中社会问题的新特
点。制度设计不仅要有针对性，还要有系统、协调性，才会有效率。国家和地方
治理体系与治理能力现代化，一定程度上是实现治理体系和治理能力的系统化。

恩格斯在《自然辩证法》中指出："我们所接触到的整个自然界构成一个体
系，即各种物体相联系的总体"。黑格尔也曾指出：在自然世界，每个有机生物都
形成一个整体，形成一个完整而严密的系统，它的各个部分都是互相适应的，并
通过它们的交互作用而促进它们的有目的的活动（黑格尔《自然哲学》）。

我们对于系统形态的认知大致可分为自然系统（natural system）和人工系
统（artificial system）、物质系统（physical system）和观念系统（conceptual sys-
tem）、动态系统（dynamic system）和静态系统（static system）、开放系统
（open system）和封闭系统（closed system）、因果系统（causal system）和目的

系统（teleological system）、控制系统（control system）和行为系统（behavioral system）、简单系统（simple system）和复合系统（compound system）等。

美籍奥地利生物学家贝塔朗菲（L. von Bertalanffy）对"系统"这样描述："处于一定的相互关系中并与环境发生关系的各组成部分（要素）的总体（集）。"世界上任何事物都是作为系统而存在的，不同事物只是作为系统的构成而各有其特殊性罢了。

顶层设计就是一种典型的系统思维。有人把顶层设计理解为"上层设计""高层设计"之类，提出所谓"既要有顶层设计，又要有底层设计"。这是个误解。顶层设计（top-down）是包括了"顶层""底层"整个系统在内的整体擘画。

"攻其一点，不及其余""头痛医头，脚疼医脚"，在制度决策领域教训极为深刻。比如，为了"防洪"，我们可以作出拦坝蓄水、建水库的决策，貌似"有效率"地解决了洪水问题，但在解决这"一点"的同时，可能引发的诸多问题（如水质、生态、气候，甚至更为严重的延伸后果）是巨大的，代价远远超过解决"一点"问题的决策收益。这种缺乏系统性、协调性的任意行为，严重浪费国民财产，付出的代价相当大。

《中共中央关于全面深化改革若干重大问题的决定》提出："必须更加注重改革的系统性、整体性、协同性。"任何真正有效能的改革，所涉及对象都是相互关联的系统。制度行为的"系统"范畴，表明不同的制度创新、创制尽管要解决的重点、方位不同，但都应尊重事物的连贯性和社会事物的联系特性，确立解决问题的系统思维。

正如我们靠"系统"来理解一个由多重相互作用的要素构成的结构一样，我们也要靠"系统"来理解社会与规制相互作用的要素构成的结构。这要求制度行为必须注重整体性、连贯性，采用系统设计（system design）的技术方法去研判问题，能"系统地"解决社会问题。

所谓"不谋全局者，不足谋一域"。制度行为牵一发而动全身，凡社会问题特别是重大、复杂的社会问题，须将其置于"系统状态"中而不是孤立地寻求解决办法。系统观察、系统规划、系统设计、系统配置，是推进制度变革的基本要求。注重系统构成要素之间的相互联系，从整体上把握系统与社会环境的互动性，据此作出正确的研判和设计，是提升我国规制质量、实现制度功能最优化的要津。

（《深圳特区报》2017 年 8 月 29 日 C02 版　理论周刊/专论）

3.6 制度创新要合乎形式逻辑和辩证逻辑

> 好的制度设计和创新，是一种遵从逻辑、运用逻辑、体现逻辑的过程。缺乏逻辑素质的制度变革是有着重大缺陷的。

改革开放以来，我国制度领域创新的规模很大，在推进国家治理和地方治理创新上功莫大焉。一定意义上，我们可以将改革开放的所有进步，都归结为体制与制度的变革。但在另一方面，制度领域充满瑕疵的制度品类还不少。马克思曾批评过"没有精神的制度"。包括不合逻辑在内的"没有精神的制度"，客观上严重影响公共治理的效能。

好的制度设计和创新，是一种遵从逻辑、运用逻辑、体现逻辑的过程。缺乏逻辑素质的制度变革是有着重大缺陷的。正如黑格尔指出的："逻辑思想比起一切别的内容来，倒并不只是形式，反之，一切别的内容比起逻辑思想来，却反而只是缺乏实质的形式。逻辑思想是一切事物的自在自为地存在着的根据。"（黑格尔《小逻辑》）关于这一点，英国思想家休谟也指出："逻辑的唯一目的在于说明人类推理能力的原理和作用，以及人类观念的性质"（休谟《人性论》）。有效提升制度行为的逻辑水准，是当下我国推进治理现代化要解决好的一个重要问题。

另外，很容易被忽视的一点是，制度领域对于"逻辑的纯粹规定"的把握，是要有较高的知识背景和知识支撑的，因为"要有相当高教养的人，才能够把他的兴趣指向这种逻辑的纯粹规定"（黑格尔《小逻辑》），也才能使制度行为建立在坚实的逻辑基地之上。归纳起来，制度设计和制度创新的逻辑要求，主要应把握四个方面：

首先，制度设计和创新要合乎形式逻辑的一般要求。撇开具体的、个别的思维内容，形式逻辑从思维的逻辑结构方面界定不同类型的概念、判断和推理，使制度行为具有确定性、一贯性和论证性。形式逻辑关于同一律、矛盾律、排中律的要求，是制度行为应遵循和依从的。充足理由律则要求"任何判断必须有充足的理由"。按照德国思想家 G. W. 莱布尼茨的说法，任何一件事如果是真实的或实在的，就必须有一个为什么这样而不那样的充足理由。制度设计和创新必须经得起这样"充足理由"的拷问，在形式逻辑上没有缺陷。

其次，制度设计和创新要合乎辩证逻辑的一般要求。任何制度创制、创新，应当坚持从实际出发，从社会发展现实要求和制度现实"供需"关系中考察创新变革的实际价值。一项真正有效的制度创新，是以辩证思维统摄并在深入研判客观情势基础上实事求是把握创新命题的过程。而对于制度需求和供给研判的把握，要审慎诊断其真实的前提以及前提和结论是否合乎社会治理的实际需求，是否合乎其时、其地的真实情况。

再次，制度设计和创新应具备"内在完备性"。制度领域任何创新方案，应当具备内在的完满性。一项真正能成立的制度创新，不仅要内部自洽，而且要与公共理性、社会价值、文化定义相一致，这是制度创新和制度变迁的"相容性"。在制度领域，任何创新变革方案都应按照"对应原理"，与所涉及范围和事物能"对治"，即所谓"革而化之，与时宜之"（西汉扬雄《扬子法言》）。当新的制度供给囊括了更大范围现象或更深刻地揭示了事物本质时，就应以渐进方式推进制度的变革、提升和完善。

最后，制度设计和创新还应具有"可解释性"。"可解释性"要求制度行为可以清晰地"被说明"，"事将为，其赏罚之数必先明之"（《管子·立政》）。制度行为的"可解释性"不是一种"真假"解释，而是一种"功能替代"价值解释，并且这种"可解释性"不是机械的，而在深层结构上能体现逻辑实证主义的"D-N"覆盖律模型。在"D-N"覆盖律模型下，制度行为应当能够清晰地评估其应变性、可变革、渐变性、逆变性的多重关系，能清晰地说明创新方案的供需矛盾、法理依据、社会路径、预期功效以及相关来龙去脉，还要能够清晰地解释制度行为和创新方案的代价、成本、风险和收益。

（《深圳特区报》2017 年 8 月 1 日 C03 版　理论周刊/观澜）

3.7 制度设计和制度创新要注重价值理性

> 制度设计、制度创制创新须遵循一定的价值、理念，才能增强制度行为的针对性和科学性，才可能对一个社会发挥应有的正向功能。

制度是一个社会的治理工具，价值（value）是它的灵魂。纯粹工具理性的制度行为，是机会主义的。本质上说，人类所有的制度设计无不负荷着一定的价值伦理。历史上推动社会进步的规制，都受一定价值的投注，是一定理念价值下的历史选择。

缺乏价值前导的制度设计是一种盲动行为，是很难体现特定制度功能的。在推进国家治理体系与治理能力现代化的过程中，制度供给、制度设计和制度创新应注重"价值注入"和"价值产出"这两个重要方面。

首先，制度设计要有正确的价值导入。良好的制度设计和制度创新具有"观念注入"或"价值先置"倾向。制度设计和创新首要的价值是正义。按照英国思想家大卫·休谟的说法，"正义"的定义是使每个人各得其应有物的一种恒常和永久的意志（《人性论》）。罗尔斯在《正义论》中指出：正义是社会制度的首要价值，正像真理是思想体系的首要价值一样。一种理论，无论它多么精致和简洁，只要它不真实，就必须加以拒绝或修正；同样，某些法律和制度，不管它们如何有效率和有条理，只要它们不正义，就必须加以改造或废除。

民主理论思想家达尔曾指出："事实上一切重大的政策决定，无论涉及个人或政府，都需要道德判断。我们在对政府政策意图达到的目的（比如，正义、公平、幸福、健康、生存、安全、福利、平等诸如此类的事情）进行决定的时候，是在作伦理的判断，而伦理判断并不是通常意义上的'科学'判断。"19世纪末，德国哲学家文德尔班把世界分成两部分，即"事实世界"与"价值世界"。20世纪二三十年代，以石里克、卡尔纳普等人为代表的逻辑实证主义认为科学是关于客观的事实判断，与价值无关。一切属于价值评判性的行为务必从科学领域中荡涤干净。然而，尽管"事实世界"与"价值世界"的区分对于科学研究有方法论意义，本身是有"价值"的，但事实上科学领域中"事实"

与"价值"是不可能绝缘的。正如美国著名哲学家普特南指出的：价值是带有事实的价值，事实则是带有价值的事实，"每一事实都含有价值，而我们的每一价值又都含有某些事实"（《理性、真理与历史》）。

制度设计、制度创制创新须遵循一定的价值、理念，才能增强制度行为的针对性和科学性，才可能对一个社会发挥应有的正向功能。

此外，在不同方位的制度创制过程中，还应突出主导性的价值预设。比如在社会治理上，制度设计和体制安排应有利于缩小贫富差距、有利于调整阶层关系、有利于形成"橄榄形"社会结构而不是相反。再如反腐败的制度设计应据立于这样的价值预设：其一，生活中人都有可能成为"无赖"，有效遏制"无赖"行径要靠外在的规制钳制；其二，遏制腐败要靠监督，但真正有效的监督是"异体"监督，即不受被监督客体制约的监督才是有效的；其三，对于公权力结构的设计和安排，要有利于权力的分散、透明、制约而非相反。如果缺乏这样的价值理念，制定出来的制度必然不痛不痒、中看不中用，不可能对腐败构成真正的杀伤力。

其次，制度设计要有良好的价值产出。价值是客体的属性满足主体某种需要的关系范畴。马克思指出："'价值'这个普遍的概念是从人们对待满足他们需要的外界物的关系中产生的。"如果一项制度本身是有"价值"的，那么它应能"满足主体某种需要"，有良好的绩效产出。正如舍勒指出的："有用事物导出价值"，"每一有用价值都是'对'一种生物'有用的'价值。

好的制度是人们行为的指南，是一定社会价值的载体。任何制度行为，都应经得起是否真正造福于社会、对集体生活带来"好处"这样一种基本考量。

制度设计本身的"价值"就在于通过合理的"理性"行为，来弥补人性的缺陷和人类集体生活的不完善；通过结构性的调整和完善，提升社会运行的合理性和公共福利的效率。也就是说，制度行为的"价值终点"，在于最大限度地增进公共利益，为人们谋福祉，提升公共生活的质量水准。没有价值产出的制度行为本身是无价值的，应予遏制。

（《深圳特区报》2017 年 7 月 18 日 C03 版　理论周刊/观澜）

3.8 制度设计条件与制约

> 好的制度设计，必须"一切以时间地点为转移"，满足"空间"
> 和"时间"两个基本的规定性，既不可超越空间上的特殊性，也不能
> 超越时间上的历史阶段性。

制度设计的"工具理性"在于，能在比较本原的层面上触及社会，通过特定的规制供给、社会结构调整等，来解决特定的社会问题；并通过提供制度化"行为指南"，对公共事务作出规范，对人的行为进行形塑，影响社会选择。

制度设计何以必要？因其有着客观实际需要。它是人的主体性参与历史的一种方式，也是人类追求美好社会的一种技术手段。制度设计何以可能？因其有着"条件"与"制约"的双重境遇，有着诸多社会参数。

第一，"空间"与"时间"。人类任何制度创制，都是在一定的空间和时间中展开的。空间和时间是制度设计最大的条件，也是最大的制约。空间界定了制度创制的广延性和物理位置，时间规定了制度创制的持续性和历史流程。也就是说，空间给定了制度设计一定的宽度和纬度，时间则约定了制度设计一定的长度和经度。好的制度设计，必须"一切以时间地点为转移"，满足"空间"和"时间"两个基本的规定性，既不可超越空间上的特殊性，也不能超越时间上的历史阶段性。

第二，"常识"与"规律"。人类早期文明秩序在很大程度上是演进的产物而非"设计"的结果。而当人类拥有了充分的经验和资源后，主体性的选择就成为人与历史的一种互动。但这一切必须合乎常识和物事的性态、规律。常识是制度创制的"识性中轴"，规律则是制度创制的理性底线。一切有悖于常识、规律的东西是荒谬的。越出了常识的边界和规律的底线，再美好的构想也会成为是盲动、荒谬而不可行的东西。

第三，"理性"与"经验"。人类历史活动既受制于理性，也受制于经验，制度设计亦如此。理性主义（rationalism）和经验主义（empiricism）是人类文化史、思想史上长久纷争的焦点之一。人类历史上"理性亢奋"造成过极大灾

难。人的理性是宝贵的，没有理性，便无发展；理性太盛，则为灾难。但制度设计之理性不是唯意志主义、浪漫主义，而是渐进理性、公共理性、"经验"基础上的理性。这种理性和经验，要求社会领域的政治创制须有"路径依赖"（path dependence），须顾及文化传统、信仰体系等根本性的文化因素。

第四，"证实"与"证伪"。社会领域的任何构想、革新、创制，对社会进程的干预，都须经受"证实"和"证伪"的过程。证实包括经过"完全证实"和"可能证实"、经验可能性和逻辑可能性的过程。同时，还须经可"证伪"的过程。不可"证伪"的东西本质上是无法证实的。按照证伪主义思想家波普的理论，其一，理论表述内容愈普遍，其可证伪度愈高；其二，理论表述内容愈精确，其可证伪度亦愈高。

第五，"底数"与"公约数"。制度创制牵一发而动全身，成本高、风险大，因此情况要明、数字要清、方法要得当、节奏要合理。要最大限度地掌控"社会底数"，减少"未知度"，同时要找出最大公约数，把握事物最一般本质和共相（universal），进行共相归类、同类抽象是十分重要的，它需要有一种整体综合的方法。社会客观情势不断变化，制度设计要实现"底数"和"公约数"的最大统一。

第六，"可能性"与"现实性"。可能性是制度设计的"理想支点"，是制度设计能动性所在；现实性是制度设计的"立足支点"，是制度设计约束所在。任何主体性的社会创制，都是基于可能性之上的"次优"艺术。制度设计作为"现实的"艺术，在于怎样使可能性变为现实性。"生活在根本上是不完善的"，制度设计要与脱离实际的"乌托邦工程"，保持足够的距离。

第七，"底线"与"边界"。制度设计有着广泛的社会运用空间，但本质上做"社会助产士"的工作；凡社会可以"自主""自净"的事情，凡市场可作资源配置的地方，就是制度设计的底线和边界。

（《深圳特区报》2017年7月4日C03版　理论周刊/观澜）

3.9 推进"治理型""创新型"社会建设

> 重点是实现四方面的创新突破：一是从全能型的行政管控模式，推进到多元型的社会治理创新模式；二是如何从单位制的社会营运结构，推进到"参与式"的社会运行创新结构；三是如何从街社式的基层行政管理，推进到社区化的社群自我创新管理；四是如何从原子化的群体行为方式，转向公共性的群体组织创新方式。

十八届三中全会通过的《中共中央关于全面深化改革若干重大问题的决定》提出"创新社会治理体制""增强社会发展活力，提高社会治理水平"的战略要求。今年是"十三五"重要发展时期，如何推进"治理型""创新型"社会建设，创新社会治理体制，激发社会活力，提升社会治理水准，成为重中之重。

一、从"管控型"向"治理型"转型，是推进社会建设面临的必然选择

从"十三五"开始，我国社会建设步入了一个新的阶段，从"管控型"向"治理型"转型，是面临的主要任务。"治理型""善治型"社会建设是以现代城市一般发展规律和世界大城市通行法则为参照、以加快社会有序发育为主线的治理形态。在这种治理形态中，重点是如何处理好刚性的垂直管控与柔性的多元调控的配比平衡、"行政性能力"与"社会性能力"调控的配比平衡，同时如何实现从包揽型行政向服务型行政的深刻转变。

由于现阶段社会组织总体上发育不充分，缺乏可以承接公共事务的治理型社会组织，社会自治能力羸弱，所有社会事务都成了"行政事务"，由政府包揽打理，因此行政力量处于社会矛盾和社会冲突的实际第一线，包揽模式成为常态；同时还导生"连贯性效应"：一是激发政府部门的"管事偏好"，导致日复一日政府职能难以转变，同时客观上又造成政府体量庞大，行政成本居高不下并趋更高，与发达国家城市治理差距拉大；二是造成"管控型"行政方式固化，"管理多，治理少"，真正的治理还是一种"本领恐慌"；三是滋生"行政浪漫主义"，时常表现在以"改革、创新"的名义，对公共事务作任意的、浪漫主义的裁决。管事越多，权力越易任性。遏制权力任性的关键在于进一步厘清行政权力明细，加快政府职能转变。

我国各级政府行政力强，包揽社会事务多，有积极、历史合理性的一面。但随着治理体系与治理能力现代化的推进，政府包揽一切、行政力量覆盖一切的模式已不可持续。学会运用社会的力量、自治的力量、非行政化的方式来推进社会治理和社会经济发展，乃是当务之急。

二、加快治理型、参与型社会组织的培育，是提升社会建设水准的关键

改革开放以来我国社会组织有了长足发展，形成了覆盖广泛的局面，但没有从根本上改变社会发育滞后、治理型社会组织发育不良这一状况，成为制约我国全面建成小康社会和全面实现现代化的结构性短板。相对于日新月异的社会发展需求，现有社会组织远远不能适应，尤其是真正能适应市场经济发展和新型社会治理需求、具有参与功能的社会组织的缺失，更成为当下我国社会建设中的一大突出问题。

从总体上看，现阶段我国城市社会中大量社会组织存在这样那样的结构性问题。比如很多社会组织具有"二政府"性质，要么挂靠于某一政府机构，其人事、经费、机构都由其安排，缺乏独立性、自主性；要么成为某个政府部门的"行业组织"，实际上只是政府部门的延伸。从社会组织的总体分布看，落差性"失衡格局"非常明显：一是大多数社会组织集中于娱乐、劳动、文化、科技等领域，而大部分社区组织则多为娱乐性、群文性团队；二是大部分社会组织集中于中心城区或经济发达、人口密集、城市化程度较高的街镇，城乡分布落差十分明显。于是一方面是社会组织不断发展增多，另一方面是社会组织的结构性问题日益突出。

治理型、参与型、功能型社会组织发育滞后和孱弱，引发大量深层次问题。这里有个应当确立的认知是，一个"弱社会组织"的国家和地区，是缺乏综合竞争力的，也是非发展型的。我们时常担心的一个隐忧是，社会组织多了是否会带来风险？历史的经验是，一个"弱组织社会"或"欠组织社会"是最不稳定的——尽管它表面上似乎很稳定，甚至表现为"超稳定"。由于它缺乏多元而分散的公众压力排解渠道，恰恰是最不稳定的。健全的社会组织阵容是现代城市文明的重要表征。加快推进社会领域发育，确立社会组织是社会治理的"公众主体"这一新型理念，并建立相应的考核机制来推进社会组织培育和发展，成为治理"能力建设"的必要。

社会组织是消解城市治理风险的前沿地带，也是社会建设的主体之一。而权利的表达和维护，是大部分社会组织的生命力所在，也是社会组织参与公共事务、参与社会治理的一个基点。由此，真正意义上的社会组织是"有组织的权利系统"。构建治理型、参与型、功能型社会组织阵容，成为现阶段我国各大城市特别是一线城市的共时性命题。

三、注重一手抓突出问题整治，一手抓社会治理的创新

2016 年 10 月 12 日习近平总书记对加强和创新社会治理作出指示，要求"一手抓突出问题整治、一手抓社会治理创新。坚持问题导向，把专项治理和系统治理、综合治理、依法治理、源头治理结合起来"，并强调"加强和创新社会治理，完善中国特色社会主义社会治理体系"。我国社会建设要注重整治突出问题，尤其要注重整治结构性的短板，通过专项治理、系统治理、源头治理的结合，解决好社会建设中战略性、深层次的问题。

就我国社会建设整体来看，社会建设要注重社会治理的创新，尤其要注重进行"结构性创新"。重点是实现四方面的创新突破：一是从全能型的行政管控模式，推进到多元型的社会治理创新模式；二是如何从单位制的社会营运结构，推进到"参与式"的社会运行创新结构；三是如何从街社式的基层行政管理，推进到社区化的社群自我创新管理；四是如何从原子化的群体行为方式，转向公共性的群体组织创新方式。

应当明确的一点是，治理现代化的核心本质上是实现政府职能的现代化，包括行政理念、行为方式的现代化。在行政理念方面，政府部门需强化的公共理性是，只有公民自身解决不了的问题、市场解决不了或解决不好的问题，才是政府的事。涉及老百姓切身利益的如食品安全、药品监管、环保卫生、社会信用、社会弱势群体的保护以及维护社会公平正义、保障社会秩序、实现民主法治等，是政府的重要职责，其他事情都应尽可能通过发挥社会和市场的作用来解决，包括发挥习俗、传统、信仰的作用。

同时，要不忘初心并培养起应有的耐心。不要社会稍有乱象就按耐不住，要让社会有一个自净的过程。这样一方面可大幅减轻行政负担，降低行政成本；另一方面可推动社会内在发育，让更多社会组织参与到社会治理中来，加快治理现代化的进程。

四、确立社群、社团、社区，再到社会的"扩展式"社会建设深化路径

实现社会治理的现代化，首先是人的现代化。根本上还要从"人"这个点上着手。社群作为社会不同结构的群体，是深化社会治理的原点。要在提升公民的参与意识和参与能力上下功夫。

社会治理本质上又是社团组织作为多元主体参与的集体行动。缺乏社团参与的"治理"只是传统的行政管理。社团作为不同结构的组织形态，是推进社会治理的"线"。更多地提升社会组织参与能力、发挥社会组织参与社会的积极作用这条"线",是全面深化我国社会治理的必要条件。

　　社区是市民生活物理与精神的共同体,是推进社会治理的社会单元和"基本面"。发达国家社会治理的经验表明,公民参与是通过社区参与,再到社会参与实现的。只有实现良好的社区治理,以使社区成为社会治理的单元和"基本面",才谈得上社会和社会治理。由此推进"治理型""创新型"社会建设,从社群、社团、社区推进到社会,是一个"点、线、面"循序渐进的深化路径和扩展路径。

(《深圳特区报》2017 年 6 月 20 日 C01 版　理论周刊)

3.10 两种源远流长的政治设计范式

> 由古希腊亚里士多德肇始的范式可称为"经验主义线路";由古希
> 腊柏拉图肇始的范式可称之为"理性主义线路"。

作为规划科学范畴的政治设计,是人类"生命自觉"和"社会关怀"的产物。历史上不同思想家们贡献的不同智慧,为今天治国理政提供了思想资源。古希腊古罗马以来人类思想史中有关社会构图和社会运作,呈现了两种基本线路:由古希腊亚里士多德肇始的范式可称为"经验主义线路";由古希腊柏拉图肇始的范式可称之为"理性主义线路"。

"经验主义"政治设计范式的线路主要是:亚里士多德城邦设计→詹姆士·哈林顿、约翰·洛克、孟德斯鸠等人宪法构想→美国宪法之父们的联邦政体设计→弗里德里·哈耶克的"自发秩序"图式等,它们是经验主义的典型范式。"理性主义"政治设计范式的线路主要是:柏拉图"理想国"城邦设计→莫尔"乌托邦"社会构想→康帕内拉"太阳城"、安德里亚"基督城"方案→圣西门"实业制度"、傅立叶"和谐社会"、欧文"劳动公社"设计蓝图→前"苏东模式"等,它们是理性主义的典型范式。

"经验主义"政治设计范式呈现的特点为:①思想方法论基础是归纳法,基于现实筹划发展,其政治哲学是实事求是的务实精神;②社会治理运作路径是从现实到理想,"现实"是一切政治筹划和考量的出发点;③主张社会进步不是"最优"的预设,而是"可能"的艺术。不求"至善",但求"可能";④主张制度变迁的渐进性和修缮性,制度创制和创新须以"固有体系为张本";⑤社会构想的着力点是完善国家上层建筑(理性主义范式的着力对象是基层社会);⑥偏重社会自主,主张有限政府,注重发展公共空间和公民权利。在法治与人治上,主张"只应是法律有所不及的时候"方以人治"作为补助";⑦主张遵循"自发社会秩序"(spontaneous order)或"自我生成秩序"(self-generating order),反对大规模"重新安排河山"和"重建社会文明"。

"理性主义"设计范式的特点可归纳为:①思想方法论基础是演绎法。构筑社会蓝图和愿景的原点不是当下社会现实，而是价值形态；②社会治理运作路径不是从现实到理想，而是从理想到现实，不是"实然"，而是"应然"；③思想范式的逻辑是"理性支配世界"，"理性"才是世界"最高的宪法"；④这一范式下的社会模式都是"大政府、弱社会"，依重全方位国家机制和全能政府。对社会实行无以遗漏的"密集型"管理，社会生活主体是"国家—政府"行为。在这一范式中，不仅实行严格的计划经济，更推行"计划文化"和"计划家庭生活"，社会一切均纳入严密计划中；⑤社会构想取向是"伦理社会"。"品德"比一切规则都重要。设计者们力推的境界是依靠"觉悟"和"品德"创建新的社会制度，然后依靠"觉悟"和"品德"来治理社会；⑥"理性主义"范式下的公共治理崇尚贤人政治，更崇尚"卡里斯玛"（超凡魅力），寻求"照明的火炬"；⑦主张快速改造社会，重建人类文明。

在这两种源远流长的政治设计范式中，社会风景殊为不同。理性主义范式下充满了唯美主义、道德理想、权力意志、人性改造和"至善"的斑斓风光；经验主义范式下则是自然法则、日月山川、夏秋虫鸣和活色生香的生活原生态。值得一提的是，具有悠久历史生命力的"理性主义"构图范式，是极具浪漫色彩的。在理性与智慧的五彩笔下，形形色色的理性主义设计者们构筑了一个个玫瑰色的"幸福乐园"，把社会运行、芸芸众生、万物一切都纳入有严密程序设定的精确运转的庞大机器中……

尽管这一范式附丽着人类的许多美好憧憬和理想，其中所透出的有些精神品质也确为优美的价值所在，但这种范式本质上具有"非理性"的性质，在根本上是难以实现的，并且是灾难性的。恩格斯曾指出："解决社会问题的办法还隐藏在不发达的经济关系中，所以只有从头脑中产生出来。社会所表现出来的只是弊病，消除这些弊病是思维着的理性的任务。于是，就需要发明一套新的更完善的社会制度，并且通过宣传，可能时通过典型示范，从外面强加于社会。这种新的社会制度是一开始就注定要成为空想的"。

历史的经验是"常常使一个国家变成地狱的，正好是人们试图把国家变成天堂的东西"，这是值得引为警策的。

（《深圳特区报》2017年6月6日C03版　理论周刊/观澜）

3.11 制度是一个社会结构的灵魂

> 通过制度这个维度解析社会，界定人们社会行为和经济增长的内因，是基于一种人类的经验意识，比较接近历史发展的真实状况。

制度本质上是人类实践和经验的产物。对于制度功能，新制度经济学派道格拉斯·C.诺斯（Douglas C. North）一语中的："制度通过向人们提供一个日常生活的结构来减少不确定性。制度是人们发生相互关系的指南。"

制度决定了人们的选择，更决定了一个社会的状况。对于制度功能，人类觉醒很早。古希腊时代雅典人创制了一整套相当规范的民主政制。"制度"一词出现在中国思想史上也相当早。《商君书·壹言》说"凡将立国，制度不可不察也，治法不可不慎也，国务不可不谨也，事本不可不抟也。制度时，则国俗可而民从制……"，《礼记·礼运》中也有关于制度的议论："故天子有田以处其子孙，诸侯有国以处其子孙，大夫有采以处其子孙，是谓制度。"这里"制度"基本涵义，是以法令为主要形式的规则和以产权让渡为内容的规制。《论语·尧曰》说："谨权量，审法度，修废官，四方之政行焉。"其中"法度"亦制度之谓。中国古代对制度的认知，同英语世界的 institution（法律、风俗、习惯等）已相当接近。

人类政制的历史与国家的历史同样久远。国家产生即意味着某种类型政制的建立。近代以降，消极政治观导致了更为积极的制度行为的出现。制度创制和设计在更加自觉的层面上被提出来，众多的思想家在界定国家权力与公民权利的关系和制约配置等重大问题上殚精竭虑，贡献了各种智慧，建构了诸如宪法设计、选举制度设计、议会制度设计、政党制度设计、行政制度设计、司法制度设计等各种政治设计，形成了新的制度文明。

对制度的研究可追溯到古希腊历史学家、号称"史学之父"的希罗多德（Herodotus）对希腊波斯战争的研究。亚里士多德也曾以当时各城邦的政制为对象，对各种政体形式及政治原则进行过研究。在近代，制度研究的对象非常广泛，包括了国家的宪法、组织形式、选举制度、政党制度以及政权机构内部的制衡与分权关系、中央与地方制度关系等问题。在经济学中，早期的一些制度经济学家如凡勃伦、康芒斯等人对制度在经济中的功能，已有精当的见解。如康芒斯把制度看作是人类社会经济的推动力量，认为在集体行动中最重要的是法律制度；法律制度不仅先于经济制度而存在，并且对经济制度的演变起着决定性作用。

"二战"后，经济学界在新古典经济学一度占主导地位后很快换位，形成了由尼尔森和文特的进化理论，道格拉斯·C.诺斯以制度因素解释经济变迁的理论，罗纳德·科斯、德姆塞茨、张五常等的产权理论和奥立弗·威廉姆森的交易成本理论等汇成的"新制度主义"思潮。

20世纪70年代后，对制度的研究成为社科领域共同关注的焦点，形成了所谓"新制度主义"（New Institutionalism），提供了一种以制度为轴心理解历史演进的分析方法。道格拉斯·C.诺斯等人以制度（主要是产权）——个人选择——经济绩效的分析模型，作为解释经济变迁的成因。诺斯指出，经济增长的决定性作用是制度因素而非技术因素，制度的演进，改变着人类历史的面貌。80年代后，诺斯研究制度变迁与经济增长的关系、产权制度与经济发展的关系，建立了包括产权理论、国家理论和意识形态理论在内的"制度变迁理论"。

与经济学领域相比，政治学领域中的制度主义研究传统更为久远。如前述，亚里士多德曾以制度方法对古希腊各种城邦政体开展过研究。19世纪和20世纪前期，制度方法在欧美政治学界长期占据主导地位。20世纪50年代行为主义成为主流政治学，行为研究取代了对制度研究，纯粹实证研究取代了规范性研究。1984年美国政治学家詹姆斯·马奇和约翰·奥尔森发表《新制度主义：政治生活中的组织因素》一文，指出制度因素在混乱无序的世界里建立起秩序的重要功能。新制度主义形成了不同的流派，但在强调制度影响个人选择并影响社会结局这点上非常一致。

制度是一个社会结构的灵魂。通过制度这个维度解析社会，界定人们社会行为和经济增长的内因，是基于一种人类的经验意识，比较接近历史发展的真实状况。制度的变迁，决定了社会历史的变迁，或者说是社会历史变迁的质量标识。正如孟德斯鸠说的："一般的政治法，表现了人类创建了一切社会的智慧。"

（《深圳特区报》2017年5月16日 C03版 理论周刊/观澜）

3.12 制度设计：实现工具理性与价值理性的平衡

> 好的制度设计，应当在工具理性与价值理性之间把握好平衡点，实现制度的社会治理功利最大化与制度内在价值承载最大化两者的兼得与平衡。

制度属于历史的范畴，制度文明是人类文明重要的组成部分。马克思称制度为"具有规定和管理一切特殊物的、带有普遍意义的'特殊物'"。但是人类社会并不是一开始处在这种严密的制度体系中的。恩格斯在 1884 年写成的《家庭、私有制和国家的起源》中，曾对原始社会氏族民主制感慨道："这种十分单纯质朴的氏族制度是一种多么美妙的制度呵！没有士兵、宪兵和警察，没有贵族、国王、总督、地方官和法官，没有监狱，没有诉讼，而一切都是有条有理的……丝毫没有今日这样臃肿复杂的管理机关。"

在整个历史上，当人们需要在国家与"无政府主义"之间作出选择时，人们都选择了前者。"几乎任何一套规则都好于无规则"。这是因为随着人类历史的延伸和社会生活的扩张，"制度化"成为人类无可规避的选择。正如恩格斯指出的"一个哪怕只由两个人组成的社会，如果每个人都不放弃一些自治权，又怎么可能存在"。

人类公共性的社会生活开始后，事实上就产生了对规则的大量需求；就产生了这样一种需要：把每天重复着的生产、分配和交换产品的行为用一个共同的规则概括起来，设法使个人服从生产和交换的一般条件。这些规则首先表现为习惯，后来便成了法律。

亚里士多德说："任何制度，凡先前的总是比较粗疏，而后起的就可以更加周到。"从无制度到有制度，从粗疏的制度到周到的制度，从个别制度到形成各种不同层次的制度体系，人类社会制度体系（institutional system）的形成经历了漫长历史过程。毫不夸张地说，现代文明社会已是一张严密的制度网络，现代人生活在这张密集的制度"网"里。

制度变迁是社会变迁的内生变量，它是通过制度设计、制度创制与制度改革等形式来实现的。社会的不断发展，无序与制度不健全的弊端不断显露出来，促使人们依据传统、习俗或众人可以接受的方式，制定和修正各种行为规范，并从一个领域扩展至另一个领域，从不完善到逐步完善。故此，人类社会发展是逐步规则化（institutionalization）的过程，亦即社会生活有序化的过程。

马克斯·韦伯在考察欧洲文明兴起时，提出了"工具合理性行动"和"价值合理性行动"两类概念。工具合理性行动，是对处于周围和他人环境中的客体行为的期待所决定的行动，这种期待被当作达到行动者本人所追求的和经过计算的目的的"条件"或"手段"；价值合理性行动，是出于某些伦理的、审美的、宗教的、政治的或其他行动方式的考虑，与成功希望无关，纯由对特定价值的意识信仰决定的行动者。

工具理性是基于对"存在是什么"的认识，故与责任伦理相联系；价值理性则是基于对"存在应该是什么"的认知，故与信念伦理相联系。从具体角度看，制度的设计与创制是一种工具理性行动，具有形式合理性（formal rationality）。形式合理性主要被归结为手段和程序的可计算性。但从历史角度看，制度的设计与创制也是一种价值理性行动。正如英国历史学家汤因说的：人类为了生存，不得不绘制一张航向图，尽管人们还不能证实这张航向图与变幻莫测的现实是否相符。在马克斯·韦伯所说的"社会行为"层面上，制度的需求、创设与变迁可以看作是人类对于环境与发展不确定性这一挑战积极"应战"的行为，这更是一种价值体系的反映。

马克斯·韦伯认为，从纯粹形式的、客观的行动最大可计算的角度上看，现代世界科学、技术、资本主义、现代法律体系和行政管理体系（官僚制）是形式合理性的。这种纯粹形式的合理性是现代社会结构具有的一种客观属性。但社会生活的制度化，通过精密理性计算技术，使社会生活内容一切都趋于"理性化"了，这使得现代文明的社会结构与文化价值之间，存在着无可解构的冲突，也使制度设计与创制面临工具理性与价值理性的平衡性把握。

应当看到，缺乏价值理性的"制度"客观上是不存在的。好的制度设计，应当在工具理性与价值理性之间把握好平衡点，实现制度的社会治理功利最大化与制度内在价值承载最大化两者的兼得与平衡。

（《深圳特区报》2017 年 4 月 18 日 C03 版 理论周刊/观澜）

3.13 提升公共决策质量 推进国家治理现代化

"十三五"时期我国要实现的重大战略目标很多，除了要全面建成小康社会外，还要建成创新型国家、基本建成法治政府、基本形成开放型经济新体制，并实现"各方面制度更加成熟更加定型，国家治理体系与治理能力取得重大进展"，可谓任重道远。提高解决我国改革发展基本问题的本领，是推进国家治理体系与治理能力现代化的本质要求，也是全面实现"十三五"各项重大战略目标的本质要求。而有效提升公共决策的质量，特别是提升重大公共决策的质量，乃是重中之重。

一、全面提升决策、执行、监督的质量，推进国家治理现代化的步伐，决策无疑是其中之关键

十八届三中全会《关于全面深化改革若干重大问题的决定》提出"构建决策科学、执行坚决、监督有力的权力运行体系"。在这一权力运行体系中，重点是全面提升决策、执行、监督的质量，以推进国家治理现代化的步伐，而决策无疑是其中之关键。没有正确、科学、高质量的决策，执行力和监督力都谈不上。

习近平在中央深改组第九次会议上强调，要"提高改革方案质量，加大改革落实力度，深入开展改革督察，努力使各项改革举措落地生根，确保各项改革取得预期成效、真正解决问题"。"提高改革方案质量"的本质要求，是提升决策质量。但决策不是"决定"，决策是一个由多要素构成的复杂过程，是在多种备选方案中遴选出或组合成"最佳"的决策方案付诸实践并进行评估、反馈和调整优化的技术流程。西蒙说过："管理就是决策。"公共决策之所以重要，因为现代公共事务和国家治理的重大目标，都是通过决策来解决的。

决策能力关乎一个国家一个社会一个组织的盛衰成败。统计表明，百年以来世界范围倒闭的大企业大公司85%是由决策失误导致的。比起企业决策，公共决策更具有社会性和广延性。企业决策面对的是市场，公共决策面对的是整个社会。高质量的公共决策造福社会，劣质的公共决策则是一个社会的灾难。习近平在中央全面深化改革领导小组第十次会议上要求"对准焦距，找准穴位，击中要害，推出一批能叫得响、立得住、群众认可的硬招实招"。在国家治理的地方治理中，要更多地聚焦于有效提升重大决策的质量和能力，推出更多高质量、人民群众认可的公共决策。

二、我国改革开放以来的实践表明，一种称得上是"优质的"决策能力，至少包含了三方面的内容

一个社会之所以需要公共权力和公共决策，在于它能用来解决私人无法解决的公共问题，造福于民。人类决策领域的漫长经历，特别是我国改革开放以来的实践表明，一种称得上是"优质的"决策能力，至少包含了三方面的内容：

一是"寻找焦点"的能力。即是否善于确定重大决策焦点，在纷繁复杂的现象丛林中遴选出最为关键、最为紧要、最能"四两拨千斤"的问题，并经甄别其层级后列入决策流程。而在更大范围上，确定焦点是为政治发展的选择方位、提供政治变迁的动力。在"问题群落"中找出关节点，并善于聚焦"第一层级"和"枢纽性"的问题。这是一种非常重要的能力。

二是"敢于决断"的能力。大部分公共问题是错综复杂的。最关键的问题往往决策难度越大，风险越巨。良好的决策能力不仅在于有高超的敏感力和诊断力，善于抓住焦点，还在于敢于作为、敢于决断的能力和胆识。我国改革步入了攻坚期和深水区，在决策领域更需要有敢于攻坚克难、勇于担当决策的品质。尤其是对于体制性、结构性、存量性问题，敢于面对、勇于解决而不是延宕推诿。敢于决断的胆识和勇气是"决策力"的灵魂。

三是"选择路径"的能力。一项好的决策不仅包括了要解决的问题，还包括了解决问题的合理的路径和方式。不仅要求确定解决的"问题选择"是合理的，而且要求解决问题的"路径选择"也是合理的。善于选择那些最简捷、社会交易成本最低、产出效能可能性最大的路径和方式来谋篇布局，实施推进，才能确保重大公共决策的高效能和高收益。

三、公共决策要聚焦并注重结构性治理和问题性治理，才合乎决策科学化和公平正义的要求，也才能开创出改革开放的新局面

推进国家治理体系与治理能力现代化，关键在于对公共决策的治理界面有切实把握。现代国家治理有两大重要界面：一是"结构性治理"，即注重解决结构性、体制性问题。我国确立了在 2020 年实现"各方面制度更加成熟、更加定型"的目标。这就要求必须注重结构性治理，推进制度创新，让社会主义中国焕发更强劲的生命力。这是公共决策的治本之道。二是"问题性治理"，即注重回应解决人民群众"最关心、最直接、最现实"的问题，诸如就业问题、交通出行问题、食品安全问题、环境污染问题，它们与人们实际利益息息相关。公共决策要聚焦并注重结构性治理和问题性治理，才合乎决策科学化和公平正义的要求，也才能开创出改革开放的新局面。

党的十八大以来，中央出台了一系列推进国家治理体系与治理能力现代化的重要文件，如《关于全面深化改革若干重大问题的决定》《关于全面推进依法治国若干重大问题的决定》《关于国民经济与社会发展第十三个五年规划的建议》等。这些纲领性文件从不同角度提出了一系列治国理政重大任务，如十八届三中全会的《决定》提出60项改革事项，都是影响我国发展全局的重大问题和与人民群众利益相关的"三最"问题。

四、一旦决策失误，再要回头，代价非常高昂。因此决不能任性，要以"战战兢兢，如履薄冰"的态度审慎进行公共决策

一是"胆怯原则"。科学、理性的决策要敢于、善于决断和担当，但它以"安全"为底线。"胆大"易于妄为，"胆怯"方能审慎。正如公共问题学者达尔指出的："一些重要的决策，常常都是采取一种渐进的方式，而不是盲目的冒进……往往能够避免重大的灾难。"一项公共决策的社会投资是巨大的，其政治、文化、历史、技术方面的影响也相当深远。一旦决策失误，再要回头，代价非常高昂。因此决不能任性，要以"战战兢兢，如履薄冰"的态度审慎进行公共决策。

二是"反诘原则"。良好的决策必须"经得起"所谓反诘，是指一项决策特别是重大决策必须经受社会正义、道德伦理、公秩良序以及民意的、专业的、证伪的多维考量。反诘包括了论证、听证、公示等环节，但论证、听证、公示等不能代替反诘。反诘是确保公共决策质量、规避决策失误和重大失误的重要环节。反诘是公共决策出台的底线。未经"反诘"或经不起"反诘"的决策，是不具备出台条件的。

三是"防偏好原则"。公共选择理论对于决策行为的假设是，决策过程存在大量偏好，决策行为受到个人利益或部门利益的影响。无论政府部门还是利益集团，公职人员还是社区公民，都如此。孟德斯鸠曾指出：即使是国家法律制定也"总是要遇到立法者的感情和成见"。所谓"原则可能是永恒的，利益却总是处于变化之中"，出于部门利益、群体利益、地方利益的各种偏好，事实上不断影响着决策的焦点和决策实施的实际效果。由此秉承"防偏好原则"是决策理性化应遵循的原则。决策过程应注重"察看公共精神在该过程里占多大优势"，才能屏蔽和排除各种偏好，确保决策不偏离公共利益之道。

　　四是"追责原则"。决策责任追究制和责任倒查制已是世界通行法则，它是确保"有权不可任性"、遏制乱作为、不作为的制约手段。我国推进治理体系与治理能力现代化，要更为广泛、严格地推行这一法则，按照《全面深化改革若干重大问题的决定》关于"建立重大决策终身责任追究制度及责任倒查机制，对决策严重失误或者依法应该及时作出决策但久拖不决造成重大损失、恶劣影响的，严格追究行政首长、负有责任的其他领导人员和相关责任人员的法律责任"的要求，厉行责任追究制，并以相应法律的、行政的、党纪政纪的处罚制度作配套，以遏制和减少决策领域的任性行为，有效提升我国公共决策的质量。

（《深圳特区报》2017年2月28日C01版　理论周刊）

3.14　制度设计为什么重要

> 人类有着向往美好社会制度的天性。历史上理想国、乌托邦、新大西岛、太阳城，一个个充满阳光的理想处所，正是这种"天性"的表达。尽管人类生活在"事实"中，但总是保持着超越现实的萌动。理想是人类手上永远玩不腻的玩具。

在一个学术讲座上有人问起制度设计问题："能举例来说明什么是制度设计，为什么制度设计对公共生活那样重要吗？"我说，如果我们有一块大蛋糕要分配，怎样才能以最简单、最有效率的办法，来尽可能确保切割行为的公正？

我们可以通过诸如学习开会、提高"觉悟"的办法，可以通过发文件、规定"几不准"之类的办法，可以通过成立监督小组的办法等，来约束人们，但是最管用的办法，是设定一条规则：切蛋糕者最后拿取蛋糕。这就是著名的"分饼规则"。根据这一"程序规则"，负责分饼者不可以先拿蛋糕而须在他人选取之后——如果没有这种"他人先取、操刀者最后"的程序安排，权力者为什么不可以把饼切割有大有小而先取呢？这样的规则创制，就是制度设计，也是政治设计。

经验表明，集体生活中大部分事情都不能靠"自律"和"觉悟"的办法来解决。再比如，我们总是渴望"铁腕人物"（包括各类社会明星）来主导公共生活，但古希腊人从城邦经历中，认识到由"卡里斯玛"（Christmas）式的强势人物来主导公共生活，危害极大。他们创制了一条政治规则，叫"贝壳放逐法"（也称"陶片放逐法"），对权倾一时而有可能危及城邦的强势人物，公民大会可以"票决制"来放逐他们，以防"僭主"再起。公民可在陶片上写上应放逐人的名字，投入壳箱。数额超过6000者，10天内必须离开城邦。放逐期10年，10年后方可恢复各项公民权利。这一规制，有效遏制了领导人的骄奢淫逸、滥施淫威和践踏公民权利，它确立了整个雅典民主政制的基础。雅典人这种制度安排，也是典型的政治设计。

作为一种政治规划行为，制度设计广泛存在于社会生活中。从公元前18世纪历史上第一部完整法典《汉穆拉比法典》诞生，到公元18世纪第一部成文宪法制定；从最初的生产、分配和交换产品中归纳出共同的规则，到现代法律体系的形成；从原始的公共机构，到今天的科层制；从民族国家的政府体制，到世界范围的联合国组织；从古代的"问策"，到今日的"资政"；从革命年代的战争策略，到和平时期的社会发展纲要；从革命先行者孙中山的"五权宪法"设计，到改革开放总设计师邓小平的"一国两制"构想；从康有为、汤因比等人"世界政府"的理论谋划，到马克思"自由人的联合体"的政治蓝图……制度设计在不同的历史时空中展现着风光旖旎的历史画卷。

制度设计有五方面的主要特性：

一是主体性。主体性是指向客体施加逻辑的特性。"人们醒悟过来，发现自己处于一个混沌的世界之中。于是，为了使生活变得能够忍受，他们力图把秩序强加给这个混沌世界"（汤因比）。正如在与自然的关系上人类投射意志的光影，在社会场景中也施加着正义的逻辑。

二是理想性。理想性是指对现实不"消极默认"的特性。人类有着向往美好社会制度的天性。历史上理想国、乌托邦、新大西鸟、太阳城，一个个充满阳光的理想处所，正是这种"天性"的表达。尽管人类生活在"事实"中，但总是保持着超越现实的萌动。理想是人类手上永远玩不腻的玩具。

三是审度性。审度性是对现实秩序作否定性审美的特性。其实，"批判性"与"理想性"同处一个维度。政治设计的价值动力，是"任何东西如果永远不去找出毛病，那就永远无法改正"（边沁）。正是这种社会审度意识，促发种种社会解构、建构、重构方案的产生。

四是功能性。功能性是指事物存在独特价值不可替代的特性。政治设计的功能性表现在通过制度结构安排，为社会创造一个可靠的、可预测的行为框架，"个人能够在其中执行他们的计划或项目时多少可以肯定其成功的前景……政治的任务就是创造一个合理的秩序作为人类自由明智的行动的必要条件"。

五是负荷性。负荷性是指负载前人智力的特性。人很难完全逾出自己前辈的思想框架。社会结构中的理念体系、制度体系、组织体系，正是在集体生活中不断添加。一种政治设计总是既承袭前人，又超越前人。一个时代的真正建树，只是在前人步履上跨出一小步，而不是前无古人、后无来者。

更重要的，制度设计是人"族类"本质的外化，是历史主体特定的文化行为。制度设计创造的"社会建筑"，是人类文明创造的非常重要的组成部分。

（《深圳特区报》2017年2月14日C02版　理论周刊/专论）

3.15 "制度是一座城堡"

　　　　　着意于设计这样一种架构——它注重提供一个使公民在其中管理
　　自身的框架；社会事务大部分通过私人之间的互动来解决，完善的法
　　律和市场又使这种互动成为可能。

　　以1787年人类第一部成文宪法诞生为标志，人类已进入规则政治时代。说到底，良好的"规则政治"要靠"政治规则"来规范。在更加尊重社会内在机制和"自发秩序"的同时，推行审慎而科学的政治设计，成为确保公共生活光明度，实现社会繁荣、文明和秩序的重要手段。正如丹尼尔·贝尔认为的："社会结构的变化对政治制度提出了'管理'问题。在一个日益意识到自己的命运、并力图掌握自己命运的社会里，政治秩序必然是最重要的。"

　　17世纪英国思想家霍布斯指出，"庞然大物'利维坦'是用艺术造成的"。一种好的政治设计"看似寻常最奇崛，成如容易却艰辛"，它能从比较本原的层次上触及和作用社会，它成就于科学的原则和高超的政治艺术。

　　"经验"的法则。马克思指出："社会生活在本质上是实践的"，"人应该在实践中证明自己思维的真理性"。经验是政治创制的传统基础和渊源所在。任何经验性认识都源于实践，因此政治实践是第一位的。政治设计要以政治实践为依据，不能以某种先验理念为蓝本；并且它的社会效果也只能以实践来检验。正如思想家伯克让所说："建立在长期积累的传统之上的政府体制要优于建立在推理原则基础上的体制……各个时代的集体理智将初始正义的原则与人类无限众多的关注结合了起来。"政治设计必须充分考虑和顾及到文化传统、信仰体系等这些根本性的制约因素；同时在全球经济一体化时代，在采撷其他地域政治文明的时候应汲取其精华，而不是生搬硬套。

　　"试错"的法则。社会自发秩序的形成、完善和进化本身，是一种竞争和试错的过程。政治设计作为一门"社会技术"（social technology）应尊重进化秩序的"创造性"，以审慎的试错原则为指导，避免追寻尽善尽美、美轮美奂的理想目标而导致大规模理性盲动主义。政治文化演绎的逻辑来自人、自然、社会三

者关系，任何政治创制都需有"摸着石头过河"的审慎态度和"千淘万漉虽辛苦，吹尽狂沙始得金"的负责精神。本质上说，任何政治创制和政治设计都不是"最优的艺术"而只是一种"次优的艺术"。试错、渐进是社会政治领域改革和政治创新确保成功率、降低风险度的根本性要求。

"修补"的法则。政治设计是对原有社会事物修缮而非"改天换地"。波普倡导"渐进的社会工程"，认为"正如自然工程的主要任务是设计机器和改造、维修机器一样，渐进社会工程的任务是设计各种社会建构以及改造和运用已有的社会建构"。规避理性的昂扬过度和偏面性，规避"重整山河"的整体主义，是政治设计必须恪守的底线。在政治操作中，不能以演绎推理导致的任何方式来重构社会。"治大国若烹小鲜"，有节制的"除旧布新"，才合乎人类文化的内在本性，也才能有相应的效率和收益。

"中和"的法则。孟德斯鸠在谈到政治的品格时说："政治的'善'就好像道德的'善'一样，是经常处于两个极端之间的。"包括政治设计在内的社会领域的各种政治创投都应具备这样一种"善"的品格。人类历史表明，社会领域的革故鼎新最易出现的惯性之一是激进、偏激、走极端。"去掉一个最高分，去掉一个最低分"，不搞极限、忌走极端，以适中适度、宽宏中正为上，是政治设计应遵循的重要思想方法。同时还应看到，只有较多依赖于专业领域并发挥社会智慧的纵横捭阖，才能更好地降低和消解偏激极端，确保政治创制的中和品格。

"有限"的法则。政治设计要考虑到操作者在知识数量、结构以及智能层级方面所受到的限制和羁绊，以最大限度地实现政治设计的科学化。"理性创造"不是万能的，不能包罗万象、无所遗漏地渲泄自己的意志。理性有限度地表达智慧本身是一种智慧。政治设计应当体现这样一种情怀：着意于设计这样一种架构——它注重提供一个使公民在其中管理自身的框架；社会事务大部分通过私人之间的互动来解决，完善的法律和市场又使这种互动成为可能。同时当认识到："制度是一座城堡，设计得再好，没有合适的卫兵去守卫，就成了虚幻的、空洞的残垣。"在社会领域，虚无主义和"乌托邦工程"的整体设计都有失大当。政治设计是现实功能主义与历史有限主义的有机统一。

（《深圳特区报》2017年1月10日C03版　理论周刊/观澜）

第四章

04

| 2016—2015 |

二十四节气之

白露←处暑←立秋

学术应当聚焦于最重要、最本原的问题。探寻真相，寻求真理，是学术的灵魂。当前我国正在全面推进国家治理体系与治理能力现代化，新现象、新问题层出不穷，方兴未艾，需要深入研究的问题应接不暇。我们要把研究聚焦到各种问题上，为推进国家治理体系与治理能力现代化助力。

战略规划是基于对社会不完善的洞察、认识和救济，也是基于社会生活可以通过科学审慎的劈划安排以臻完善这样一种假设。

知识只是决策的基础和条件，智慧才是智库的灵魂。一加一等于二是"知"，一加一大于二是"智"。对决策特别是大决策有用，不仅仅是知识，更是智慧层面的东西。

4.1 人性假设与社会治理风貌

> 从"最好的"方面看，人是所有动物中最高尚的，但假若没有法
> 律和公正，又将可能是"最可恶"的。

马克斯·舍勒（MaxScheler）在谈到人的问题时说："在人类知识的任何其他时代中，人从未像我们现在那样对人自身越来越充满疑问。"恩格斯在《路德维希·费尔巴哈和德国古典哲学的终结》中，援引欧洲一句谚语说："人是什么？一半是野兽，一半是天使。"

"天使"和"野兽"是人性这枚硬币的两面，也是人的社会属性与自然属性的两面。人其实是一种非常难以简单下定义的动物。从"最好的"方面看，人是所有动物中最高尚的，但假若没有法律和公正，又将可能是"最可恶"的。人性中非理性和种种恶点，在特定的非规制、非法治状态下就会大量释放出来。

关于人性善恶，中国历代思想家展开过经久而热烈的讨论。孟子认为人性本善，荀子、韩非等人认为人性本恶。董仲舒提出"成性说"，认为人性本无善恶；杨雄提出人性"善恶混成"。王充认为人性善恶缘于"气禀"不同："论人之性，定有善有恶。其善者，固自善矣；其恶者，故可教告率勉，使之为善。"（《论衡·率性》）。韩愈则把人性分为上中下三品："上焉者，善焉而已矣；中焉者，可导而上下也；下焉者，恶焉而已矣。"（《昌黎先生集·原性》）李翱提出"性善情恶"说；张载则提出人有"天性之性"和"气质之性"的不同，前者为"善"源，后者为"恶"源。王安石认为"性生乎情，有情然后善恶形焉，而性不可以善恶言也。"（《王文公集·原性》）他的意思是，"善恶"来自于人的情感，人性本身，是无所谓善恶的。

程颢区分了"天命之谓性"的性与"生之谓性"的性，前善后恶；程颐提出"性即理也"，"天命之谓性"。朱熹则提出所谓"人心""道心"说："人心"可善可恶，"道心"则善。清代王夫之认为："性日生日成"，没有一成不变的善恶人性。戴震提出了"血气心知"说，"人生而后有欲、有情、有知，三者血气心知之自然也"（戴震《孟子字义疏证》卷下）；近代康有为认为，"性

者生之质也，未有善恶"，等等。

人性善恶争了几千年。简单地把人性视为"善"或"恶"，都不合人性之真相。正如汉代王充说的"人之性，善可变为恶，恶可变为善"（《论衡·率性》）；也正如培根指出的："在人性中既有天然向善的倾向，也有天然向恶的倾向。"就看人处于什么样的制度环境中，处于怎样的特定空间条件下。

在完善的规制法治体系中，人会表现得"善"一些。相反，人就可能表现得"恶"一些。在健全的外在制约下，人可能是"天使"，而在缺乏健全的刚性制约下人可能会是"野兽"。处于什么样具体环境中，善恶表现是不同的。同一个人，不同的人生时期，表现也不尽相同。

人性善恶的争论还会持续下去。虽说"真理愈辩愈明"，但这一问题永远不会有"单一的"结论。非常重要的一点是，不同的人性假设，导出不同的社会治理方式和公共逻辑，并构成截然不同的社会治理风貌。从人类经历看，基于人性"善"的假设，"伦理为本"的治理架构和"觉悟自觉"的期待居多，由此构成"伦理型"社会治理。基于人性"恶"的假设，由于重视外在人性制约而倾向于"法治为本"的治理架构，形成"法理型"社会治理的取向。

对于今天的社会治理来说，直面和重视人性不完善的一面，是一种非常重要的前提。对于所谓"恶"的直面和认知，正是为了抑制恶——事实上，今天人类社会所赖以生存、维系的规制体系和林林总总的社会建构，都是建立在对人性不完善这一基本认知之上的。

人是一种须以刚性制约予以规范的社群。亚里士多德说过："人一旦离开法，就会禽兽不如。"恩格斯则更透彻地指出："人来源于动物界这一事实已经决定人永远不能完全摆脱兽性，所以问题永远只能在于摆脱得多些或少些，在于兽性或人性的程度上的差异。"

尽管我们决不漠视人性中"善"的光芒，但在国家治理和推进社会进步上，是不能立足于对人性过于理想化假设之上的。在国家现代化的治理中，少一些伦理预期，多一些实事求是的公共理性，无疑更有助于法治社会的建设和推进，对提升公共生活的品级是极为重要的。不寄托于人性的"完善"而致力于规制、法治的健全提升，才是实现国家治理体系与治理能力现代化的治本之要。

（《深圳特区报》2016 年 11 月 22 日 C03 版　理论周刊/观澜）

4.2 探寻真相寻求真理是学术的灵魂

——关于学科体系、学术体系和话语体系建设的思考

> 学术应当聚焦于最重要、最本原的问题。探寻真相，寻求真理，是学术的灵魂。当前我国正在全面推进国家治理体系与治理能力现代化，新现象、新问题层出不穷，方兴未艾，需要深入研究的问题应接不暇。我们要把研究聚焦到各种问题上，为推进国家治理体系与治理能力现代化助力。

今年 5 月 17 日，习近平总书记在哲学社会科学工作座谈会上的讲话中提出："我国哲学社会科学领域还存在一些亟待解决的问题。比如，哲学社会科学发展战略还不十分明确，学科体系、学术体系、话语体系建设水平总体不高，学术原创能力还不强；哲学社会科学训练培养教育体系不健全，学术评价体系不够科学……"

习近平总书记说的这些问题，我国哲学社会科学领域基本存在。从整体上看，我国哲学社会科学领域在学科体系、学术体系、话语体系上，都面临着进一步加快建设完善的繁重任务。

一、学科体系建设构建完善的知识结构体系

所谓学科体系，是根据研究和教学需要，对科学结构和产业结构作出分割、分类的学科门类系统。人类知识系统的学科体系已有久远的历史，至少在古希腊、古罗马时代已相当成熟了。进入 21 世纪后出现了许多新的学科门类。有些以前跨领域的研究，后来变成了专门的学科领域，人类的知识体系越来越庞大，也越来越细化。

学科划分不是任意的，须有一定的条件和标准。在我国，学科划分主要分三个界面。一是"学科门"，二是"学科类"，三是"专业"。本质上，学科体系的划分，是为了研究的需要和知识传递的效率，并不代表各个学科之间、各种知识板块之间，有着非常严密的分割边界。恰恰相反，各种知识体系相互有着紧密的关联性。在这个意义上，学科的划分是相对的。美国著名经济学家博尔丁（Krenneth Boulding）曾提出：检验一门新学科是否成立，可以提出这样的

测试标准——"也许一个学科必须通过三种测试：它是否已有一个书目？你能否在其中开设课程？你能否就其内容举行考试？也许还应加上第四项标准，它是否已有任何专门化的期刊？如果这四项条件都能符合，则其取得的学科的地位即应属毫无疑问。"

从我国哲学社会科学学科建设的实际需求看，一是要以通过构建相对完善的知识结构体系，进一步突出学科的特性和不可替代性；二是一些新兴学科，如何更快地建构起包括概念、范畴、体系在内的相对独立、完善的学科框架。

二、学术体系建设以解构问题为己任

学术体系是包括学术方法、学术理念、学术规范和学术制度（组织、体制、评估、基金、监督等）等在内的技术体系。一门学问能不能够成立，要看它是否拥有强大的学术体系为其支撑。

从我国学术发展的共性问题看，学术体系建设最重要的，一是要突出"问题导向"。学术的本质是"求真"。学术是用来研究问题的，没有"问题"，就谈不上学术，也不需要学术。所有称得上是"学术"的钻研，都应当面对"问题"、聚焦于"问题"，以分析问题、解决问题为己任。问题有理论问题，有现实问题；有"形而上"，有"形而下"；有"终极性"问题，如人的价值，生命的意义，人从哪里来，到哪里去，还有信仰、宗教问题；也有"时代性""渐暂性"问题；有结构性、体制性问题，也有过程性、随机性问题。学术应当聚焦于最重要、最本原的问题。探寻真相，寻求真理，是学术的灵魂。当前我国正在全面推进国家治理体系与治理能力现代化，新现象、新问题层出不穷，方兴未艾，需要深入研究的问题应接不暇。我们要把研究聚焦到各种问题上，为推进国家治理体系与治理能力现代化助力。

二是要突出原创或者说创新。学术是人类认识世界、分析世界和参与世界的工具。学术的价值在于探索真知、未知和新知。陈陈相因的东西，很难成为学术。"我注六经""六经注我"的研究，也不是真正意义上的学术。已经解决的问题不需要学术，一下看明白的东西也不需要学术。当我们说"学术精神"的时候，是强调其求真、求新的品质，强调它追求真理的态度和精神。我国学术建设要增强更多原创性的学术成果，力戒空话大话套放，鼓励和容许也许看起来不那么成熟完善，但却蕴含有创新价值态势的各种原创和探索。这是学术体系建设的治本之要。

三、话语体系建设回归学术本义

"话语体系"是指一门学科或一门科学所拥有和运用的表达结构系统。从人类文明发展看，一种成熟的学科，是必须有其自己的"话语体系"的。比如数学语言中的概念、术语、符号、式子、图形等都是其独有的，数学通过自己的文字语言、符号语言和图形语言来表达。物理学中诸如"热""势力学""热现象""热运动""温度""温标""绝对零度"等，也是其独有的表达体系。

所谓"名为实之宾"，"学科话语"是学科内容的表达，也是学科研究的工具，应秉承学科特性，基于学科的特点来展开，而不是刻意的"标新立异"。在这个意义上，所谓"话语体系建设"应当是"自然而然"的，"随体赋形"的。

我国当下学术话语体系存在的突出问题，一是缺乏真正的"学科话语"，即缺乏能精确反映学科内容的表达系统，说的都是"普通话""假借话"。二是照搬照抄国外的洋概念，拿腔拿调地"硬译"，食洋不化，这已是阅读领域的一大公害。唐朝韩愈在《进学解》中说："周《诰》殷《盘》，佶屈聱牙。"当年邹韬奋先生批评："有些文字，尤其是所谓直译的文字，写得佶屈聱牙。"毛泽东当年在延安就批评过"洋八股""党八股"这些东西。三是学术语言驾驭能力匮乏，许多皇皇巨著、洋洋论文、鸿篇巨制，磕磕巴巴，拉拉杂杂，无病呻吟，不得要领，甚至连通顺、流畅尚且做不到，不忍卒读。我们想起中世纪波斯诗人萨迪说过的警策的话："因为有语言，你胜于野兽；若是语无伦次，野兽就胜于你……"四是套话、大话盛行，话语"干瘪乏味"流弊盛广。

有效推进我国的话语体系首先要从解决上面这些现象做起，回归学术本义。一种好的学科话语体系，首先一定是准确、简洁的。孔子在《论语·卫灵公》中主张"辞达而已矣"。同样，亚里士多德也认为"最明晰的风格是由普通语言形成的"。历史学家陈寅恪曾主张，研究学术必须去掉"俗谛之桎梏"，真理才能发挥。我们要善于从博大精深的中国古典文化中，汲取有益养分，寻找中国话语的根脉。在话语精神风格上，如孔子的循循善诱、孟子的雄辩铺陈、庄子的灵动瑰丽、老子的简约深沉，都值得我们一学。而提倡长话短说，言简意赅，少说多做，这对于净化学术风气，是一种必要。

（《深圳特区报》2016 年 10 月 25 日 C02 版 理论周刊/专论）

4.3 战略规划的思维准则

　　　　　　战略规划是基于对社会不完善的洞察、认识和救济，也是基于社会生活可以通过科学审慎的劈划安排以臻完善这样一种假设。

　　当人们对未来一定阶段一定范围设定目标、作出远大安排时，一个国家、一个地方抑或一个组织就有了"战略规划"这一命题。所谓战略，是带有全局性"发现智谋"的纲领，具有空间上的覆盖性和时间上的全程性；战略规划则是确定一个国家、一个地方或组织的发展大纲和长远目标。前瞻性、方向性、大局性和价值先导性是战略规划的灵魂。

　　当人类社会进入文明大量堆积的"繁杂社会"后，社会发展很多东西更不能靠"被动适应"来产生，更要靠"自觉认知"的研判和审慎设计来回应。20世纪90年代以来，强化对本国经济社会的统筹协调，发挥中长期规划的发展推动力，成为世界各国普遍采用的做法，发达国家战略规划参与社会经济发展的比重不断提高。20世纪下半叶以来，发达国家出现了大量加快经济、社会、政治、文化、社区发展方面制度安排、政策设计、运行机制等方面的研究成果，战略规划取得大幅度进展。

　　任何社会、任何组织都需要对宏观大象作出评估和布局。人类历史上一些重大变革时期，自觉地或不自觉地进行战略规划是一直有的现象。以1787年人类第一部成文宪法诞生为标志，人类实际上进入了"规则政治"的时代。亨廷顿说过："身处正在实现现代化之中的当今世界，谁能组织政治，谁就能掌握未来。"

　　战略规划有三大基本任务：一是确立阶段性核心目标和布局；二是找出目标与实现目标之间"最短的直线"，即实施的路径、方法和保证条件；三是界定在更大整体格局中其相对位置和对于整体的变量系数。没有超前思维，就没有战略规划。人类生活的趋复杂性尤其是大国治理的多维性，决定了必须有强健的超前思维，即对一定历史时期政经事务在从容预判基础上作出预先筹划。但战略规划不能落入繁细和"尽善尽美"的泥淖，要规避落入波普等人批评的乌托邦的"整体主义"陷阱。

本质上，战略规划是基于对社会不完善的洞察、认识和救济，也是基于社会生活可以通过科学审慎的劈划安排以臻完善这样一种假设。在今天推进社会发展，或"规范"一件事情，最有效的办法，是作出科学健全的规制安排。

战略规划的重点是解决影响全局的关键问题，筹划先机性、后发性问题和相关政策、规制和体制架构问题。在战略规划的技术规定性上，它有三项基本的思维准则：

第一，求真与"证伪原则"。求真是战略规划的首则。著名思想家波普认为：科学与非科学的划界标准不是"意义"，而是经验上的"可证伪性"，凡是不可证伪的东西都是不靠谱的，是难以言说和评估。科学只是未被证伪的假设。科学与非科学的辨别标准不在于其正确与否，而在于是否具有"可证伪性"。正如马克思指出的："人应该在实践中证明自己思维的真理性，即自己思维的现实性和力量，自己思维的此岸性"。

任何规划制定总希冀规划最终得到"证实"，可事实上"规划"目标预设与发展结果即现实的差异，才是规划科学性和现实发展性的相互关系的真实生动的表现。它是实践对认知的"超越"，也是经济基础对上层建筑"决定"作用的表现。社会生活丰富多彩，无比丰富的发展现实如果仅仅只是为规划之"注解"，就失去了规划最根本的意义。战略规划是一项"智性"事业，但不可能尽善尽美，正如西蒙指出的：人"不可能建立全知全能的理性体系"。规划的任何认知只能依据已有的实践空间，而社会变革的变数总是大大超越人们的预知。

第二，求善与"试错原则"。人类任何规划本质上都是一种"求证"和有待实现的预设。它不能代替未来发展的事实本身。从社会本身看，"社会自发秩序"（spontaneous order）所遵循的规则系统的完善与进化，是一种竞争和试错的过程。任何社会的传统和规则都与这一进化有关。好的战略规划懂得尊重这一自发秩序的创造性，具备渐进理性。制定战略规划要秉承"试错"精神，在不断试错中调整行为——一旦"规划"与实际生活发生错位和落差，要修改的是规划本身，而不是社会生活现实。

第三，求美与"底线准则"。战略规划不能包打天下，应由市场解决的问题（如资源配置等）应由市场来解决；应由社会机制解决的问题则应由社会来解决。作为一门"社会技术"（social technology），战略规划应"在涉及那些操作制度者所需知识的数量方面考虑到人类合理性所受到的限制"，不能包罗万象地、无遗漏地泻泄"规划意志"。

我国进行战略规划应注重秉承"大政简略"取向，不能事无巨细地设计一切，主要应着眼于"提供一个使公民在其中管理自身事务的框架"，以使社会问题通过社会内的互动来解决。有底线、有节制的规划才是具有真正的战略智慧，才合乎战略规划本身的文化本性，也才具有投放社会实践后的指导性和可操作性。

（《深圳特区报》2016 年 6 月 14 日 C03 版　理论周刊/观澜）

4.4 社会治理模式转型：从"管控型"到"善治型""参与型"

> 社会治理的本质，是多维的参与型治理结构的建立而非刚性的行政管理的强化。从"行政化管理"向"社会化治理"转型，从"传统型管理"向"现代型治理"转型，从"单一性它治"向"多维性自治"转型，是从管理向治理变革的主要内容，也是提升社会治理能力的核心要旨。

社会治理现代化是一个国家社会体制规制和营运能力的集中体现。我国30多年改革开放后，经济建设取得了快速发展，成为超越日本仅次于美国的世界第二大经济体，但社会治理相仍有很长的路要走。行政化程度高，社会发育不健全，实际上已成为遏制中国现代化的一个屏障。

一、社会治理现代化是国家治理现代化的重要构成

党的十八大以来，以习近平同志为核心的党中央从党和国家发展全局的高度，围绕创新社会治理，提出了一系列新观点、新论断、新要求。这些新思想，既与"完善和发展中国特色社会主义制度，推进国家治理体系和治理能力现代化"的改革总目标相呼应，又与我国经济转轨、社会转型的新形势和人民群众的新期待相适应，是我们党社会建设理论和实践的新发展。

十八届三中全会《中共中央关于全面深化改革若干重大问题的决定》提出了"创新社会治理体制"的重大命题，要求"创新社会治理，必须着眼于维护最广大人民根本利益，最大限度增加和谐因素，增强社会发展活力，提高社会治理水平"。所谓社会体制，是社会领域一系列制度安排的样式，即在特定的国家或地区内，社会的存在、运行和发展得以进行的机制和制度方式，这是国家治理体系现代化的重要构成。推进中国社会治理现代化，须从理念、方式、手段、渠道多方面寻求解决办法。

在我国，社会治理体制创新理念的形成是个历史性突破。社会治理和创新问题在20世纪90年代开始进入公众视野。2006年十六届六中全会通过《中共中央关于构建社会主义和谐社会建设若干重大问题的决定》，使"社会建设"成为中国现代化核心概念之一。总体看，我国社会建设的主线是小康社会、法治社会、和谐社会的演进路径。小康社会的价值核心在于夯实经济基础、提高国民收入，实现国民"体面的"生活目标；法治社会的价值核心，在于通过法律规制的科学安排促使社会良性运行；和谐社会的价值核心，在于以人为本，促进社会协调和可持续发展。"经济—政治—文化—生态—社会"五大治理格局的形成，特别是从"管制"到"管理"，再从"管理"到"治理"理念的形成，反映出社会建设的历史性进步。但是如何按照国家治理能力现代化的要求，切实推进社会治理的现代化，是"十三五"必须解决好的一项全局性问题。

二、正确处理政府和社会关系，强调"适合由社会组织提供的公共服务和解决的事项，交由社会组织承担"

相较于其他方面，我国社会治理整体上还有待加强，存在的转型的任务尤为突出。从我国现代化的战略布局看，"十三五"期间社会治理转型的重点是要从"管控型"的社会治理模式向"善治型""参与型"的社会治理模式转型。这是我国实现社会治理能力现代化建设的一条主线。

多年来，我国各地通过"管控型"模式建立起比较规整、统一的社会秩序，地方政府具有强健的社会组织能力和民众动员能力，对于推动社会建设起到了积极作用。但这种运用模式的弊病日益突出。政府成为一切社会事务的直接主体，行政行为成为解决一切社会问题必需的环节。没有行政力量的介入，任何社会事务都不可能得到有效解决。十八大提出"正确处理政府和社会关系"，强调"适合由社会组织提供的公共服务和解决的事项，交由社会组织承担"，就是要实现对这种社会管控方式的变革。这当中，要切实解决好体制与结构性问题。

一是"全能型"的行政管控。习惯于用行政手段管控社会，社会本身缺乏相对独立的发展空间。各级政府通过人事权的统一调配和社会事务的统一部署组织，构建起高度行政化的社会运行结构，抑制了社会发育的活力。这种行政管控模式具有一定效率，但从长远看，它不仅以高昂的行政成本为代价，更抑制了社会成长的节律和空间，营建起一种行政逻辑普遍化的刚性社会结构。

二是"单位制"的社会结构。总体上我国社会结构仍是分割式的"单位制"，社会成员限制于相对封闭的"单位"中，缺乏对社会事务的直接体验和参与。"单位身份"降低了社会流动的效率和社会参与，民众缺乏自我认同、自我管理、自我发展的动力机制，导致社会缺乏变革、创新不足，与现代公共生活的本质要求构成落差。

三是"街居式"的基层营运。我国各大城市通过行政化的"街道—社区"结构，驱动基层社会的运行。"街居式"体制作为"单位制"的联动补充和城市基层社会管理的普遍化营运方式，使人的"居民角色"得到固化而使"公民角色"相对孱弱。行政化的"街居参与"替代了公民主动参与，与现代化社会治理要求产生了结构性的错位。

三、推进社会治理模式现代化的路径与方法

经过改革开放以来30多年的基础性建设，我国社会治理已进入一个历史性变革阶段。要立足"十三五"发展全局对我国社会治理的现状作出客观诊断，并注重对社会治理作出通盘考虑，从更为本原的结构层次上推进创新，求证大面积解决社会治理能力短板问题之道，形成一套反映世界先进理念的社会治理体系和架构。"十三五"期间，我国推进社会治理现代化应遵循"循序渐进"的思想方法，注重从多维的路径上加快推进社会治理的转型和创新。

第一，从短板，到长线。社会治理应先聚焦整治各种突出的"短板"问题，在此基础上再推进到长线，着重从理念、组织、结构诸方面提升社会治理的内质。社会治理能力现代化要解决的是深层次的问题，如科学精神、人文理念、法治规制、营运方式、社会结构、组织体系等内容。

第二，从表层，到功能。社会治理要注重突破表层进入到功能结构的界面，如注重从构建性表层（专业性行业组织、功能性社会组织发展等）的创新，推进到社会发育的功能性建设。社会整体是以"平衡的状态"存在着的，任何部分的变化都会趋于实现新的平衡。社会系统中各个部分治理需"由表及里"，实现整体的功能优化提升。

第三，从器物，到规制。无论社会建设还是社会治理，都应从"器物型"的建设推进到"规制型"的建设，正如习近平总书记指出的："加强和创新社会治理，关键在体制创新"。国家治理体系的特性在于：一是它是由不同子系统构成的整体治理系统；二是它具有"型构性"特点；三是它主要表现为国家治政模式、治政结构与治政程序，而规制和体制是其核心。在进一步完善基础设施建设的同时，要注重在制度和法律层面上形成突破，营建社会治理的新型框架，为实现中国现代化的协调共进，创造条件。

第四，从社区，到社会。从改革开放初期开展社区建设至今，我国社区建设曾出现过很多等创新模式，为今天推进社会治理打下了良好基础。但社会治理与社区建设有着本质区别，社区建设不能代替也代替不了社会治理。我国社会建设面临的任务，是要从区域性的社区建设推进到以"自治""共同体"为核心价值的社会整体治理。

第五，从管理，到治理。2014年两会期间，习近平总书记在参加上海代表团审议时指出："治理和管理一字之差，体现的是系统治理、依法治理、源头治

理、综合施策。社会治理是一门科学。"作为一种文明主潮的现代社会治理，是一种公共治理、多元治理和民主治理。社会治理的本质，是多维的参与型治理结构的建立而非刚性的行政管理的强化。从"行政化管理"向"社会化治理"转型，从"传统型管理"向"现代型治理"转型，从"单一性它治"向"多维性自治"转型，是从管理向治理变革的主要内容，也是提升社会治理能力的核心要旨。

我国"十三五"确立的一个重要目标，是到 2020 年"形成系统完备、科学规范、运行有效的制度体系，使各方面制度更加成熟更加定型"。这当中，包括了形成系统完备、科学规范、运行有效的社会治理制度体系。美英等国的"政社分离社会治理"模式，日本、新加坡等国的"政府引导型社会治理"模式，我国香港地区"半行政半自治型社会治理"模式，以及"全球城市"（Global city）诸多成功的社会治理方式，都应当进入我们视野，成为我们的借鉴。只有加快推进社会治理的探索和转型，并形成社会治理探索创新"百舸争流"的局面，这一战略目标才能得以实现。

（《深圳特区报》2016 年 5 月 31 日 C01 版　理论周刊）

4.5　制度创新是"十三五"发展关键所在

　　如何实现权力与权力制约科学配置、如何建立起结构性的健全透明的权力制约体系，是我国现代化进程中的基本问题，也是"十三五"期间我国政治发展和经济社会发展要解决好的问题。建立起真正有效的权力监督体系，才能实现"各方面制度更加成熟更加定型，国家治理体系和治理能力现代化取得重大进展"这一目标。

　　能否加快完善现代市场体系，提高资源配置的效率和公平性，强化公平开放透明的市场规则，决定着"十三五"社会经济发展优劣，决定着能否全面建成小康社会。

　　"十三五"是全面建成小康社会决胜阶段。2020年全面建成小康社会，是"两个一百年"奋斗目标的第一个百年奋斗目标，改革和发展将进入更为艰难的"攻坚期和深水区"。十八届五中全会对"十三五"规划从多方面提出制度和体制建设的问题。能否有效地在制度创新和体制安排上有新的作为和突破，决定了"十三五"目标特别是小康社会能否实现。

　　与改革开放初期"摸着石头过河"不同，今天我们更需要也更有条件对改革和社会发展作全局性思考，对制度创新和体制改革作出科学的顶层设计，为实现"十三五"各项目标提供新的制度和体制动力。

一、构建科学完善的权力制约体系，切实推进"制度更加成熟定型"的步伐

　　十八届五中全会在"十三五"全面建成小康社会新的目标要求中，提出要大力推进"各方面制度更加成熟更加定型，国家治理体系和治理能力现代化取得重大进展"，可谓抓住了"十三五"改革发展的灵魂。制度和体制反映了一个国家政治文明所能达到的高度。制度和体制的进步反映了一个社会真正的进步。到2020年能否形成"更加成熟更加定型"制度和体制，决定着21世纪中叶中国实现现代化的成败。

　　鉴于"文革"沉痛教训，十一届三中全会以来，我们一再致力于制度和体制建设，通过一系列改革初步建立起政治、文化、社会各方面制度和体制。但制度和体制的问题仍待完善。十八大制定"坚持走中国特色社会主义政治发展道路和推进政治体制改革前进方向"共七条，第六条是"健全权力运行制约和监督体系"，提出"确保决策权、执行权、监督权既相互制约又相互协调，确保国家机关按照法定权限和程序行使权力"。建立完善的权力制约体系，真正实现"把权力关进制度的笼子里"，确保权力在阳光下运行，是当下中国政治发展面临的重要任务。

人类文明进程很大程度上表现在对公权力的制约进阶上。所谓政治文明，本质上是国家"权力文明"。权力制约和权力管理是现代国家运行的核心问题。"十三五"我国将进入发展新阶段，改革进入攻坚期和深水区，只有完善的制度和体制才能构建新的动力机制。人类政治的一个规律是："如果权力排除了其他目的，成为政治上的目标，它就会变得离经叛道、野蛮残暴，甚至自我毁灭"，这是人类基本经验。因此马克思主义创始人在他们许多著作中非常强调对公权力的制约。权力制约程度反映了一个国家政治建构的程度和治理体系与治理能力现代化的实际状况。在今天急剧社会变革和社会发展中，我们一方面需要强化权力结构、强化权威，另一方面更需要强化对公权力的规范和制约。

人类经验业已证明，受制约的权力即在规制框架中的权力运行，才最有效率也最具权威。缺乏制约或弱化制约的权力运行风险很大。邓小平在20世纪80年代指出："党和国家现行的一些具体制度中，还存在不少的弊端，妨碍甚至严重妨碍社会主义优越性的发挥。如不认真改革，就很难适应现代化建设的迫切需要，我们就要严重地脱离广大群众。"如何实现权力与权力制约科学配置、如何建立起结构性的健全透明的权力制约体系，是我国现代化进程中的基本问题，也是"十三五"期间我国政治发展和经济社会发展要解决好的问题。建立起真正有效的权力监督体系，才能实现"各方面制度更加成熟更加定型，国家治理体系和治理能力现代化取得重大进展"这一目标。

二、构建反腐败法治治理体系，实现"干部清正、政府清廉、政治清明"新常态

十八届五中全会提出"健全改进作风长效机制，着力构建不敢腐、不能腐、不想腐的体制机制"，"努力实现干部清正、政府清廉、政治清明，为经济社会发展提供坚强政治保证"。十八大后反腐败已成为推进政治清明的一个基本举措。反腐败到现在，如何推进到制度化、法治化的腐败治理，成为"十三五"经济和社会发展必须解决好的问题。

改革开放以来我国的反腐败呈现为三个阶段：1978年十一届三中全会到

1992 年十四大为第一阶段。这 14 年，现代化第一步战略目标实现，国民生产总值和城乡居民收入翻了一番还多，成为人民得到实惠最多的时期。伴随着加快经济发展，腐败滋生，反腐败提上议事日程。从 1992 年到 2012 年十八大召开为第二阶段。十五大把"反对腐败，从严治党"提上议事日程；十六大、十七大都把反腐败列为重要任务。十八大后反腐败进入第三阶段。反腐败之弦绷得更紧。目前，一方面要继续保持惩治腐败的高压态势；另一方面要拿出一套治理和预防腐败的制度来，实现反腐败制度化和法治化。正如习近平总书记指出的："要善于用法治思维和法治方式反对腐败，加强反腐败国家立法，加强反腐倡廉党内法规制度建设，让法律制度刚性运行。"

世界各国经验表明，反腐败根本出路在于制度化、法治化。只有通过制度设计与体制安排，构建"不敢腐、不能腐、不想腐"行政结构，才能有效遏制腐败，反腐败才能从"运动式""风暴式"走向常态化、规制化，才能纳入国家治理体系现代化的有序轨道。这是遏制腐败、建设"廉洁政治"的根本出路。

推进反腐败制度化法治化，一是要推进反腐败国家立法进程，实现用制度和法治的办法管人管事管权，减少公职领域腐败滋生的几率，有效遏制腐败的高发态势。二是要开展反腐败的制度和体制的创新设计，按照十八届五中全会《公报》所要求的，"必须把发展基点放在创新上，形成促进创新的体制架构"，创造真正有效、管用的制度和体制安排，如建构惩治贪污贿赂犯罪法律制度，把贿赂犯罪对象由财物扩展为财物和其他财产性利益。三是要改革完善纪检监察体制，由现在双重管理的纪检监察体制推进到"直管"的垂直体制。按照十八届五中全会精神从制度和体制上推进反腐败，才能提升反腐败的层级和绩效，把反腐败推进到法治治理的新境界。

三、构建"创新型"社会体制架构，消除阻碍市场经济发展的现实障碍

十八届五中全会提出"构建发展新体制，加快形成有利于创新发展的市场环境、产权制度、投融资体系、分配制度……完善各类国有资产管理体制，建立健全现代财政制度、税收制度"，还提出"全面实行准入前国民待遇加负面清单管理制度""探索对贫困人口实行资产收益扶持制度""建立更加公平更可持续的社会保障制度"。十八届五中全会《公报》特别强调"坚持共享发展，必须坚持发展为了人民、发展依靠人民、发展成果由人民共享，作出更有效的制度安排"，抓住了"十三五"社会经济发展的关键。正如经济学家弗雷德里克·巴斯夏指出的："在经济领域，一个行动、一种习惯、一项制度或一部法律，可能会产生不止一种效果，而是会带来系列后果。"

十四大作出了建立社会主义市场经济体制的重大战略决策，从 1992 年到现在，社会主义市场经济体制改革初见成效，实现了从高度集中的计划经济体制到充满活力的社会主义市场经济体制的历史转折。《中共中央关于全面深化改革若干重大问题的决定》提出要加快完善现代市场体系，使市场在资源配置中起"决定性作用"。

行政力量介入经济活动的偏好与一个基本认识有关，即认为强化国家干预，不仅可以实现经济高效率，合乎经济本身的需求，还可以有效增进国民福利。但事实上只有以市场为主体来配置资源，才能促进各种社会资源自由流动，这种资源配置最合理、最公平，也最有效率；也才是提升国民福利的渊源所在。国家包揽经济是低效率的。能否加快完善现代市场体系，提高资源配置的效率和公平性，强化公平开放透明的市场规则，决定着"十三五"社会经济发展优劣，决定着能否全面建成小康社会。2020 年实现全面建成小康社会目标，实现居民收入比 2010 年翻一番，是以完善的市场经济体制为基础为前提的。

要通过创新驱动，切实消除阻碍社会主义市场经济体制发展的各种现实障碍，坚决遏制各种"逆市场化"倾向，才能形成新的经济增长内在驱动力，真正建成完善的社会主义市场经济体制。

（《深圳特区报》2015 年 12 月 1 日 C01 版　理论周刊）

4.6 智库是科学决策的"智慧之资"

> 知识只是决策的基础和条件，智慧才是智库的灵魂。一加一等于二是"知"，一加一大于二是"智"。对决策特别是大决策有用，不仅仅是知识，更是智慧层面的东西。

建设中国特色新型智库，已成为推进国家治理体系和治理能力现代化的重要组成部分，亦已成为当下中国高校院所和民间咨询机构的一大热点。但是推进新型智库建设，有几个重要问题非常值得思考。

人类智库存在的命题，依赖于两个基本条件：一是从"需求方"看，决策有风险，特别是决策者有着承担决策失误的严重后果的压力。人类历史上所谓"智囊""智库""外脑""思想库"就是这样产生的。中国古代曾子说"用师者王，用友者霸，用徒者亡"。韩愈在《师说》中说："古之圣人，其出人也远矣，犹且从师而问焉。"中国历朝历代各政治集团"用师""从师"是相当积极的，甚至形成了一种传统。今天国家治理体系与治理能力现代化的提出，法治中国建设的深化，"四个全面"的推进，使得领导领域和公共决策面临更多的压力和挑战，"从师""用师"是一种客观的也是必然的要求。

二是从"供应方"看，真正意义上的智库，有着独立判断的眼量和能力，能超脱于"利益"之上。这是能客观研判问题、诊断问题，形成翔实可行决策资用的先决条件。世界上享有盛誉的著名智库，无不都是首先能客观作出"事实判断"的机构。

目前我国智库主要有"体制内"与"体制外"两类。"体制内"智库具有信息便利、资金充裕等条件，但其"天然"缺陷是行政化依赖强、利益牵涉紧密、判断不够客观等。这一点是不应当被回避的。"体制外"智库除了存在资金筹措困难、竞争机制相对孱弱等外，最主要是存在信息不对称、对党政部门实际运行不能切实把握等诸多"盲点"。给出的资政建言大都建立在"应该怎样"的知识推导上，做的是"演绎法"。故时常隔靴搔痒，派不上用场。对于体制内智库建设，除了应建立严格的质量规范外，还应有一个数量和规模上的控制。

对于体制外智库建设，主要要解决好作为科学判断研析基础的信息对称和相应的资金支持等问题。这是现阶段建设新型智库要解决好的问题。

而更为深层次的问题是，智库之"智"，究竟指什么？这是一个不应被忽略的重要问题。智库，不是"知库"。智库是科学决策的"智慧之资"，不只是"知识之资"。苏格拉底说"脱离知识的意见全都是丑的"，但知识只是决策的基础和条件，智慧才是智库的灵魂。一加一等于二是"知"，一加一大于二是"智"。对决策特别是大决策有用，不仅仅是知识，更是智慧层面的东西。

但智慧有"小聪明"和"大智慧"之分。所谓大智慧，是体现"天道"和"人道"相统一的东西。"不为浮云遮望眼"，能站在较高层级上，立足自然、社会、人的三元关系，对现实有一种深切的洞悉和把握。所以真正的大智慧，深远却平和，战略却实用，既有"立地之实"，又能"得天之道"。小聪明则是那种小打小敲，看似光亮，实则平平的东西。"小慧无识，是为不才"，在公共决策领域中有时虽能逞一时之能，但从长远看，它很可能是低效率甚至是误大事的。

毫无疑问，所谓智库，玩的是大智慧，不是小聪明。今天我们搞智库建设，尤应多求证大智慧、运用大智慧，多循"天道"，这样方能激荡理性，运筹帷幄之中，决胜千里之外，使科学决策立于不败之地。

关于"新型智库"的"新"，至少应在三个方面体现出来。

首先要着眼于"体制新"。客观说，现在中国大部分智库都存在"体制悖论"，专业化程度不够。一些体制外的智库信息不对称，提供的意见建言隔靴搔痒，"理想主义"倾向突出，资政性不强、采纳率低。体制内智库"专业化"程度低，行政性模式突出。对于一个组织体系来说，体制、结构常常决定了其功能和效能，应积极探索构建"异质同构"、多元合作机制的智库，打破目前"分野"的体制结构，走灵活多样的创新路子，进行智库体制上的探索创新。

其次要立足于"视野新"。要建立起超越单纯"技术理性"和"人文情怀"分离的惯性思维，实现融合、多维、客观，精准的智库新型工作模式，确保能相对客观地观察问题、诊断问题，给出切实可行的资政建言。没有视野新，不可能实现思维新，更谈不上有真正意义上的资政创新。

最后要聚焦于"功能新"。智库的天然使命是研发和提供功能性资政产品，是为公共决策研发和提供"智慧"层面的智力支持。因此智库不能仅做"锦上添花"的工作，只有实现知识基础上以"智慧供给"为主要任务的"功能新"，才能真正有助于国家治理体系与治理能力的现代化，为推进"四个全面"、实现公共决策的效能化和公共利益的最大化发挥作用。

新型智库作为新型的智力资本，在实现中华民族伟大复兴的历史进程中扮演着不可替代的重要角色。

（《深圳特区报》2015 年 9 月 15 日）

4.7 瞄准国际标准 建设创新型城市

> 深圳应瞄准创新型城市的国际标准，率先形成符合创新驱动发展要求的体制机制，在全面落实《深圳国家自主创新示范区发展规划纲要（2015—2020年)》基础上，建成更高水平的国家自主创新示范区，并在"深圳速度"的基础上，形成自己创新型建设发展的"深圳质量""深圳标准""深圳创造"。

深圳市第六次党代会提出"努力建成现代化国际化创新型城市"的重大决策，使深圳的未来发展又步入一个新境界。

一、国家战略下的深圳创新型城市建设

创新型国家建设是我国的国家战略。我国在2006年全国科技大会上向全世界宣布，2020年建成创新型国家，经济增长的科技进步贡献率从39%提升至60%以上，研发投入占GDP比重从1.35%提高到2.5%。随后《国家中长期科学和技术发展规划纲要（2006—2020年)》对此作出布局。2012年中央、国务院印发《关于深化科技体制改革加快国家创新体系建设的意见》，使创新型国家建设进入一个新阶段。2013年十八届三中全会《中共中央关于全面深化改革若干重大问题的决定》进一步作出"加快建设创新型国家"的重大决策。

创新是一个城市的核心竞争力，是城市发展的灵魂。深圳应当为全国的创新驱动、转型发展作出表率。目前北上广深创新指数在全国占据前列。深圳把自主创新作为城市发展主导战略，确立了市场化、法治化、国际化和前海开发开放的改革主攻方向，并获批成为国家自主创新示范区。

深圳科技创新能力位居全国前列。2014年全社会研发投入占GDP比重达4.02%。超材料、基因测序、新能源汽车等领域核心技术水平跻身世界前沿。战略性新兴产业产值年均增长20%以上，国家级高新技术企业超过4700家，是五年前的3.5倍。深圳第三产业增加值占GDP比重达57.3%，五年提高4.1个百分点，高新技术、金融、物流、文化等产业增加值占GDP比重达64.0%。这些都为创新型城市建设打下了坚实基础。

　　按照 2020 年初步建成"创新型国家"这一时间表，还有五年时间。作为实施国家战略的组成部分，深圳加快创新型城市建设是一个历史与现实的必然选择。深圳是改革开放的产儿，"创新"是深圳的文化之母，"先行先试""敢为天下先"是深圳最深刻、最显性的文化记忆，深圳最有条件率先建成创新型城市。

　　"创新"是深圳最为本质的城市精神，"创新之都"则是深圳最切实的城市定位。在未来国家科技创新中，深圳应担当起"第一梯队"的角色。

　　二、城市创新指数：建立一种新的生产函数

　　20 世纪初，美籍奥地利经济学家熊彼特首次将"创新"定义为经济增长的内生变量，认为所谓"创新"就是把生产要素和生产条件的新组合引入生产体系，即"建立一种新的生产函数"，目的是为了获得更大的利润。

　　现代管理之父彼得·德鲁克认为，创新是赋予资源以新的创造财富能力的行为。而美国经济学家迈克尔·波特则把创新纳入国家发展的驱动要素，最早使用了"创新驱动"这一概念。波特的国家竞争发展理论以人均 GDP 为依据，对国家和地区的发展阶段作出划分：一是要素驱动阶段，二是投资驱动阶段，三是创新驱动阶段，四是财富驱动阶段。创新驱动是一个重要阶段。

　　世界上公认的包括美国、日本、芬兰、韩国等在内的 20 多个创新型国家，都是以技术创新为核心驱动力的国家，创新综合指数明显高居其他国家，如科技进步贡献率在 70% 以上，研发投入占 GDP 比例都在 2% 以上，对外技术依存度指标一般在 30% 以下。此外，这些国家获得的专利数占世界的绝大多数。英国一位专家在谈到创新驱动时说："我们人口占世界人口 1%，但研发经费占全球 5%，创造全球科学著作 5%，被引用数量占 9%；科学家获得 70 多次诺贝尔奖……世界上每 10 种抗生素中，就有 5 种出自英国的医药制造企业。"伦敦聚集了英国 1/4 教育科研机构，年教育经费超 7 亿英镑，吸引着英国 40% 的风险投资，60% 的人从事与教育和科技相关的行业。

　　关于创新型城市指标体系，影响较大的有欧盟的《全球创新排行》、世界经济论坛的《全球竞争力报告》、瑞士洛桑国家管理学院的《世界竞争力报告》。国内影响较大的有国家统计局提出的创新国家指标体系、《中国区域创新能力报告》以及全国科技进步统计监测指标体系等。

　　美国理查德·佛罗里达教授曾提出创新型城市的"三 T"指标，即技术、人才、包容度。香港大学进一步提出了资本创意指数，即结构性资本、人力资本、文化资本、社会资本，分析视角不同，但都强调创新型城市建设是个系统工程。任何一个环节脱落，都可能导致城市创新的衰败。

　　深圳应瞄准创新型城市的国际标准，率先形成符合创新驱动发展要求的体制机制，在全面落实《深圳国家自主创新示范区发展规划纲要（2015—2020年)》基础上，建成更高水平的国家自主创新示范区，并在"深圳速度"的基础上，形成自己创新型建设发展的"深圳质量""深圳标准""深圳创造"。

三、创新根植于自然、社会、人三元关系的历史性演绎

创新是刷新人类文明的伟大力量，而科技创新则是促进人类社会变迁、改进人类生活方式的原动力。回眸人类走过的漫漫历程，创新是人类最为珍贵的精神价值之一，是人类文明生长与变迁源源不绝的活力之源。

在人类公元前8世纪到公元前2世纪，即德国哲学家雅斯贝尔斯称之为"轴心时代"的那个时候，人类已整体性地在哲学、文学、宗教、科学等方面，综合性地展示了巨大的创新能力，并由此构成了诸民族文化特质的基型，奠定了人类文明的精神基础，成为后来文明前行的引领。以后，各文明形态一路走来，由创新的不断激荡而一次次获得新的生命亮泽。

创新，生发于对自然、社会、人三元关系的历史性演绎和对生存内在驱动的自觉回应。今天，现代社会的重要架构——市场经济、民主政治、正义伦理这些"现代文明"要件，也无一不是在创新之树上结出的丰硕果实。

文明的形成与发展，是一个依靠创新拾级而上的过程。科学革命引发人类生活观念深刻变化和科学上的重大突破，技术革命引发人类生产方式深刻变化的技术变革，产业革命是科技成果在生产上的应用，使国民经济的产业结构发生重大变化。本质地说，创新是人类"族类"特质的外化。

中国的现代化旋律，在19世纪末已奏响。著名现代化学者布莱克在他《现代化的动力》一书中提出现代化进程的四个阶段：①现代化的挑战，在传统知识框架中社会开始面对现代观念和体制；②现代化领导的强固，推动社会进步的力量转入现代化领袖手中；③经济和社会的转变，从乡村农耕生活方式占主导转变为都市工业生活方式占主导；④社会的整合，经济和社会转变引起社会结构的根本性改组。按布莱克的界定，中国从19世纪末到1905年为第一阶段，1905—1949年属于第二阶段，1949年后才开始第三个阶段；而美国在1933年已完成第三阶段，进入第四阶段；英、法、德、加拿大、澳大利亚、新西兰、比利时、卢森堡、荷兰、瑞士、丹麦、挪威、瑞典在20世纪30—40年代进入第四阶段。

中国要进入第四阶段，实现科学革命、技术革命和产业革命的联动推进，必须靠科技创新。一个没有创新能力的民族是衰败的，而一个创新强度不足的国家是没有前途的。中国要在本世纪中叶实现现代化，时间已非常紧迫。如果没有科技创新和人才战略的整体性导入，这种目标的实现会很困难。深圳应着眼于现代化总体战略布局和未来30年发展，来思考和布局包括科技创新在内的

城市综合创新和人才战略问题。

四、"敢闯"是实现城市转型发展最珍贵的精神价值

1992 年邓小平在南方谈话中指出："深圳的重要经验就是敢闯"，"没有一点闯的精神，没有一点'冒'的精神，没有一股气呀、劲呀，就走不出一条好路，走不出一条新路，就干不出新的事业"。这是对深圳城市精神、也是对创新命题的深刻诠释。

"敢闯"是创新型城市建设应秉承的品质。没有"敢闯"就没有创新，没有创新就没有转型。创新必须有切切实实的举措导入，特别要营造"敢闯""敢为天下先"的制度环境。如果缺乏有效的制度供给，"大胆地试""大胆地闯"就不可能，创新就是一句空话。对于创新的社会保护，不仅是精神性的，更应是制度性的，成为一种社会结构。深圳市人大常委会通过的《深圳经济特区改革创新促进条例》是全国首部改革创新法规，要使这部法律成为创新型城市建设的有力支撑。

突破制度和体制瓶颈，率先突破制度创新的难点。制度和体制是一个社会结构的灵魂。没有真正意义上的制度创新，就没有创新绩效。创新型城市建设必须解决好科技管理的创新机制、企业创新的激励机制、产学研的协同机制、科技金融结合机制和人才发展机制这些基本问题。在创新服务的支撑体系上，应注重优化科技基础设施体系、知识产权服务体系、科技中介服务体系等软环境，强化科技成果产业化，发展新技术、新模式、新业态、新产业"四新"经济。

从创新型国家建设的总体布局中进行创新布局。在创新型城市建设的布局中，要着眼于成为代表国家参与全球竞争合作的先行区、若干领域在亚太乃至全球具有重要影响力的国际化城市这一基点，对创新驱动、转型发展作出整体安排。使城市真正成为新兴产业发展的基地、科技开放的前沿、科技惠民的典范、创新创业的沃土。特别要按照建立技术创新市场导向机制的要求，推进深圳国家知识产权示范城市建设，完善知识产权保护政策法规体系。扩大"深港创新圈"的发散功能，促进香港金融、信息、科研等优势与深圳创新创业环境有机融合。

使"领新标异"内化为城市的公共品格。深圳要做"领新标异二月花"，使"创新"成为最强健的都市主旋律，成为城市话语的核心概念。由此，深圳不妨可以有自己的"创新博物馆"，甚至可以有"创新大道""创新广场""创新文学"等城市符号。创新精神应如"轻风漾水光"，如和煦春风，拂面而来，沐浴现代化国际化创新型城市建设的全过程。

（《深圳特区报》2015 年 7 月 14 日）

4.8 生态文明建设：实现经济社会环境共赢

　　党的十八大提出"大力推进生态文明建设"的战略决策，把生态文明建设提到与经济建设、政治建设、文化建设、社会建设并列的位置，形成了中国特色社会主义"五位一体"总体战略，并从10个方面绘出生态文明建设的蓝图。最近中共中央、国务院又印发《关于加快推进生态文明建设的意见》，对推进生态文明建设作出具体布局，这标志着中国现代化建设步入了生态文明的新时代。

　　生态文明有两个维度：一是客观维度，表现为人的客观世界与自然的关系；二是主观维度，表现为人的精神世界对工业文明的反思和超越。

　　生态文明"建设"的要旨，在于构造一个以环境资源承载力为基础、以自然规律为准则、以可持续社会经济文化政策为手段的环境友好型社会。实现经济、社会、环境的共赢。人的社会活动和生活方式应以节俭、克制、适度、可持续为原则，遏制以无限撷取大自然的生活态度和社会哲学。

一、为什么生态是一种文明

　　自然生态的变迁决定着人类文明的兴衰。在原始文明的石器时代，采集渔猎，大体是"顺应"大自然的。人的活动，原始部落的生存发展本身是大自然演进的一部分。农耕业文明发展起来后，人的活动大量介入自然领域，虽然铁器等的出现提升了生产能力，但在漫漫岁月中，人与大自然是基本和谐的。

　　18世纪英国工业革命开启了人类新纪元，也逐渐颠倒了人与自然的关系。在工业文明的一路高歌猛进中，出现了全球性生态恶化，大自然仅仅成为人类征服和撷取资源的对象。工业文明秉承的哲学是"人是万物的灵长、大自然的精华"，人是衡量一切的标准，人的价值是一切价值的基准，自然界只是人的对象。这是工业文明统治自然的社会哲学。工业文明后期，正是在对"改造自然、索取自然、撷取自然"的深刻反省上，出现了以认知自然、尊重自然、克制人类无限制破坏大自然为主要内容的生态文明观。

生态是生物之间以及生物与环境之间存在关系呈现的面貌。生态文明有两个维度：一是客观维度，表现为人的客观世界与自然的关系；二是主观维度，表现为人的精神世界对工业文明的反思和超越。

生态文明绝非只是物质文明、精神文明、政治文明等的简单延伸，它既与这些文明形态相交集，又与这些文明形态有巨大的不同表现方式——它是以自然界为坐标、以人与自然关系为原点展开的文明形态。这是生态文明与其他文明形态最大的不同。

生态文明观则是以人对自然重新认知、重新确定人与自然的关系、厘定自身位置与自然的关系、坚持可持续发展为核心的价值体系。它是生态哲学、生态伦理学、生态经济学、生态现代化理论等生态理论的升华和发展。生态文明观表现为人全部生存与自然的关系、人认知自然所能达到的高度。

二、生态理性和生态自觉是人类文明的巨大进步

生态文明与"生态野蛮"相对立。人类认知生态，本身就是一种文明的进步。"与天地相似，故不违"，"知周乎万物，而道济天下，故不过"。

人类的文明发展史说到底是一部人与自然的关系史。人类生存发展的一个基本事实是，受制于生态文明系统的巨大制约——没有良好的生态环境、生态空间和生态条件，不可能真正实现高度的物质文明、精神文明和政治文明。没有生态系统的健康形态，人类必然会陷入不可逆转的生存危机。生态文明是人类文明生存的基本前提。

如果说其他文明形态大体与人类历史相一致的话，那么生态文明特别是生态文明观是"后发"的，它是人类其他文明发展到一定形态后的产物，它也是标划其他文明高度最有力的尺度。

生态文明观认为，所有生命都依附于自然，人与自然和其他生命同享一个地球。大自然才是真正的生命和社会的主体，人是大自然的一部分。在尊重自然、敬畏自然、以文明生活态度对待自然，拒绝对大自然进行野蛮与粗暴的掠夺，优化人与自然的关系基础上，实现经济社会的可持续发展。

所以生态文明"建设"的要旨，在于构造一个以环境资源承载力为基础、以自然规律为准则、以可持续社会经济文化政策为手段的环境友好型社会。实现经济、社会、环境的共赢。人的社会活动和生活方式应以节俭、克制、适度、可持续为原则，遏制以无限撷取大自然的生活态度和社会哲学。

在未来世界范围更为激烈的竞争中，比的是什么？不是比谁最能控制和撷取自然，不是比生产力的单纯增长，不是人的活动扩展幅度，也不是军力、战争力、征服力，比的是谁与自然系统最和谐，谁的生存方式和社会行为最文明、最绿色、最环保和最可持续发展。正是在这个意义上，生态文明建设是关乎人类福祉、关乎中华民族未来兴盛与否的国家基本建设。

三、生态文明建设的核心，是重构人与自然的关系

在人类诸多生存发展问题中，在全球化引发的诸多问题中，生态问题极为突出，在包括中国在内的发展中国家更为突出。

随着我国社会经济快速发展，资源约束趋紧、环境污染严重、生态系统退化相当严峻，发展不平衡、不协调、不可持续日益突出。毫不夸张地说，今天生态问题已影响到人们日常的生活和精神健康。人们期待天蓝、地绿、水净，期待通过回归青山绿水提升生活质量。只有树立尊重自然、顺应自然、保护自然的生态文明理念，注重绿色发展、循环发展、低碳发展，才是真正的发展。由此，要把生态文明建设融合贯穿到经济、政治、文化、社会建设的各方面，保护和修复自然生态系统，特别要建立科学合理的生态补偿机制，形成节约资源和保护环境的空间格局、产业结构、生产方式及生活方式，从源头上扭转生态环境恶化的趋势。

任何国家和民族，其发展必以良好的自然生态为条件。今天，所谓"文明转型"，本质上是从工业文明的社会哲学转向生态文明的社会哲学；所谓"社会转型"，本质上从人为中心的社会形态，转向人与自然更为和谐共存的社会形态，即环境友好型社会、低碳环保社会。这是文明转型和社会转型的内核和灵魂。

四、生态文明建设应成为一种社会哲学、治理准则和集体行动

中华民族是工业文明的迟到者，却可以成为生态文明的践行者和推进者。党的十八大提出"大力推进生态文明建设"的战略决策，把生态文明建设提到与经济建设、政治建设、文化建设、社会建设并列的位置，形成了中国特色社会主义"五位一体"总体战略，并从10个方面绘出生态文明建设的蓝图。最近中共中央、国务院又印发《关于加快推进生态文明建设的意见》，对推进生态文明建设作出具体布局，这标志着中国现代化建设步入了生态文明的新时代。

第一，生态文明建设应内化为一种社会哲学，即处理人与自然、人与社会、人与物、人与人的世界观、方法论。中国儒家文化主张"天人合一"，主张以"仁"对待自然，强调人与自然的和谐相处；道家文化主张"道法自然"，强调须以尊重自然为最高准则，以顺应自然崇尚自然效法天地为生存智慧，达到"天地与我并生，而万物与我为一"的境界，如庄子把物我合一的境界称之"物化"，这是今天中国生态文明建设的历史文化基础。

中华文明的生态伦理精神与生态文明的基本要求相一致，闪烁着生态智慧的光芒。1988年75名诺贝尔奖得主汇集巴黎，作出了这样的共同结论："如果人类要在21世纪生存下去，必须回到两千五百年前去吸取孔子的智慧。"我们应从中国古代生态伦理和儒道各家的学说中汲取生存智慧，将生态文明理念作为新的社会发展哲学，取代不惜一切环境和资源的代价、不顾一切，惟以急功近利、竭泽而渔的"发展"为主线的社会哲学。

第二，生态文明建设应成为一种治理原则，即推进治理体系与治理能力现代化的生态原则。我国经济总量已跃升全球第2位，人均GDP超过5000美元，但生态问题日益突出。显而易见的一个基本事实是，严峻的生态问题已成为实现小康社会乃至实现中华民族伟大复兴的制约。

在新的生态治理原则下，一切社会行为都应合乎生态的律令。《逸周书》说"禹之禁，春三月，山林不登斧斤"，《周礼》说："草木零落，然后入山林。""殷之法，弃灰于公道者，断其手"，乱抛灰尘废物是要斩手的，古人对于环境是极为重视的。在新的生态治理原则下，所有的产业都应当成为"生态产业"。加快核电、风电、太阳能光伏发电等新材料、新装备的研发和推广，推进生物质发电、生物质能源、沼气、地热、浅层地温能、海洋能等应用，发展分布式能源，建设智能电网，完善运行管理体系。另外节能与新能源汽车、有机农业、生态农业等也应得到重视和发展。

"生态产业"不同于传统产业，它将生产、流通、消费、资源循环利用、环境保护及生态再生相结合，将生产、效益纳入整个生态系统整体考虑，实现资源的高效利用和有害废弃物对于环境的零排放，形成自然生态系统、人工生态系统和产业生态系统之间的良性共生。

在新的生态治理原则下，应建立相应的反映生态保护的政绩考核、责任追究制度。健全法律法规、完善考核标准体系、健全生态补偿机制等重大制度。要对领导干部实行自然资源资产和环境责任离任审计。要通过制度安排遏制当前急剧恶化的生态环境，确保生态文明建设不流于空泛。

第三，生态文明建设还应当成为全民参与的集体行动，即包括生产方式、生活态度、消费方式在内的全方位革新行动。在生产领域，要对水流、森林、山岭、草原、荒地、滩涂等自然生态空间进行统一确权登记，明确各类国土空间开发、利用、保护的边界，确保能源、水资源、矿产资源分级、梯级利用。必须设定资源消耗上限、环境质量底线、生态保护红线，将各类开发活动限制在资源环境承载能力之内。在生活领域，积极引导消费者购买节能与新能源汽车、高能效家电、节水型器具等节能环保低碳产品，减少一次性用品，限制过度包装。严格限制发展高耗能、高耗水服务业。全方位开展反食品浪费行动。全体公民、全社会应形成一种生态自觉和生态理性，生产上的节能减排，生活上的节约资源，消费行为上的简约风尚，都应成为公民的自觉行为。所以生活态度和消费行为都应体现生态理性和生态意识。

这其中，尤其要严格抑制各种"高大上"的宏大叙事，减少各种耗费民力巨大的"大场面""大排场""大手笔"，遏制各种不必要的社会浪费，实现生产力发展、社会生活与环境、资源、生态的良好互动，达到《中庸》所论述的"能尽人之性，则能尽物之性；能尽物之性，则可以赞天地之化育；可以赞天地之化育，则可以与天地参矣"。

（《深圳特区报》2015 年 5 月 19 日）

4.9 将关爱病人化为护士的内在素养

护理质量是整个治疗质量的重要组成部分。通过有力措施提升优质护理，是把患者置于中心，实现治疗现代化、人性化的重要保证。

国家卫生计生委、国家中医药管理局联合发出通知，要求进一步深化优质护理、改善护理服务，杜绝态度不热情、解释没耐心、服务不到位等现象；同时卫计委官网公布了"医院患者入、出院护理工作制度及服务流程"和"医院患者出院护理工作制度及服务流程"。这是提升医疗质量，特别是改善医患关系的重要举措。

医疗实践表明，优质的护理在整个医治过程中起着非常重要的作用，是病人加快康复的重要条件。一名患者进入医院治病，在一定医疗条件下，其治疗效果和康复状况取决于三个方面：一是医生的专业水准和职业品行。良好精湛的医术和尽心尽责的职业品行，是救病治人的重要保证；二是护士群体的护理质量。在一定意义上，护理质量的优劣，是实现整个医治效果的重要变量。医治病人不仅是医学的，也是心理的、社会学的——三分医治，七分护理，好的护理对于优化患者心理，营造健康向上的心态和良好医治环境极为重要。反过来说，差劲的护理对于病人的负面影响极大，直接弱化医治效果；三是患者自身接受治疗的心理状况和精神状态。积极向上的心理状况，对实现整体医治效果起着很大作用。

贯彻落实国家卫生计生委、国家中医药管理局关于进一步深化优质护理、改善护理服务的要求，笔者认为有以下几个重要关节点：首要，要真正把患者置于医疗工作的中心，把医治好每一个病人作为职业的崇高使命；其次，改善护理服务态度，杜绝态度不热情、解释没耐心、服务不到位等现象，不能仪式化，对于病人的笑容应是春风般的、温暖的、真正发自内心的，而不是"职业表情"；最后，关爱病人、优质护理要内化成医院的人文精神和每一位医生、护士的内在素养，成为医院一种人人习从的文化。

护理质量是整个治疗质量的重要组成部分。通过有力措施提升优质护理，是把患者置于中心，实现治疗现代化、人性化的重要保证。

（《深圳特区报》2015 年 3 月 19 日）

第五章

05

| 2014—2013 |

二十四节气之

大暑←小暑←夏至

没有治理能力的现代化就没有国家的现代化。"国家治理能力现代化"就是要在治理理念、治理方式、治理制度与结构上革故鼎新，按照现代化的内在要求用现代先进科学的方式来治理社会、优化社会、发展社会。

一个国家真正的竞争力不只是高科技、不只是 GDP，也不只是国民财富，而是还包括国民的心灵、思想和心志，它们是决定一个民族未来的核心因素。一个数典忘祖、淡漠自己传统文化的民族，是没有未来的。

好的规制，优化人性；坏的规制，毒化人性。一个社会文明的质量，说到底是规制的质量。制度不仅是一种刚性的外在约束，也是人性的"药引"。好的规制，开发人的正能量；差劲的规制，把人性中恶的一面引爆出来。

5.1 完善行政绩效考核评价体系

　　绩效考核评价是指运用科学的评估方法，评估公共治理的效率、效益、效能的客观状况，检验政府和公共部门治理能力优劣高下的制度及方法。

　　作为实现国家治理体系与治理能力现代化的重要组成部分，建立和完善行政绩效考核评价体系已成为我国社会经济发展中要解决好的重大问题，也是实现治理体系与治理能力现代化的必然要求。

一、绩效作为任何一个行政系统和政治—行政过程的核心，是反映公共部门行动质量和治理能力的根本性指标

　　十八届三中全会《决定》提出"完善发展成果考核评价体系"，要求"纠正单纯以经济增长速度评定政绩的偏向"。实现国家治理体系与治理能力现代化，很大程度上取决于"治吏"的状况；而"治吏"的核心，在于实现行政绩效考核评价体系的科学化、制度化和现代化。按照《决定》提出的要求，尽快完善行政绩效的考核评价体系，是实现治理能力现代化的重要内容。

　　绩效是一个行政机构的业绩和效能。它反映的是公共治理的成本耗费和产出的比率。绩效考核评价是指运用科学的评估方法，评估公共治理的效率、效益、效能的客观状况，检验政府和公共部门治理能力优劣高下的制度及方法。

　　人类行政考绩制度源远流长，我国在舜时已推行行政考绩制度。《书·舜典》有"三载考绩；三考，黜陟幽明"的记载，孔颖达注："言帝命群官之后，经三载，乃考其功绩；经三考则九载；黜陟幽明，明者升之，暗者退之。"以后历朝历代对官吏考核都有所增益建树。现代意义上的绩效考核最早运用于投资项目管理、人力资源管理等领域。1854—1870 年英国推行文官制度改革，建立起重能力、重实绩的考核制度，根据考核优劣实施奖励升降，大大提升了行政效率。以后世界各国纷纷借鉴效仿，形成各种行政考核制度，但无论其具体内容多么不同，核心都是推行"功绩制"，即文官的任用与晋级均以实际考绩为依据，"实绩"置于考核中心。

行政绩效考核是现代文官制度的灵魂，没有考绩，就没有效率，甚至没有合法性基础。作为实现国家治理体系与治理能力现代化的重要组成部分，建立和完善行政绩效考核评价体系已成为我国社会经济发展中要解决好的重大问题，也是实现治理体系与治理能力现代化的必然要求。

二、席卷全球的所谓"新公共管理运动"，主要目标是通过推行绩效测量和绩效评估，推行绩效管理的普遍化

严格说，以政府为对象的绩效评估始于20世纪50年代美国的绩效预算制度。20世纪40年代，在胡佛委员会推动下，美国理论界与公共部门对绩效评估与绩效预算的关注有了提升。从里根时代开始，美国开始致力于制定政府绩效管理方面的统一立法，这一时期形成了两份重要报告成为后来行政绩效立法的直接源头：一份是1989年美国政府管理与预算办公室（Office of Management and Budget，简称OMB）起草的管理报告，包含了一个题为"未来政府"的章节，勾画出了后来GPRA法案的基本轮廓；另一份是国会起草的绩效管理报告。

20世纪90年代，行政绩效管理有了重大突破。1993年美国颁布《政府绩效与结果法》（GPRA），这个文本不仅标志着美国行政绩效管理的新成果，更成为世界范围行政绩效改革浪潮中具有里程碑意义的代表性立法。在GPRA法案通过的同时，克林顿政府成立了以副总统戈尔为首的国家绩效评审委员会（NPR），具体负责推动联邦政府绩效改革。1993年9月，国家绩效评审委员会推出第一份报告《从繁文缛节到结果导向：创造一个花钱少、工作好的政府》（即著名的"戈尔报告"），成为联邦政府绩效改革的行动指南，也为世界各国的绩效管理提供了重要借鉴。在英国，1979年撒切尔政府推行"雷纳评审"，对公共部门的绩效进行调查评估。澳大利亚、新西兰、丹麦、芬兰、挪威、荷兰等国家也都开展各具特色的政府绩效评估。20世纪末21世纪初形成了席卷全球的所谓"新公共管理运动"，主要目标是通过推行绩效测量（performance measurement）和绩效评估，推行绩效管理（performance management）的普遍化。但至少到今天为止，政府行政绩效评估仍是一个世界性难题。

如前述，我国有着漫长的行政考绩的历史和传统。原始社会末期每三年考核部落首领的业绩，依据三次考核结果对被考核者作出升降等调整。汉元帝时，颁发《考课课吏法》，标志着古代吏考制度基本确立。明代推行的"考满""考察""考成"考绩制，考绩标准可行性强；清代推行"四格八法"，重于惩治腐败。改革开放30多年来，行政绩效考核评价有了许多新突破、新发展。但事实上，我国至今尚未真正建立起现代化的行政绩效考核评价体系。作为治理体系与治理能力现代化的重要组成部分，今天包括政绩考核在内的行政绩效评价体系的科学化、法治化、现代化，应建立在充分吸纳发达国家已有经验的基础上进行新的超越、突破和提升；同时应充分汲取我国传统政治文化中的政治智慧和许多行之有效的做法。

世界各国体制运行千差万别，完善绩效考核评价体系除了共性方面，还有许多反映地域政治的"国别"方面，这是一个非常需要审慎和深入研究的问题。根据我国的国家体制，这种超越、突破和提升主要应聚焦于两方面：一是建立和完善执政绩效的考核评估体系；二是建立和完善行政绩效的考核评估体系——这两方面，应当成为构成中国特色治理能力现代化的绩效考评体系的战略重点和技术突破的重点。

执政绩效考评体系反映的是执政的成本耗费和公共产出情况。其考察比行政绩效的评估更为复杂和宽泛，除了包括行政绩效的相关内容外，还包括政党体系与社会交往的能力、动员民众和社会的幅度、力度等这些内容。当代世界各国执政实践表明，一种理性的执政形态，除了具有法治执政、集约执政、廉洁执政、人本执政这些内质外，还必须具有重绩效、重成本的"成本执政"的品质，实现执政低成本与高效益之间的统一。

行政绩效考评体系除了反映世界各国已有的"通行"内容，还应按照《决定》的要求，注重"纠正单纯以经济增长速度评定政绩的偏向"，设立严格、客观的反映资源消耗、环境损害、生态效益、产能过剩、科技创新、安全生产、新增债务的内容和指标，并加大这些方面的考评权重。把生态保护、环境治理、低碳节能作为整个行政绩效评估的核心，促使整个国家治理体系与治理能力朝着低耗费、高产出、节简型、平扁化的方向发展。

三、立足于中国实际，博采众长，广泛吸纳各种好的经验为我所用，强化行政成本—行政收益分析等，是完善行政绩效考核评价体系必须确立的目标

1871年马克思在论述巴黎公社时，在热烈称赞巴黎公社精神的同时深刻指出，代表人民的政权，应是低成本的"廉价"政权和"廉洁"政权。历史上一切非人民性的政权都是大量耗费民脂民膏、不体恤民情的。推行绩效考核评估，不仅是一种经济价值上的考量，更是区别是否真正"立党为公、执政为民"的分水岭。在深层次上，它是一个涉及治理正义与否的伦理问题。

德国思想家马克斯·韦伯指出，人类科层结构发展的根本性的原因，在于它在治理技术上优于其他任何组织。现代科层组织比起前社会组织，在精密、速度、明确、档案知识、连续性、仲裁权、统一性、人事成本等方面都具有优越性。但在另一方面，人类任何方式的科层制结构也表现出了它天然的"软肋"，诸如缺乏竞争性、非利润化、敏感性迟滞等，各种"非绩效行为"（如官僚主义、文牍主义、形式主义、扯皮推诿、腐败、劳民伤财的政绩冲动和伟业偏好等）有可能大量产生。由于治理主体掌控着大量公共资源，"滥于文丽而不顾其功"，不计成本、不惜代价、不节民力的"科层惯象"，客观上很容易形成，构成公共治理的绩效黑洞。

而从绩效考评的技术特点看，无论是执政绩效评估还是行政绩效评估，一定程度上都存在"不可计算性"和"收益模糊性"的问题（如体制效益、时间上延迟效益等）。从历史经验看，我国自官吏考绩制度形成开始，历朝历代都把农林开垦、赋役征收、人口增殖、民众生计、社会治安等作为主要考核指标，督促官吏励精图治，以推动社会经济特别是生产力的发展，但由于考绩涉及内容庞大繁杂且不易计量，很多考核流于形式，甚至伴随大量"绩效假相"。今天，由于所处的自然、社会、人文环境更为复杂多变，一定程度上治理绩效更多受制于许多不测、不可控、不可计量的因素，因此要对整个执政—行政过程进行"全息"完整的科学考核评估所面临的困难和复杂性，有充分的估计和应对。

我们要实现治理体系与治理能力现代化，面临着日益繁重的任务。由于公共治理和公共产出的特殊性，建立和完善绩效考核评价体系应立足于执政与行政的不同特性、形态和技术过程，采拟不同的经济、社会、政治等多元配置的科学手段和方法，切忌一刀切、简单化。其应遵循下列主要原则：

一是"重实绩"原则，完善对部门和个人的德、能、勤、绩、廉的科学评价，这是根本性导向；二是"可操作"原则，必须简明合理，便于推行和管理；三是"重计量"原则，核心是推行公共部门"投入—产出"之比，所有指标应尽可能量化、数据化；四是"平衡性"原则，纠正单纯以经济增长速度评定政绩的偏向；五是"差异化"原则，不仅执政、行政两者考绩应实行差异化区别，且两个系统中的不同层级、不同部门，也应当实施差异化的设计和管理。

尽管至今为止，科学严谨的行政绩效考核评价仍是个世界性难题，但立足于我国实际，博采众长，广泛吸纳各种好的经验为我所用，强化行政成本—行政收益分析，重视通过科学严密的监测、控制和管理降低行政耗费，实现社会代价与社会收益之间、行政成本与行政产出之间的平衡，使我国公共治理处于高激励、高效率状态中，实现公共产出和收益的最大化，是完善行政绩效考核评价体系必须确立的目标，这也是解决我国社会经济发展中深层次问题、推进治理能力现代化的必然选择。

（《深圳特区报》2014年10月14日）

5.2 重视对学问知识和社会本身的审度思辨

> 任何专业都不是决定性因素，重要的是能否借着专业的基点纵横捭阖，博览群书，"博学之、审问之、慎思之、明辨之、笃行之"。

时常有研究生与我聊起，说比起本科阶段来，觉得读研抓不住重点，学不到东西。以前自己读研时，也曾有过类似感觉。可后来逐渐明白，学不到东西除了课程设置、专业兴趣等可能的因素外，更多是受本科思维的影响。

研究生教育与本科生教育的重要区别在于，本科生教育是授人以鱼，告诉你这是什么、那是什么，研究生教育是授人以渔，引导你去思索、分析、研究，探寻事情背后的机理。与本科教育突出知识性不同，研究生阶段突出思辨性、探究性，更多是学问方法、综合思辨能力的训练。

所以读研究生（包括读博）一定不能把本科生惯性带进来，被动等着知识点给予，而应当重视对学问知识和社会本身的审度思辨，注重训练观察、分析、解决问题的实际能力。

读研是闻道之旅，是一种社会年龄的成长。大学生活只是提供一个平台，让你置身于一种氛围，学不学，学多少，不决定于学校，不决定于课程，不决定于教师，而决定于你自己。所谓读研，一半是课堂学习和导师引导，一半在于自己阅读、思辨、拓展。导师是引导之师，余则要靠自己悟性和勤勉习得，重在领悟力、思辨力、知识方法、解决问题能力的提升。好的研究生，还应当与导师教学相长，这才是读研的真谛。

所以读研应十分珍惜，一定不能荒废时日。因为本科学习只是脱蒙教育，研究生学习才是作为一个生命主体，进入人生、社会、心灵和知识、学问的内里层面，是"闻"的真正开始。应花大量时间开展课堂外的阅读，这是绝对必须的。一名课外不阅读的学生，是学不到东西的。记得当年在复旦读研上"比较政府体制"课，列出的专业参考书目有几十本，自己还根据需要找来大量相关书籍，虽非本本深读，但反复研读相关章节，铄远切近，砥砺比较，融会贯通。

由于研究生教育是小众教育，因此读研另需要体悟把握的，是如何适应和参与发散式、研讨式的授课方式。我们读研阶段，研究生轮流讲专题、讲专业、讲名著，课前要看大量材料，课上发言，要在总体把握基础上作具体分析，并给出自己的分析和观点，否则会遇到很大压力。其他同学补充、质疑、提问，老师最后点评。回首读研，这种训练方式受益极大，它不仅激荡了思维方法，更重要的是提升了实际动手能力，为走向社会投入实际工作后尽快进入状态，打下了良好基础。

对于真正的学习来说，其实任何专业都不是决定性因素，重要的是能否借着专业的基点纵横捭阖，博览群书，"博学之、审问之、慎思之、明辨之、笃行之"。一个人，如果大学时期都读不了书，那么他这辈子，大体是读不了什么书的。

接下来的问题是，学会如何读书，它决定了一个人专业成长的高度。几乎所有的研究生都遇到的头疼问题，是面对大量专业书、参考书，不知如何下手、如何消化。一是书量庞大，难以下手和驾驭；二是每读一书，得花大量时间，陷于其中而不能自拔。平时读闲书气定神闲可以，可当你面对多门专业课齐头并进，大量书籍"压力山大"时，读书效率就至关重要了。这就需要训练一种有效率的读书方法。

首先要确定这本书在专业序列中的位置，形成坐标；其次要诊断把握这本书的核心内容；再就是这本书对自己学养思辨的启发是什么。围绕这些标的读书，先得看它的纲目结构，前序后跋，再在总体浏览基础上重点把握重点章节，反复研习；其次要随手做笔记（动不动手，收获完全不同），以理出头绪。南宋思想家朱熹这个话是很有道理的："大抵为学，虽有聪明之资，必须做迟钝工夫始得。既是迟钝之资，却做聪明底样工夫，如何得？"要有下笨功夫的劲头。此外，与其他相类书作比较，任何事情在比较的框架中，理解、记忆、把握都会更快。平时书读得越多，理解一本书越快。因他读书时比较系统丰富，能很快解构一本书。读研作为博识闻道之旅，是人生非常重要的转折点。三年磨剑，博收约取，方能获得学问立身之道。

（《深圳特区报》2014年9月9日）

5.3 公共治理要回归简约原则

> 理性的公共治理过程就是在目标与实现这个目标的两点之间，找到一条既短又好的直线。公共治理乃是为了实现一定目标，而对实现目标过程施加的必要的影响。

人类的经验表明，社会治理过程很容易离开其本来意义而走向芜杂。简约作为一种最为本原的公共事务原则，同时作为治理能力现代化的题中应有之义，往往容易被忽视。《老子》有个著名的论断："治大国若烹小鲜。"不妨，还可以换个视角去理解：治国犹如煎小鱼而已，多注意些火候就行了，不必弄得太复杂。这也是《老子》第六十三章说的"为无为，事无事，味无味"的思想方法。

两点之间直线最短。理性的公共治理过程就是在目标与实现这个目标的两点之间，找到一条既短又好的直线。公共治理乃是为了实现一定目标，而对实现目标过程施加的必要的影响。任何超出这个意义的举措，都是多余的。如果实施一种措施就能达到目标，就不必再加另一种；假如不附加什么同样能达到目标，就无须花费无谓的治理成本。

古代历史上有"三大盛世"，文景之治、开元盛世、康乾盛世。它们之间如果有某些共同特点的话，那就是都比较简约，崇尚无为而治，体现出闲易的风格。相反中外历史上，凡政治陷入无序状态的朝代，都折腾得厉害，政令繁出，朝令夕改，老百姓不堪其苦。

古代贤哲提倡"君子之为治也，块然若无事，寂然若无声，官府若无吏，亭落若无民"，倡导"以无事取天下"。恩格斯在1884年写的《家庭、私有制和国家的起源》一书中，曾感慨过古代原始氏族民主制的"简单"之美："这种十分单纯质朴的氏族制度是一种多么美妙的制度呵！没有士兵、宪兵和警察，没有贵族、国王、总督、地方官和法官，没有监狱，没有诉讼，而一切都是有条有理的……丝毫没有今日这样臃肿复杂的管理机关。"这在处于急遽变革中的今日社会，是难以做到的。今天社会已不得不"超越"古代原始氏族民主制的那种"简单"，问题是，进入经济全球化时代的现代社会，公共治理如何回归其本来意义而返璞归真，实现没有过多杂枝旁逸的简约化和理性化。"简约"作为一种公共治理精神、一种公共治理境界，很值得日益繁杂不堪的今天社会认真体味和借鉴。

一切伟大的东西都是简单的。科学巨匠爱因斯坦指出：简单性"是一切科学的伟大目标"。"简单性"或者说简约化原则，是对自然、对社会的一种"得天之道"的把握。许多科学家投身于科学研究的一个内在动因就在于，他们为"自然之相"所蕴含的包括简洁、秩序在内的美所折服和打动。从社会治理规律性上看，在任何领域繁杂都不比简约好，除了繁杂必须付出的高耗费、高成本外，还时常表现一个社会衰微的先兆，正如《庄子·人世间》所说的"其作始也简，其将毕也巨"，"简"预示着向上发展的态势，"巨"则常常为事物"将毕"之兆。

社会生活中，"简单"的政治理论总是比"复杂"的政治理论更能为公众所接受，因为"一种理论前提的简单性越大，它所涉及的事物的种类越多，它的应用范围越广，它给人们的印象也就越深"。政治学家伊斯顿认为："可以肯定地说，理论的使命就是简化……用一种同样复杂的理论研究复杂事物，往往只会导致失败，而不会有助于理解。"所以好的精神文化的发展，也都离不开简单性原则。

公共治理"善治"和治理能力现代化的一个重要含义，就是要减少许多无谓的投入乃至折腾，减少"闲不住的手"对经济、文化、社会发展各种过多过滥的干预，让市场和社会发挥资源配置的决定性作用和社会治理的主体功能。

总之，"大乐必易，大礼必简"，越是现代的、缜密的、科学的公共治理，应当越简约。

（《深圳特区报》2014 年 8 月 26 日）

5.4 期待户籍制度改革带来社会治理新突破

新中国成立后，基于血缘宗族关系的伦理身份被打碎。但随着计划体制的确立，形成了诸如政治身份、户籍身份、所有制身份、干部工人身份等新的身份概念，户籍身份则是其核心。打破身份限制，使广大进城务工人员获得合法的市民资格和平等的公民待遇，体现了公平和正义。

近日，国务院发布《关于进一步推进户籍制度改革的意见》，提出改革现行户籍制度，到 2020 年实现 1 亿左右农业转移人口和其他常住人口在城镇落户，同时基本建立与全面建成小康社会相适应的社会管理和公共服务体系，开启了新中国成立以来户籍制度的重大变革，对于实现国家治理体系与治理能力现代化，推进社会治理的创新发展，具有重要意义。

一、取消农业与非农业户口区分是历史性进步

总体看，《关于进一步推进户籍制度改革的意见》（下称《意见》）提出户籍制度改革的大目标有三个：一是以 2020 年为节点，实现 1 亿左右农业转移人口和其他常住人口在城镇落户；二是基本建立与全面建成小康社会相适应的公共服务体系；三是建立规范有序的新型户籍制度。而其整个改革方案，有着五个方面的历史性突破和变革。

第一，放开和调整户口迁移和落户政策。一是"全面放开"建制镇和小城市落户限制；二是"有序放开"中等城市（50 万至 100 万城市）落户限制；三是"合理确定"大城市（100 万至 300 万城市）落户条件，人口 300 万至 500 万的城市适度控制落户规模；四是"严格控制"特大城市（500 万以上城市）人口规模，建立完善积分落户制度。

第二，取消"农业户口"与"非农业户口"的性质区分，建立统一城乡户口登记制度。公民到其他市级以上城市居住半年以上的，可在居住地申领居住证。居住证持有人享有所在地同等的劳动就业、基本公共教育、医疗卫生、计划生育、公共文化、证照办理服务等权利。

第三，统筹推进户籍制度改革和基本公共服务均等化，扩大教育、就业、医疗、养老、住房保障等城镇基本公共服务覆盖面，覆盖全部常住人口。农业转移人口及其他常住人口随迁子女平等享有受教育权利；进城落户农民完全纳入城镇社会保障体系并保障农业转移人口基本住房需求。

第四，实行以公民身份号码为唯一标识的人口信息制度，建设国家人口基础信息库。其劳动就业、教育、收入、社保、房产、信用、卫生计生、税务、婚姻、民族等信息系统实现跨部门、跨地区整合和共享。

第五，保障农民的土地承包经营权、宅基地使用权和集体财产的收益分配权。以"依法、自愿、有偿"原则，引导农业转移人口有序流转土地承包经营权。

这五个方面，无论在户籍制度改革、保护进城落户群体的社会权益上，还是在社会治理上，都体现了历史性的新突破。在改革实施步骤上体现了顶层设计的思想方法，即先解决好存量，再有序引导增量，同时尊重城乡居民自主意愿，不强迫办理落户，并充分考虑当地经济社会发展水平和城市综合承载能力，实施"差别化"落户政策的通盘考虑。

二、从社会治理视角看户籍制度改革

以 1958 年 1 月《中华人民共和国户口登记条例》颁发为标志，我国开始以法律形式对城乡人口流动予以限制，城乡分离的"二元经济模式"应运而生。我国户籍制度的特点，是根据地域和家庭成员关系将户籍属性划分为农业户口和非农业户口。这种做法在新中国成立初期曾起过积极作用，但随着时代的进步和现代化的推进，其弊端日彰。此次户籍制度改革在社会治理上意义非凡，主要可归纳为三方面。

一是从身份社会迈向国民社会。在现代国家，国民的唯一身份标识是"公民"。户籍改革的本质，是取消"身份"限制，打破城乡分割的"身份"二元结构，以统一的公民资格实施国民待遇。取消农业户口与非农业户口的二分，城乡公民在居住地统一登记为"居民"，这使半个多世纪以来形成于计划经济时代的旧身份标识不复存在，这是历史性的进步。

传统社会中，身份成为人们地位高低、权利大小、义务多少的依据，并在意识形态层面凝结成心理情结。"身份"的本质是厘定社会差异，构成人的社会层级。新中国成立后，基于血缘宗族关系的伦理身份被打碎，但随着计划体制的确立，形成了诸如政治身份、户籍身份、所有制身份、干部工人身份等新的身份概念，户籍身份则是其核心。打破身份限制，使广大进城务工农民工获得合法的市民资格和平等的公民待遇，体现了公平和正义，正如著名思想家梅因所言：所有进步社会的运动，都是一个"从身份到契约"的过程。

二是从固化社会步入流动社会。改革开放30多年来，我国形成了大规模人口迁徙和流动。截至今年6月底，外出进城务工人员1.74亿。它大大激发了社会活力，促进了社会经济发展。但旧的户籍制度制约着进一步的社会流动，对农业人口转移、农业现代化和新城镇化都构成体制性障碍。其最大负面，是在城市与乡村之间筑起一道隔离，形成固化的城乡"二元经济"模式，阻碍了各种社会资源和经济要素的自由流动和更有效率的配置。

人类文明经历表明，社会的迁徙和流动是一个社会活力和健康的渊源所。社会流动表现为垂直流动与水平流动、一生流动与代际流动、个别流动与结构性流动多种形态，传统社会的封闭性表现为各种形态的社会流动极少，"官恒为官，民恒为民"，大部分人注定在其父辈所属阶层和其地域空间终其一生。在我国当下发展中，真正影响大并构成深层次社会矛盾的，是户籍制度改革滞后蕴含的一系列社会问题。打破固化的社会流动束缚，加速社会群体和各种经济要素、社会资源的自由流动，才能实现效益最大化，促进社会财富源涌和社会结构的变迁，有利于"橄榄形"社会的建立。有分析认为，如果"户籍新政"能全面落实，至少能促使我国经济增长延续20年以上。

三是从权力社会走向权利社会。《意见》把"依法保障公民权利"置于突出位置，"切实保障农业转移人口及其他常住人口合法权益"，"居住证持有人享有与当地户籍人口同等的劳动就业、基本公共教育、基本医疗卫生服务、计划生育服务、公共文化服务、证照办理服务等权利"，"保护农业转移人口的集体财产权、收益分配权和流转土地承包经营权"，"保障农业转移人口及其他常住人口随迁子女平等享有受教育权利"，成为整个户籍制度改革的基本理念和规定动作。公民权利的扩展程度，能清晰地反映出一个社会的文明状况。将公民权利置于社会治理的中心点上，是现代社会区别传统社会的一个重要标志。以户籍改革为新起点，社会治理步入以实现公民权利为重心的新型管理形态，反映了社会文明进步的脚印。

三、全面实施户籍制度改革需在规制层面革故鼎新

注重从深层次的制度结构上推进户籍制度改革。从城乡分割的二元结构向现代社会经济结构转型，是今后几十年中国经济社会发展的基本走向。改革户籍制度是涉及亿万农业转移人口的一项战略举措，它是继20世纪80年代实行家庭联产承包责任制后，对农民的又一次大解放。规制是一个社会结构的灵魂，改变城乡二元结构必须重在规制层面的革故鼎新，通过相应法规和制度的创新和实施，加快外来人口本地化和农民工市民化进程，提高落户群体的归属感和

认同感。

抓紧推出教育、就业、医疗、养老、住房保障等方面的配套政策，确保进城群体享受平等的国民待遇。户籍制度改革成功与否，人们受惠程度如何，很大程度上取决于各地综合配套政策的跟进。中国社科院今年三月发布《中国农业转移人口市民化进程报告》测算表明，目前我国农业转移人口市民化的人均公共成本，约为13万元。其中东、中、西部人口转移公共成本分别为17.6万元、10.4万元和10.6万元。在国家层面，要进一步给出具体政策，如土地流转制度的完善和刚性化；在地方层面，关键要落实公共财政支撑，实现经费保障，实现落户群体住房、医疗、子女教育、社会保障等基本公共服务平等的权益保障。

充分尊重人们意愿，防止急于求成、运动式推进。此次改革作为户籍制度改革新起点将开创一个新阶段。新阶段之"新"，不仅在于建立新户籍制度，还在于探索与此相应的社会治理新模式。只有创新思维，才能实现户籍制度改革的大目标。同时，要充分尊重民意，谨防一窝蜂、一刀切、一厢情愿。2012年全国2.6亿进城务工人员留在乡内为37%，县、乡加一起为51%，即有一半以上进城务工人员没有出县，跨省流动占29%。在县级城市，许多进城务工人员选择了"城里有房，村里有家"即城市就业、农村居住的"双栖"模式。随着改革的实施，还会出现新的"居住—就业"形态。要根据不断发生的新情况及时调整政策的"扇面度"，实现社会治理的新突破。

（《深圳特区报》2014年8月12日）

5.5　实现国家治理能力现代化：现代化历史进程中战略性任务

没有治理能力的现代化就没有国家的现代化。"国家治理能力现代化"就是要在治理理念、治理方式、治理制度与结构上革故鼎新，按照现代化的内在要求用现代先进科学的方式来治理社会、优化社会、发展社会。

一、治理能力现代化的三个重要界面

国家治理体系是国家制度、治政理念、行政结构、组织体系以及运行方式、程序构成按照一定秩序和关系整合而成的有机整体。国家治理体系现代化是指国家制度、执政理念等方面按照现代化的逻辑和文明特质来营建，其架构功能与"现代化"相吻合、相匹配。政府治理、市场治理、社会治理，是国家治理体系中三个最重要的构成。

国家治理能力则是规制和政策体系的创制与输出能力，是治国理政的功能强度、营运状况和实际绩效。作为一种文明主潮的现代国家治理本质上是一种公共治理、多元治理和民主治理。国家治理体系现代化与国家治理能力现代化，是一个国家规制和营运能力的集中体现，两者是相辅相成的整体。

治理能力现代化不是一个简单意念，而是有着特定规定性的深刻命题。治理能力现代化至少有着三个重要界面或者质的规定性：

第一，从"管理"到"治理"。管制、管理是单向一维的，即政府作为管理主体，自上而下输出管理，社会和公众作为客体被动"接受"管制和管理。而治理是开放多元的，它由社会、公众、政府多维参与构成。从管理向治理的转型，是推进和提升治理能力的起点和基础。

第二，从"人治"到"法治"。中国经历了漫长的"吏治—人治"传统，现代化政治特质之一就是法治。现代治国理政的基础是"唯则定国"，只有法治才具有共性抽象、整体治理、规则行事的功能。没有法治就没有现代化。

第三，从"传统治理"到"现代治理"。传统国家治理与现代国家治理的最大区别在于，传统国家治理是建立在人与自然关系的基础上，而现代国家治理则建立在"人—自然—社会"三元基础之上。"国家治理能力现代化"就是要在治理理念、治理方式、治理制度与结构上革故鼎新，按照现代化的内在要求用现代先进科学的方式来治理社会、优化社会、发展社会。

二、国家治理体系存在宏观、中观、微观三个层级，它们各有其特定要求，共同构成了国家治理体系的整体

中国是单一制国家，公共治理结构具有垂直性，国家治理体系存在宏观（高层）、中观（中层）、微观（基层）三个层级。它们各有其特定要求，共同构成了国家治理体系的整体。三个治理层级的功能配比和运行机制，形成了中国特色治理体系的结构体系。

从治理能力现代化视角看，宏观层级治理能力所涉及的主要问题，是政治路线、治国方略、大政方针这些根本性问题，它要求从整体的、战略的界面确立和把握国家的政治价值和发展进程。这一治理层级的基本任务是制定政治纲领、确定社会经济发展战略和重大社会公共政策。

治理体系的中观层级承上启下，作为治理体系的地方结构，这一层级在中国行政序列中不仅是"中间"环节，更是"中坚"环节，它既有战略性的谋篇布局，更有战术性的营运操作。考量中观层级治理能力最主要有两方面：一是国家宏观战略如何在地方治理中全面贯彻落实，即国家大政方针在地方的贯彻率、实现率及其运行效率；二是政策规制和治理模式上的"创制能力"，亦即在公共治理的地方化方面，是否形成组织化的、富有地方特色的政治—行政"编码程序"。

而治理体系的微观层级，是国家治理的前沿和末梢。它是检验一个国家治理绩效高低的重要变量。对于单一制国家体制来说，基层治理状况甚至决定了整体治理能力的水准。由于微观治理层级处于公共治理一线，面对的是大量具体繁杂问题，因此最易出现以"管"代"治""器"盛"道"弱，行政理念少且随意性、变动性频率高这些问题。在中国当下治理命题中，基层治理层级尤需切实提升治理能力，建构制度化治理机制，形构审慎、平稳且一以贯之的行政风格，特别是提升"执经通权""奇正相生"的执政素养。

三、实现国家治理能力现代化的重大议程

提升治理能力、实现国家治理能力现代化，既是全面深化改革的总目标，更是国家现代化的题中应有之义。提升治理能力现代化是个系统工程，有着众多繁杂任务，但其最重要、最紧迫要解决好的议程是：

第一，处理好政府、市场、社会相互关系。政府、市场、社会三者关系是任何国家现代化过程中面临的根本性问题。经济体制改革是全面深化改革的重点，核心问题是处理好政府和市场的关系，使市场在资源配置中起决定性作用和更好发挥政府作用。

市场不仅是决定性资源配置手段，更是一种治理力量。政府作为"看得见的手"，不能成为"闲不住的手"。要通过切实转变政府职能，形成市场作用和政府作用相互协调、相互促进的格局。

而政府与社会的关系，本质上是国家与社会的关系。政府提供公共服务，促进社会公平正义和社会稳定，促进共同富裕。只有按照治理能力现代化的要求，重构政府—社会的新型关系，才能建立起多元化、参与式社会治理模式，推进培育社会组织步伐，真正使更多的社会组织参与社会治理，推进中国现代化进程。

第二，处理好法治国家、法治政府、法治社会相互关系。法治是现代国家政治现代化的重要标识。十八届三中全会《决定》进一步提出了"建设法治中国，必须坚持依法治国、依法执政、依法行政共同推进，坚持法治国家、法治政府、法治社会一体建设"的重大任务。

在三者关系上，法治政府建设是法治国家的前提和关键，它是法治国家建设的重心。"合法行政，合理行政，程序正当，高效便民，诚实守信，权责统一"是法治政府建设的基本要求。法治社会则是法治国家的基础、支撑和条件；没有公民和社会团体广泛参与形成的法治社会，法治政府和法治国家建设都不可能。而法治国家、法治政府、法治社会的建设的核心任务，是置宪法于崇高地位，建立公众对于法律的信仰，维护公民权利，以宪法和法律作为国家治理和公民行为的准则。

第三，处理好制度体系、组织体系、执行体系相互关系。制度体系是一个国家的执政法纲；组织体系是现代国家的科层结构；执行体系则是国家治理的营运效力。三者关系中制度体系和组织体系居于核心地位。十八届三中全会《决定》提出，到2020年"在重要领域和关键环节改革上取得决定性成果"，"形成系统完备、科学规范、运行有效的制度体系"——在未来6年中要实现这一目标，任务极为艰巨。

执行体系是治理能力现代化的显性系统。没有良好的执行、实施和治理运作能力，再好的制度体系、再完善的组织体系，也会形同虚设或事倍功半。

第四，处理好"顶层设计"与"摸着石头过河"相互关系。"顶层设计"与"摸着石头过河"是国家治理的两种基本方法，相辅相成。"顶层设计"是一种战略筹划、宏观调控能力，表现为善于从战略大局上谋篇布局，谋划国家大政方针，确定各领域的总体改革方案和分阶段进程表。"摸着石头过河"则是一种循序渐进、"尊重现实"的治理能力。从根本上说，国家治理的动力和需求，来自于现实生活的变迁、发展和全球治理的冲击，"摸着石头过河"是对现实治理需求的诊断、把握和遴选。这种治理方式主要表现为善于从现实发展中提炼治理命题、引入治理动力、确定治理任务，同时善于将成熟可行的治理探索上升为法规制度，及时将成熟可靠的改革创新，上升为法规制度或全局性公共政策。

（《深圳特区报》2014 年 6 月 10 日）

5.6 用优秀传统文化智慧涵养民族心志

> 一个国家真正的竞争力不只是高科技、不只是GDP，也不只是国民财富，而是还包括国民的心灵、思想和心志，它们是决定一个民族未来的核心因素。一个数典忘祖、淡漠自己传统文化的民族，是没有未来的。

传统文化是一个民族的DNA。这种由群体内部精神累积而成的文化，是无数代人生活、心灵和历史的印迹，积淀了一个民族最深沉的精神追求和精神基因。中华传统美德是中华文化精髓，蕴含着丰富的思想道德资源。加强对优秀传统文化思想价值的挖掘，梳理和萃取中华文化中的思想精华，使优秀传统文化成为培育和践行社会主义核心价值观的重要资源。

一、重德伦理养成了中华民族明辨是非、崇尚正义、诚信仁爱、刚正不阿的凛然正气

中国传统文化强调修身好坏是国家政治好坏的关键，强调"为政以德"，重视人格，崇尚气节。《论语·里仁》说"好仁者，无以尚之"；"见贤思齐焉，见不贤而内自省也"。《论语·卫灵公》说"志士仁人，无求生以害人，有杀身以成仁"。孟子强调"浩然正气"，提倡"富贵不能淫，贫贱不能移，威武不能屈"，重德伦理养成了中华民族明辨是非、崇尚正义、诚信仁爱、刚正不阿的凛然正气。

重德精神很多内容已随历史演变而失去价值，特别是儒家文化体系中把道德视为一切问题出发点和最高准则的思维方式，应予否弃。但是，追问事物背后的道德动因、追寻公平、正义和人格自律的精神，应予发扬光大。

二、中华民族历来重实际，轻浮华，贬空谈，鄙玄虚，讲入世，重视经世致用；崇尚经验，轻视神异，"华而不实，耻也"

儒家文化的理性主义和无神论长期居于统治地位，又经漫长农耕社会的生存历练，使中华民族在"殷实"观基础上的务实精神成为一脉突出的精神文化。

当然，这种务实精神以经验理性为基础，有些缺少科学实证精神，须在新的历史环境中扬弃。

改革开放初期，邓小平曾告诫全党要少说多做、只做不说；多做实事，少说空话。建设一个富强、民主、文明、和谐的国家，需要在全社会形成求真务实、少说多做、不事虚华的风气，要大力摒弃空话，力戒空谈，脚踏实地干实事。

三、中华民族是有着自强不息精神的伟大民族，以积极、乐观、有为的精神和百折不挠的进取精神著称于世

《周易·乾·象传》说"天行健，君子以自强不息"。这种自强精神特别富有革新观念，认为变革是自然、社会、人事的普遍规律。中国历史上一次次变法维新、救亡图强是这种精神的具体体现。

中华民族从不向外来势力屈服，奋勇斗争直至最终胜利。今天发扬自强精神，对于强健社会、推进改革，实现社会经济转型发展极为重要。近于世故、精于守拙，对未来缺乏想象力，承受风险的能力、抗打击能力减弱，是值得高度重视的现象。改革进入深水区，必须发扬自强不息精神，革故鼎新，强健心志，推动新一轮改革。

四、求大同、尚和全、讲宽容是中华民族的伟大品格，中国人历来以宽厚之德包容万物，有兼容并包的泱泱气度

孔子提出"仁者爱人"的观点，孟子提出"爱物"的观点。《老子》说"大成若缺，其用不弊，大盈若冲，其用不穷"，《周易》认为"地势坤，君子以厚德载物"。在人与自然关系上，中国古典哲学强调"天道""人道"的天人合一，讲究人与自然的和谐共存。在人际关系上，倡导"四海之内皆兄弟"，"有容乃大"，"虚怀若谷"，严以律己，宽以待人。在民族关系乃至国际关系上，主张和睦共处。《孙子兵法》提出了一套亲善友邦的主张，认为用兵打仗是不得已的事。在文化问题上，中华民族善于吸纳外来文化为我所用，融为自己的有机成分。这些都是应当珍视的精神资源。

今天我们仍然需要发扬求大同、尚和全、讲宽容的品格，培养社会主义核心价值观。经过30多年的改革开放，过去那种狭隘的思想有所改变，无论是对待外来事物，还是对待自身的发展，我们都能以宽广的胸怀和包容的心态来面对这个世界。要使社会健康发展，就要回归纯朴宽厚之德，以包容万物的智慧滋养心灵，以更为开放宽阔的胸襟推进社会的和谐融洽。

五、浩瀚的文献典籍记录着无数可歌可泣的爱国事迹，它源于民族的同胞感、血缘感，是爱国主义的集中表现

虽然作为理论形态的爱国主义形成于近代，但爱国精神一直是中华民族的主旋律。浩瀚的文献典籍记录着无数可歌可泣的爱国事迹，它源于民族的同胞感、血缘感，是爱国主义的集中表现。屈原"长太息以掩涕兮，哀民生之多艰"、范仲淹"先天下之忧而忧，后天下之乐而乐"、文天祥"人生自古谁无死，留取丹心照汗青"、顾炎武"天下兴亡，匹夫有责"等，凝结成中华民族深层次的心理结构和源远流长的民族情愫。

爱国主义是一个历史概念，过去它与"忠君""排外"有着不可避免的关联。今天爱国主义是与国际主义、人类关爱相辅相成的，它超越了民族和地域狭隘观念，体现了对祖国的珍重，也体现了对人类的珍爱。

中国要加快发展、真正立于世界民族之林，爱国主义是不可或缺的民族之魂，也是社会主义核心价值观的重要内容。只有这种精神才能促发人们关注祖国命运和社会进步，强化人们社会责任感和参与社会变革的主体精神，更好地服务社会、报效国家。同时，只有在爱国精神激励下，全民族才能形成更为强大的民族凝聚力，迸发创造力，在国际竞争中更好地实现和平发展。

（《深圳特区报》2014 年 3 月 18 日）

5.7 "服务型政府"建设是个革命性变革

　　"服务型政府"相对于历史上"管制型政府"而言，是新的社会条件下新的政府形态，是对传统管制型政府模式的重大超越。服务型政府的本质，是在社会民主秩序框架中凸显公民本位、社会本位、服务本位和效率质量本位；其价值取向是向公民提供服务而不是让公民向政府服从。

　　十八届三中全会《决定》强调：切实转变政府职能，深化行政体制改革，"建设法治政府和服务型政府"。加快推进服务型政府建设的进程，既是在2020年基本实现现代化的题中应有之义，也是全面贯彻落实《决定》精神、全面完成《决定》提出的各项重大改革命题的必要条件。

一、"服务型政府"建设是世界性命题

　　服务型政府建设是20世纪下半叶以来的世界性命题。发达国家的服务型政府建设大致经历了三个阶段：一是早期市场经济与有限公共服务时期。19世纪上半叶，西方国家政府充当"守夜人"角色；19世纪后半期一些发达国家开始调整生产关系，制定劳动保险法、救济法等，兴办公共福利事业，大幅度改善国民生活。二是公共服务体系完善时期。"二战"后，许多发达国家介入市场功能发挥不明显的领域，扩大公共服务覆盖面，公共服务成为政府主要职能。三是公共服务职能变革时期。20世纪60年代以来，经济全球化浪潮席卷全球，公共行政变革形成新的世界潮流。70年代后，新西兰、英、美等公共部门针对传统管制型政府的弊端，大力引入"企业化"模式，以重新赢得公众信任。日本、加拿大、荷兰、法国等纷纷效仿，运用市场力量提升政府绩效，大力改善公共物品供给质量，掀起了所谓"新公共管理"运动。

　　这一背景下，许多国家提出了"服务型政府"建设目标。90年代后，发达国家行政改革的首要目标几乎都聚焦于"政府再造"，塑造服务型政府，探索如何更好提供公共服务。如1991年英国梅杰政府推行所谓"公民宪章"运动，规定政府各部门必须以规章方式明确列出公共服务的内容、标准和责任等。这一

时期，发达国家服务型政府职能面临重大改革，在"以更少纳税获得更好的公共服务"巨大公众期待的压力下，各国普遍推行公共服务市场化、社会化，实行绩效管理，改进社会福利制度，促进充分就业。

世界范围内，发达国家服务型政府的变革探索大体呈现两种类型：一是以美、德、日为代表的"公平与效率兼顾型"，二是以英、法和北欧为代表的所谓"公平主导型"。前一种重在政府调节分配前提下建立个人自助为主、政府补助、商业保险为辅的公共服务体系。如德国，建立的公共服务体系与其社会市场经济体制相适应，实行公助与自助相结合，社会保障项目除了工伤保险费用由企业主承担外，失业保险和医疗保险所需资金均由职工个人和所在企业分担，政府只在以上项目亏空时给予部分财政补贴等。后一种则以"全民普及、公平公正"理念为原则，推行全民保障。两种不同类型都建立起了较为健全、富有效率的公共服务供给体系。

二、我国探索服务型政府建设的三个阶段

总体上，我国服务型政府建设的探索可分为三个阶段：第一阶段，从新中国成立到十一三届三中全会是起步时期；第二阶段，从改革开放到十七大前是发展时期；第三阶段，十七大以来是进一步发展时期。

从 2002 年开始，我国一些地方政府陆续提出服务型政府建设的改革议程。2002 年 11 月，十六大报告首次将政府职能聚焦于"经济调节、市场监管、社会管理、公共服务"四方面。2005 年 3 月全国人大十届三次会议上，"服务型政府"首次出现在《政府工作报告》中，经人大批准上升为国家意志。

服务型政府理念的形成和提出，是一个坐标性事件。2006 年 10 月，十六届六中全会首次将"建设服务型政府，强化社会管理和公共服务职能"写入党的文件。2007 年 10 月，十七大报告进一步论述了服务型政府的建设目标和要求，标志着中国政府职能转变和行政管理体制改革迈入新阶段。十七大后理论界对服务型政府建设的相关问题开展了热烈的研讨，提出了许多建议。

2008 年 2 月 23 日在中央政治局第四次集体学习会上，胡锦涛在讲话中强调：建设服务型政府，首先要创新行政管理体制，把公共服务和社会管理放在更加重要的位置。2008 年 3 月 15 日，十一届全国人大一次会议通过国务院机构改革"大部制"方案，标志着新一轮政府机构改革拉开帷幕。2013 年 3 月 14日，全国人大审议通过《国务院机构改革和职能转变方案》，成为中国服务型政府建设的新突破。

三、服务型政府建设的本质、要义和主线

服务型政府相对于历史上"管制型政府"而言，是新的社会条件下新的政府形态，是对传统管制型政府模式的重大超越。服务型政府的本质，是在社会民主秩序框架中凸显公民本位、社会本位、服务本位和效率质量本位；其价值取向是向公民提供"服务"而不是让公民向政府"服从"。

服务型政府建设，不仅意味着政府自身的重大变革，还意味着政府与市场、政府与企业、政府与社会、政府与资本关系的重塑，意味着行政管理体制的重大创新变革。从管制到管理，从管理到治理，是个历史性进步——"多元治理"是一种新型治理形态；而从管制型政府到服务型政府，是另一个历史性进步，它伴随着政府职能的深刻、重大变革。

《尚书·大禹谟》说："德惟善政，政在养民。"如果发展经济是政府的天职，那么促进社会公平正义则是政府的良心。经济发展成果如不能造福市民，不能实现城乡统筹，不能让全体公民共享，就不是"中国特色"的社会主义。政府必须向社会和市民提供各种优质的公共服务产品，满足人们生存之需和社会发展需要。由此，必须加强在公共服务制度安排和公共产品供给方面的职责，公平公正地面向全体人民提供义务教育、基本医疗、社会保障等基本公共服务，提升全市公共服务总量，推进基本公共服务均等化。

推进服务型政府建设的要义，主要有两方面：一是政府职能要从管理为主要职能转向以服务为职能，全面提升提供公共服务的能力；二是不仅要善于提供服务，还要善于购买服务。简单说，服务型政府建设，一是要善于提供服务，二是要学会购买服务，正如十八届三中全会《决定》强调的："必须推广政府购买服务，凡属事务性管理服务，原则上都要引入竞争机制，通过合同、委托等方式向社会购买。"

善于购买公共服务，是以承认社会存在多元的公共服务主体为前提。政府不包揽一切，不扮演"全能政府"角色，做力所能及的事，承担该承担的"有限"的服务职责，善于运用社会资源和公共智慧，将公共服务更多地转移给各种社会组织，提升公共服务市场化、社会化程度。加快发展社会组织，尽快"转移"一部分公共管理和公共服务职能。行业协会、商会、同业工会、社会中介组织等的状况和质量，是市场经济成熟程度的重要标志，也是能否真正建成服务型政府的重要变量。政府职能转变和收缩，以社会组织的发展为条件。一个"弱组织社会"，一个社会参与性孱弱的社会，不可能产生真正意义上的"服务型政府"。

因此服务型政府建设目标的实现，依赖于大量能够担当起一定社会公共事务、能够"接盘"的社会组织"队列"的形成。那些行政色彩、"二政府"色彩浓郁的社会组织，不是真正意义的社会组织，应当加快去行政化的步伐。要借鉴发达国家先进经验，将竞争机制引入公共服务领域，开放公共服务市场，允许社会组织和企业进入提供公共服务的领域。

　　总之，在服务型政府建设中如何打破对于公共服务的垄断，尽可能以委托、承包、代理等市场化的制度安排，引入社会力量和社会组织参与提供公共服务；政府自身如何更多向社会购买服务，从包打天下中解脱出来，实现职能上的瘦身和转型，这是个大课题。

　　在深层次的行政文化上，由于长期的社会历史原因，在我国各级行政系统中存在较为根深蒂固的"管制偏好"，官本位根深蒂固，公民至上、社会为本的公共理性薄弱，这种行政文化制约着政府职能转变的进程。如何从"管制型"行政文化向"治理型"行政文化的转型；从"统治型"行政文化"向"服务型"行政文化"的转型，如何真正实现从官本位、政府本位、权力本位向"民本""人本""社会为本"服务理念转型——不仅进一步解构管制型的行政结构，更着力解构内在的管制型行政理念和文化心理，更是当下推进服务型政府建设在文化和心理领域要认真面对和解决的重大问题。

　　　　　　　　　　　　　　（《深圳特区报》2014 年 1 月 7 日）

5.8 规制与人性

> 好的规制，优化人性；坏的规制，毒化人性。一个社会文明的质量，说到底是规制的质量。制度不仅是一种刚性的外在约束，也是人性的"药引"。好的规制，开发人的正能量；差劲的规制，把人性中恶的一面引爆出来。

从历史与现实的经验看，规制与人性，至少有这样三重关系：

一是规制是用来弥补人性缺陷的。如果人人都是上帝，那就不需要规则、道德这些东西了。公元前 20 世纪，人类就有了巴比伦的《汉穆拉比法典》。从古至今形形色色的规制，在确保公共生活有序和正义方面发挥着不可替代的功能。人类之所以需要规制，归根结底因为它是一种"非人格化结构"。"人是天使，也是魔鬼"，人性的缺陷包括了贪腐一面，这是由人的"天性"或者说"动物性"决定的。正是因为这种无可奈何的事实，人类才发明出许多游戏规则，用来对人的行为进行规范和制约。亨廷顿在《变化社会中的政治秩序》中认为：政制具有道德和结构两个范畴，没有强有力的规则，社会便缺乏确定和实现共同利益的手段。所以创建政制的能力，是一种"创建公共利益的能力"。规制作为人性缺陷之果，应当跑在人性之前。寄托于伦理反腐、道德反腐，无疑是缘木求鱼，通过法治和制度反腐肃贪，才是真正的可行之道。

二是好的规制，优化人性；坏的规制，毒化人性。一个社会文明的质量，说到底是规制的质量。制度不仅是一种刚性的外在约束，也是人性的"药引"。好的规制，开发人的正能量；差劲的规制，把人性中恶的一面引爆出来。因为有"执法提成"这样的制度，就有"钓鱼执法"、为拿"提成"而诱人于水火这样事件的发生。"良法"与"恶法"营造着不同的社会风貌。所以我们不仅要重视制度建设，更要注重规制的质量，注重规制本身的伦理取向和它的正义性。

三是在更高层级上，好的规制有着培植和养护公民品质的目标。正如林德布洛姆认为的，制度不仅是控制社会的工具与手段，同时"也是组织社会智力的方法"。制度学家们认为，制度要有助于社会问题明智的解决和公民性格的形成。其实更早从柏拉图开始，许多政治学家就提出过，一个社会的规制，应有助于培养公民良好个性。卢梭曾论述说：好的社会制度是这样的制度，它知道如何才能够最好地使人改变他的天性，如何才能够剥夺他的绝对存在，而给他以相对的存在并且把"我"转移到共同体中去，以便使各个人不再把自己看作一个独立的人，而只看作共同体的一部分。这是对制度纯粹工具主义的一种超越、一种价值关怀。

一个国家的清廉，不是靠人"自律"出来的，是靠铁的规制钳制出来的。把权力关进制度的笼子，才能从整体上治腐肃贪，提升反腐败绩效，开创反腐新局面。不能寄托于所谓"人性完善""崇高觉悟"，而要致力于制度安排，真正建立起健全的刚性规制，这才是真正管用、真正有杀伤力的治贪之策。如果说，真的存在"人性完善"的话，那也只有在良好规制的约束下，才有可能。正如杰斐逊指出的："不要再侈谈对人的信任，而是要用宪法的锁链，来约束他们不做坏事"，没有完善的规制，就没有人性的完善。

（《深圳特区报》2013 年 10 月 15 日）

5.9 "田园城市"的梦想

真正好的城市，不是规划出来的，不是图纸设计的产物（世界上真正靠规划成功的城市寥寥无几），而是在历史的风雨中雕刻洗练出来的，是在岁月的滋养中成长起来的。

哪一天，我们生活的城市，都真正成了美丽田园，身边有山野旷趣，举目有"舟船如野渡，篱落似江村"的自然风光，那就好了。所以一提田园城市，我们就会有绿原碧溪、鸟语花香的浮想；所以当1902年，英国思想家埃比尼泽·霍华德的《明日的田园城市》一问世，人们就把它解读成一本规划"城市田园"的书。

霍华德《明日的田园城市》（*Garden City of Tomorrow*）是一本有世界影响力的著作，知名度很高。在这本书影响下，英国在1899年建立了"田园城市协会"（Garden City Association），后改名为"田园城市和城市规划协会"（Garden City and Town Planning Association）。受这本书的影响，当时除了英国建了两个"田园城市"外，奥地利、澳大利亚、比利时、荷兰、波兰、西班牙、法、德、俄、美等国，都建了"田园城市"和类似的示范城市。后来谈到城市规划，这本书也是必提的。

很多人为霍华德倡导了城市的田园梦想而大加赞许，霍华德本人也被誉为"花园城市之父"、英国"田园城市"运动创始人，但其实这本书，骨子里并不是在谈城市的田园风光，而谈的是社会的重大改革。它第一版（1898年）的书名是《明日：一条通向真正改革的和平道路》，后在1902年、1922年、1946年、1965年、1985年，分别出了第二、第三、第四、第五、第六版，每一版都有很大变动。

《明日的田园城市》针对当时英国大城市出现的问题，提出用逐步实现土地社区所有制，来逐步消灭土地私有制，逐步消灭大城市，建立城乡一体化的新社会。霍华德认为："城市应该作为一个整体来规划，不能像英国别的城市以及其他国家某些城市那样无秩序地发展。一个城市就像一株花、一棵树或一个动

166

物，它应该在成长的每一个阶段保持统一、和谐、完整。"霍华德认为"城市和乡村都各有其优点和相应缺点，而城市——乡村则避免了两者的缺点……这种该诅咒的社会和自然畸形分离再也不能继续下去了。"在霍华德看来，澳大利亚一些城市的情况，在某些方面吻合了他主张的原则。

正如芒福德在 1946 年评论的那样："霍华德把乡村和城市的改进工作作为一个统一的问题来处理，大大走在了时代的前列；他是一位比我们许多同代人更高明的社会衰退问题诊断学者。"

那么，霍华德为什么要用"Garden City"来包装他的城市社会改革主张呢？我想，这主要与英国的保守主义传统有关。在英国这样有着保守主义政治文化占主导地位的国家，任何剧烈的、惊天动地的社会改革主张，都会受到公众的质疑和警惕。

这使人联想到 17 世纪英国思想家詹姆士·哈林顿的著作《大洋国》。《大洋国》其实是一部为英国设计的宪法草案，但他亦以小说的方式作了外包装。一个国家的社会政治文化，甚至对一名作家的表达方式会产生重大影响，这是一种有趣的更是值得关注的现象。

说起来，霍华德的《明日的田园城市》与哈林顿的《大洋国》还有一个共同点，那就是他们都把土地改革问题看作社会改革的核心；他们的书中，土地问题都占很大权重。哈林顿给《大洋国》确立的基本制度就是土地法和选举，认为："如果你不把土地法确定下来，其余的问题只能流血解决……"

好的城市，当有好的规划，正是在此意义上，城市规划（urban planning）是一门学问。但我以为，真正好的城市，不是规划出来的，不是图纸设计的产物（世界上真正靠规划成功的城市寥寥无几），而是在历史的风雨中雕刻洗练出来的，是在岁月的滋养中成长起来的。

城市是一种文明形态，城市是人与大自然共同创作的作品。那种把城市当作"打造"之物，把城市规划理解为制图能力，是肤浅的，更是对人类生存有害的。

（《深圳特区报》2013 年 8 月 6 日）

5.10 中国梦也是每一个中国人的梦

中国是一个以汉民族为主体的多民族国家，在长期的患难与共中，认识到集体的价值和力量，中国梦作为"国家之梦"，正是这种集体精神和社会伦理的表达。

一、中国梦有着中国特定的历史承载和现实意涵，是历史性与时代性的贯联；同时中国梦又是和平、发展、合作、共赢之梦，具有世界精神，是中国性与世界性的融合

一个没有梦想的民族是没有未来的。梦想是人类对美好事物的憧憬和渴望，是人类最天真无邪的愿景。只有充满梦想的民族才有源源不竭的前行动力。中华民族向以务实、刚健、勤勉著称，中华民族同样有着自己伟大的梦想。

1902年，梁启超在《新民丛报》上发表《论中国学术思想变迁之大势》一文，最早使用"中华民族"概念，辛亥革命后"中华民族"在各界广泛使用。作为多民族的共同体，中华民族为世界文明做出过巨大贡献。在雅斯贝尔斯所称的"轴心时代"（Axial Age），中华民族就形成了自己的政治文明，形成了自己的文化传统，后来又开创了灿烂辉煌的"汉唐时代"。

近代以来，中华民族经历了一次次灾难。从鸦片战争到1945年，西方列强对中国发动了大小470次战争，签订了1145个不平等条约，割占中国疆土174万平方公里（占当时国土面积16%）。第一次鸦片战争后，林则徐、魏源等人提出"师夷长技以制夷"，开始了对国家前途、民族命运的早期探索。第二次鸦片战争后，曾国藩、李鸿章、张之洞、左宗棠等人倡导"中体西用"，发起洋务运动。甲午战争后，康梁等人推动"维新变法"，惨遭失败。1894年11月，孙中山在檀香山创建兴中会，提出"振兴中华"的口号，提出把中国建设成"世界第一富强之国"。1911年孙中山领导辛亥革命，走上了中华民族复兴的征途。无数志士仁人为挽救民族危亡前仆后继。实现民族的图存图强和振兴繁荣，成为近代以来全民族的心声，凝聚汇集成为民族梦想。而"中华民族伟大复兴"，是世纪之交之际中国共产党提出的一个新表达，是对孙中山"振兴中华"延承和发展。

习近平总书记进一步对"中华民族伟大复兴"的内涵作出表述:"实现全面建成小康社会、建成富强民主文明和谐的社会主义现代化国家的奋斗目标,实现中华民族伟大复兴的中国梦,就是要实现国家富强、民族振兴、人民幸福。"

中国梦有着中国特定的历史承载和现实意涵,是历史性与时代性的贯联;同时中国梦又是和平、发展、合作、共赢之梦,具有世界精神,是中国性与世界性的融合。

二、中国梦的真谛,是国家富强、民族振兴、人民幸福。只有每个人都为美好梦想而奋斗,才能汇聚起实现中国梦的磅礴力量

社会不是抽象的,是由一个个鲜活生命构成的。只有每个人都为美好梦想而奋斗,才能汇聚起实现中国梦的磅礴力量。

美国梦以个人奋斗为基础,其精神内核是不论出身、阶层,只要努力勤奋,就能获得成功。中国是一个以汉民族为主体的多民族国家,在长期的患难与共中,认识到集体的价值和力量,中国梦作为"国家之梦",正是这种集体精神和社会伦理的表达。但是没有个体的强健,社会的发展和民族的复兴绝无可能。

习近平总书记在"五四"讲话中强调:"中国梦是每个中国人的梦想,也是每个青年人的梦想","中国梦是我们的,更是青年一代的"。共性寓于个性之中,充满生机活力和创造性的民族,首先得有充满生机活力的个体。长期以来,中华民族一直处于超稳定结构中,养成了消极顺应的群体心态;由于人格的扭曲,人的创造能力退化,生产、科学、艺术创造活动萎缩。近代以后,当别的民族在文明大道上快速前行时,中华民族一直在踯躅而行,丧失了一次次赶上世界文明大潮的机会。

中国传统文化历来倡导社会本位主义,重秩序,重和谐,强调共性,压抑个性,并把抑制自我、抑制个性发展作为取得和保持社会和谐的首要条件。"木秀于林,风必摧之,堆出于岸,流必湍之","人怕出名猪怕壮","不为天下先","出头的椽子先烂"……这种伦理精神具有很强的发散功能,成为一种为抽象集体主义外壳包裹着的抑制个体精神的制约力量,成为漠视个体价值的支撑点。

美国哈佛大学麦克利兰教授在探讨现代化的动力时发现,个体的成就感与一个国家的发展有着非常密切的关联。他通过统计资料证明,一个国家在一定历史时期高成就欲望的人越多,这个国家这一时期的发展程度越高。高尔基曾说:"一个人追求的目标越高,他的才能就发展得越快,对社会就越有益。我确信,这也是一个真理。"相反,人类历史表明,自我丧失,主体性贬值,必然导致民族整体素质的下降,延宕文明发展。道理很简单,社会不是抽象的,它是由具体的鲜活生命组成的。难道可以脱离个体的强健而求得民族的强盛吗?

中国梦是国家的、民族的,也是每一个中国人的。中国由于特殊的人文地理和历史传统，中国梦的实现必然以集体和社会为本位，但没有个人的梦想，绝无国家和民族的振兴。

习近平总书记不久前在美国加州安纳伯格庄园同美国总统奥巴马会晤期间表示，中国将坚定不移走和平发展道路，坚定不移深化改革、扩大开放，努力实现中华民族伟大复兴的中国梦，努力促进人类和平与发展的崇高事业。中国梦要实现国家富强、民族振兴、人民幸福，是和平、发展、合作、共赢的梦，与包括美国梦在内的世界各国人民的美好梦想相通。

由此，中国梦不光是个大概念，更是个体复苏、人格升值，激荡创造力、释放进取精神从而再造民族精神，推动整体社会进步的驱动力。每一个平凡中国人的平凡梦，与中国梦相辅相成，互为因果。

三、任何一个社会形态，制度和体制的创新与完善，是其源源不竭的前行动力。没有体制和制度的保证，中国梦不可能实现

制度与体制的进步，是一个社会真正的进步；制度与体制的完善，是一个社会真正的完善。人类文明的发展，归根结底是制度文明的提升。"制度是为人类设计的，构造了政治、经济和社会相互关系的一系列约束"（D. C. 诺斯：《论制度》）；体制则是制度的组织化。比起制度来，体制更具有形构性。任何一个社会形态，制度和体制的创新与完善，是其源源不竭的前行动力。没有体制和制度的保证，中国梦不可能实现。

我国改革开放带来的巨大变迁，根本上都是体制性、制度性变革。十一届三中全会实现了意义深远的历史性转折。十二届三中全会通过《关于经济体制改革的决议》，提出建立现代社会主义经济体制的目标；党的十四大作出建立社会主义市场经济体制的重大决策，在使市场对资源发挥基础性配置功能上起了决定性作用。后在市场经济体制框架中，进一步展开了金融体制、外汇管理体制、粮食流通体制、企业所得税、社会保障体制、现代企业制度等一系列重大的体制性改革。

在文化体制改革方面，2005年中央下发《关于深化文化体制改革的若干意见》，开启了文化体制改革的先河。2006年全国文化体制改革工作会议，在全国89个地区、170个单位开展文化体制改革试点；2006年《国家"十一五"时期文化发展规划纲要》对文化体制改革作出部署。十七届六中全会通过《关于深化文化体制改革若干重大问题的决定》，确立"加快构建有利于文化繁荣发展的体制机制"的目标，把"创新文化管理体制"作为进一步深化改革开放的重点之一。

在政治体制改革方面，邓小平在改革开放伊始，就提出了政治体制改革的重大命题，指出没有政治体制改革的相应推进，经济体制改革不可能深入，已取得的改革成果还会得而复失。30多年来进行了一系列政治体制改革的探索。

从党的领导体制规范化、制度化，到推进党内民主；从政府机构改革，到废除领导干部职务终身制；从建立国家公务员制度，到完善基层群众自治制度；从城乡按相同人口比例选举人大代表的改革，到建立惩治与预防腐败体系……政治体制改革逐步深入。十八大报告进一步强调，要坚持中国特色社会主义政治发展道路，进一步推进政治体制改革。

可以看到，改革开放以来各领域每一项影响深远的改革，都是体制性制度性的变革创新。没有触及制度和体制，任何"改革"不过是形式上的游戏和劳民伤财而已。放眼世界，人类历史上任何有进步意义的改革，也都是体制性和制度性的变革演进。

毫无疑问，中国梦的实现，亦有赖于体制性、制度性的变革和创新，有赖于政治体制改革的实质性推进。没有体制和制度领域的革故鼎新，没有民主法治的进一步健全，没有公平正义的保证，没有对腐败的遏制荡涤，中国梦不可能实现。推进制度创新，既是实现中国梦的条件，又是中国梦本身的题中应有之义。

总的看，实现中华民族伟大复兴的中国梦，一是要通过扩大民主、推进法治来完善政治结构，提升制度竞争力；二是要通过推进公平正义来化解众多的社会问题，提升民族凝聚力；三是要通过开阔胸襟，更多吸纳人类文明成果为我所用，来提升世界竞争力。实现中国梦，必须有足够的开阔胸襟和世界眼量。

梦想不是空想。实现中国梦必须脚踏实地、求真务实，着眼长远、立足现实，从切实解决好当下发展中的突出问题入手。

经济发展的根本目的是为了提升人民的生活质量，提升人民的幸福指数而不是比拼 GDP。我们要深入反思经济发展与人民福祉的关系。要实现中国梦，先要通过切实而严厉的手段，治理当下的生存环境，让人们能呼吸新鲜空气，喝洁净的水，吃放心的食物，让人们能够健康安全地生活，让儿童能健康安全地成长，为人民提供一个健康安全的生存环境，进而看得起病、买得起房、上得起学。这一切，是中国梦的基础。

"开元始求治，贤哲劳梦想。"中华民族实现伟大复兴的意义，在于中华民族再一次站到世界民族之林焕发灿然光芒，它不是一句口号，而是每个中华儿女的共同期盼。实现中国梦必须凝聚中国力量。只有更好地推进社会治理，改善民生，特别是确保人民的生活安全，头顶有苍穹蓝天，窗外有绿水青山，桌上有干净食物，心中有道德良知，中国梦才有更切实的凝聚力量，也才有更为坚实的社会基础。

（《深圳特区报》2013 年 7 月 9 日）

5.11　世界城市之路：中国城市的变革与创新

20世纪90年代末，随着城市建设和更新的大规模推进，中国先后有180多个城市提出"建设国际化大都市"的口号和目标。后来随着对国际城市、世界城市等认知的增加，认识到距离真正的国际大都市还很远。进入21世纪以来，随着城市建设的进一步推进和现代化进程的加快，特别是全球化背景下加速开放，提升城市层级再次成为焦点，世界城市相关的理论、实践与方法被不断引入到新的城市建设当中。

一、世界城市是在新的国际劳动分工中具有全球性协调和调控功能的文明重镇，它是城市发展的高级阶段。建设真正意义上的世界城市，是中国城市现代化面临的必然选择

城市作为人类文明的结晶和标识，并不只是街道和人群的组合，它是有生命的。而城市体系中，世界城市更因其充沛的生命力而影响卓著。世界城市的取向不仅包含了人类可持续发展的基本要素，更反映了城市发展的高标准方向。建设中国特色现代化国际大都市，世界城市是个很重要的参照，世界城市的理念、方法、要素、指标等对现代化进程中的中国城市群落有很多借鉴价值，应当更多地引入城市建设当中。

2011年中国城镇化率突破50%。中国已从以农村人口为主的国家转型为以城市人口为主的国家。而到2020年，中国城镇化率可达60%左右。今天中国，已形成京津冀城市群、长江三角洲城市群、珠江三角洲城市群、山东半岛城市群和辽中南城市群。资料表明：由于城乡二元结构的国情，中国城市化水平每提高一个百分点，意味有1500多万农村人口导入城市。如何实现大量农业劳动力向城市非农产业转化，是各大城市下一步面临的挑战；而凸现城市的文化身份，实现从"经济城市"向"文化城市"转变，更是"十二五"期间中国城市提升质量、最终全面实现现代化更为深刻、重大的事情。

尽管城市发展有着自己的生命逻辑，但有无强大科学的城市领导力，是城市现代化成功与否的一个决定性因素。毫无疑问，城市领导力的变革创新决定着一座城市的"文明样式"，是城市发展的重要变量。当代中国城市化进程深刻地改变了传统社会运行模式、生产和生活消费模式以及人们的价值和观念系统。中国城市化过程中呈现的许多问题，已越出传统人文社会科学既有框架。"第一梯队城市"如何跨入世界城市的行列，而更多的第二、第三梯队城市如何凸现城市的文化身份，促进文化个性的成长，是今天中国城市群落普遍面临的突出问题——城市本质上是人类的一种人文艺术。一个没有"文化身份"的城市，是没有生命力和竞争力的。

而另一方面，建设真正意义上的世界城市，是中国城市现代化面临的必然选择。

世界城市是在新的国际劳动分工中具有全球性协调和调控功能的文明重镇，它是城市发展的高级阶段。1915 年，英国城市和区域规划学家迪格斯在 *Cities in Evolution* 一书中提出世界城市概念，用来指"世界最重要的商务活动绝大部分都须在其中进行的那些城市"。后来形成的公认的判别标准是，存在完整的金融和服务体系，以服务于国际机构、跨国公司、政府和非政府组织等客户；同时形成全球资本流、信息流和通讯流的集散地；并具有高质量的生活品质，能吸引有专长的国际移民和技术人才、政府官员和外交官等。

20 世纪 90 年代末，随着城市建设和更新的大规模推进，中国先后有 180 多个城市提出"建设国际化大都市"的口号和目标。后来随着对国际城市、世界城市等认知的增加，认识到距离真正的国际大都市还很远。进入 21 世纪以来，随着城市建设的进一步推进和现代化进程的加快，特别是全球化背景下加速开放，提升城市层级再次成为焦点，世界城市相关的理论、实践与方法被不断引入到新的城市建设当中。

二、近年城市领导力问题普遍引起世界各国的关注，成为各国现代化发展中的研究热点

党的十八大报告对中国城市建设提出了新的宏伟目标。建设社会主义现代化国际大都市是当下中国第一梯队城市如北京、上海、深圳、广州等"十二五"期间面临的重大任务。从全国城市发展态势看，城市领导力的激荡、创新和变革，是中国 21 世纪城市现代化关键所在，决定着中国城市的命运和未来前景。切实提升城市领导能力，是当前执政能力建设的重要内容，也是攸关全国能否真正建成一批国际大都市的决定性因素。

人类早期对领导者、领导能力等方面论述体现出人类对领导行为合理性的要求，但由于其零散性和时代局限，没有成为一门完整的科学体系。领导科学自 20 世纪 30 年代在西方诞生，80 年代，明确提出领导力概念并开始多视角研究。近年关于城市领导力问题普遍引起世界各国的关注，成为各国现代化发展中的研究热点。城市领导力问题，是当今世界各国普遍在进行深入研究的问题。

美国社会科学家摩尔根认为，人类的经验只产生两种政治方式。第一种，也是最古老的一种是社会组织，其基础是氏族、胞族和部落；第二种，也就是最晚近的一种是政治组织，其基础是地域和财产。按照第一种方式建立的氏族社会，政府与个人之间的关系是通过个人与氏族、部落的关系来体现的；按照第二种方式组成的政治社会，政府与个人之间的关系是通过个人与地域的关系来体现的，即乡、县和国。

人类早期对领导者、领导能力等方面的研究，体现了对领导行为合理性、正义性要求，但由其零散性和时代局限，没有成为一门完整的科学体系。受现实生活的激荡，领导科学自20世纪30年代在西方诞生，不断从理论上和实践上探寻研究领导现象。20世纪30年代到70年代出现的领导特质理论，试图找到领导者个体的内在天赋，解析领导者与非领导者的个性差别；而领导行为理论试图从领导者的外在行为及其方式风格中找到领导者应有的能力特征、阐述领导行为效率；领导权变理论则试图从领导者、被领导者与领导环境之间相互关系中确立有效的领导力模式。

20世纪80年代，现实社会生活的急剧变革，促使人类迈入现代领导科学理论研究的新境界，人们从政治学、社会学、组织行为学、管理学、心理学等方面深入研究领导行为及领导力，提出了诸如领导科学理论。80年代后，企业家精神的兴起，又使美英等国的研究者们更多关注企业领导现象，如詹姆斯·库泽斯（James Kouzes）与巴里·波斯纳（Barry Posner）出版了领导力领域"第一权威著作"的《领导力》（*The Leadership Challenge*），并将研究视角拓展至21世纪的政府、企业、学校、医院、军队、社会团体等众多层次和领域。

人类的21世纪注定面临着更多变革创新的命题。领导科学进入21世纪后，旋即引发诸多变革，研究视角更多聚焦于城市公共管理领域，许多世界著名领导学家如德鲁、赫塞、豪威尔和科特等都更多地将研究放在企业组织之外的城市领域、公共领域等来思考人类的权力行为和权力现象，思考政府组织的领导力及组织的社会责任等。而随着全球化的深入，各种领导科学理论方兴未艾。人类领导力研究特别是城市领导力的研究，正进入一个酝酿着许多新突破、新发展的新的历史时期。

三、中国特色社会主义的城市领导力，主要体现在有无出色的推进城市创新发展的顶层设计的能力

中国特色社会主义的城市领导力，主要体现在有无出色的推进城市创新发展的顶层设计的能力，诸如城市定位规划能力、城市经济发展能力、城市文化促进能力、城市公共服务改善能力、促进社会治理和激荡社会活力的能力、城市资源积累和整合的能力以及借鉴国际社会城市管理经验，建设世界城市的能力这样一些重要方面及其科学性、关联性、系统性等；同时，良好、科学的城市领导力，还体现在推进城市建设和城市发展进程中如何处理好人为与自然的关系。

作为文明文化积淀之物的城市，本质上是"自然秩序"作用的结果，是历史风雨雕塑的作品，人的意志不可能完全操纵城市文化生命的运行。人类的生存空间是一个很复杂的问题。当我们施加太多的意志在城市发展上的时候，人的短视、偏好、浮浅和种种美丽的愚蠢，就会不可避免地、物型化地出现在城市形貌上，它不仅包围着今天人的生活，而且还会以物型存在的方式，去干预和影响今后人的生活。

中国文联副主席、中国民间文艺家协会主席冯骥才忧心忡忡地指出："中国每天消失 80 至 100 个村落，速度之快令人咋舌。"冯骥才援引官方公布的数字说，过去十年，中国总共消失了 90 万个自然村，"比较妥当的说法是每一天消失 80 至 100 个村落"，"传统村落中蕴藏着丰富的历史信息和文化景观，是中国农耕文明留下的最大遗产。"

在古希腊，亚里士多德在谈到"城邦"的特点时说："一切城邦既然都是这一生长过程的完成，也该是自然的产物。"这种"自然的产物"，是各种历史元素、各种社会元素耦合、天人合一博弈的结果。尊重城市生态的自然哲学，尊重和体认城市的文化特性和内在生命律动，不包办城市文化发展的自身逻辑，尤其不把"计划偏好"转弯抹角地弄到城市发展中来，是今天加强城市领导力当中应当认真解决好的问题。

提升中国城市的国际化水平，建设中国特色的世界城市，开拓世界城市的中国道路，有很多具体的理论问题和现实问题需要深入研究和顶层设计。进入21 世纪后，在现代化路程上前行的许多中国城市，都面临着"转型发展"的任务。北京、上海、深圳、广州等作为中国现代化程度和国际化水平相对高的前列城市，作为中国现代化的典型城市和"先行先试"的前沿地带，理应通过深入研究，拿出翔实成果，为全国提供参照经验。

在大力推进国际城市建设的基础上，再向更高层级的世界城市和全球城市迈进。这当中，能否在坚持"中国特色"的同时，更好地体悟"世界潮流"和"时代特征"；而在借鉴参照世界城市有益经验的同时，能否开拓世界城市建设的中国道路，高瞻远瞩地进行新一轮城市改革发展的谋篇布局，登上建设世界城市的战略制高点，这是对"十二五"期间中国各大城市是否具备真正强有力的城市领导力的一个非常重要的考量。

（《深圳特区报》2013 年 6 月 4 日）

5.12 文明发展的两种特性

　　　　　越来越多的事实证明，人类自我克制、自我约制，特别是对自身
人性不完善的洞察和认识，是人类生存和发展的必要条件之一。

　　人类文明的进步与发展有两种特性，即"自然—自觉"。人类文明发展首先
是个"自然的"过程。就是说，它不是某种神祇、某个集团、某些领袖意志或
"智慧"设置的产物。人类的"自发秩序"，人类长期积习而成的习俗、习惯、
惯例等，把许多公共生活中需要解决的问题规范好、调整好了。人类秩序和制
度的产生，基本上是"进化"的产物而非纯意志的作品。真正的"大智"常常
"若愚"，真正有点儿智慧的东西，时常是波澜不惊的，人类自身的进步，也是
这样。

　　其次，人类文明又是一个"自觉的"过程。当人类文明积淀到一定时候，
人类社会对自身理性自觉的需求反而增强了。很多东西，已不能完全靠"自然"
演绎而要靠"主动"把握。越来越多的事实证明，人类自我克制、自我约制，
特别是对自身人性不完善的洞察和认识，是人类生存和发展的必要条件之一。

　　今天，我们已进入到一个新的文明地带，即进入到了一个文明"自觉时
代"。尽管在任何时候，人的意志过分高扬都十分有害，但是，在文明过程中，
"自觉意识""自决能力"（汤因比语）对于一个民族、对于一个国家、对于全
球的进步，都是相当重要的。它甚至决定着文明发展今后的样式和质量。日新
月异现实境况，迫使人们必须作出预先的考量并作出相应的安排。所谓"凡事
预则立"，此是谓矣。

　　古希腊思想家亚里士多德、19世纪英国思想家密尔约翰·密尔等人是"温
和的"制度设计论者。亚里士多德认为，城邦制度是"全体城邦居民由以分配
政治权利的体系"，是"创制"的结果，而且会永远地"创制"下去，因为人
类社会本身存在着这种需要。密尔等人则认为，制度包括政治制度都是人的
"劳作"（work），制度的根源和它的全部存在"均有赖于人的意志"。制度发展
在的每一阶段，"都是人的意志力作用的结果"。密尔非常强调的是，问题不在

于制度能否被"设计"，而在于如何去"设计"。

而经济学家詹姆斯·布坎南、新制度经济学派诺思等人则是"坚定的"制度设计论者。布坎南曾把那种认为制度绝对不可设计的观点，比作是"黑格尔哲学"式的"神秘幽灵"。但是他们的学术贡献，与其说是对制度设计作出了某种肯定性论述，不如说他们对于混沌的制度现象作出的某种区分。如布坎南认为，应该把"文化进化"形成的"规则"同"制度"严格区别开来。前者是指我们不能理解和不能（在结构上）明确加以构造的，它们是始终作为对我们的行动能力约束的各种规则；后者则是指我们可以选择的，对我们在文化进化形成的规则内的行为实行约束的各种制度。文化进化形成的规则人类无法施加意志加以构造，而在文化已经形成的范围内的具体制度，并没有形成既定性，人们是可以大有可为的。这就是"文化进化"与"制度创制"的不同。

诺思对"制度"有较多的说法，但基本上也是这样一种区分法。他对"制度"的理解是："制度"可能是由人们创造出来的，也有可能是随着时间演进的。前者是"创立的制度"，后者则是"演进的制度"。在诺思那里，我们说的制度的"生长性"与"创制性"，是可以统一的。

不管怎样的区分，有一点是共同的，那就是人类一部分制度是可以设计的，而另一部分制度主要靠演化而成。在文化进化而成的领域内，我们最好还是保持耐心和审慎，尊重文化进化的内在规则；但是在那些"具体"的制度领域，我们必须有对秩序作出安排的创制能力。前者是"演进"，后者是"推进"；前者是制度的生长性，后者是制度的创制性。

如果说，制度是人类社会生活的文化软件的话，那么，制度设计就是一种文化软件的开发工作。人类生活中，凡是发生了很大影响和作用的制度，很大一部分是人们自觉设计的。美国宪法和联邦制度就是制度设计的典型例子。美国宪法之父们的作为使人们看到，制度创制、规制安排不仅是必要的，而且可能的，可以做得比较好。当然，它不能随心所欲，不能脱离经验、传统和国情的基础。

社会的日益发展与繁杂，特别是在公共生活领域，如何真正实现正义、实现权力的合法性，使人们越来越多地对"制度自觉"持有信念。只有科学地进行规制安排，才能调控政治生活的规范化，优化政治空间，提升文明程度。"自然—自觉"这一结构互动，体现在政治发展领域，主要表现为制度的"演进—推进"、制度的"生长性—创制性"的相互关系，我们可以把它们处理好。

说到底，人类文明的进步，本质上是制度变迁的进步。人类所谓"文化自觉"，其实不过是制度的自觉，或者说是规则创制的自觉。没有办法，人类公共事务的日益繁衍特别是人性的弱点这一基本事实，使规制的设计、创制、安排，成为一种必须，成为一种公共理性和集体选择。由此"自然—自觉"这种文明发展解释模式，在对人类文明进化发展的认识和把握上，可以避免种种极端，充分顾及和尊重人类生活和文明进步的种种不同特性。

（《深圳特区报》2013 年 3 月 5 日）

第六章 **06**

| 2012 |

二十四节气之

芒种←小满←立夏

20 世纪 80 年代，现实社会生活的急剧变革，促使人类迈入现代领导科学理论研究的新境界，人们从政治学、社会学、组织行为学、管理学、心理学等方面深入研究领导行为及领导力，提出了诸如的领导科学理论。

千百年来，人类一直在呼唤美德、弘扬奉献精神，为什么？根源就在于人之道本身的"先天性缺陷"。在一个由人组成的而不是由神组成的社会里，要完全实现大自然式的平衡和正义几乎不可能。

科学技术的繁荣发展，一个国家、一个民族的繁荣昌盛，关键在于让人们在一个相对自由、宽松的环境中，保持和发散源源不绝的独立思考精神，从而发挥出伟大的创造力。

6.1 创新是文化的永恒命题和本质特征

　　　　文化是一种历史的深沉的力量。当一个社会形成了主导性的社会文化时，就有了强劲的形塑力和穿透力，这正如葛兰西说的"文化是一种组织，是对人内在性的训练"。更重要的事实在于，世界现代化历程表明：一个国家的现代化，是以包括政治文化（国民文化）转型在内的社会重大转型为基础的。没有这一前提和基础，一个国家的现代化不可能真正实现。

一、文化是一个民族进步发展的灵魂

　　文化是人类文明进步最本质、最深沉的力量。文化是国家和民族的灵魂，体现了民族和国家的品格。文化的力量深深熔铸于民族的生命力、创造力和凝聚力之中。五千年悠久灿烂的中华文化，为人类文明作出了巨大贡献，是中华民族生生不息、国脉传承的精神纽带，也是中华民族战胜各种严峻挑战和各种劫难百折不挠的力量源泉。而人类社会最本质的发展是文化的发展，最本质的创新是文化的创新。

　　党的十八大报告更加突出了文化在中华民族伟大复兴中的历史重任："文化是民族的血脉，是人民的精神家园。全面建成小康社会，实现中华民族伟大复兴，必须推动社会主义文化大发展大繁荣，兴起社会主义文化建设新高潮"。中华民族已进入全面复兴的伟大时代，文化创新问题一再被提上议事日程。十七届六中全会吹响了文化兴国的进军号角，提出解放文化生产力，推进文化创新创造，构建与经济硬实力相协调、相促进的文化软实力。

　　人类的发展史表明，文化引领时代风气之先，是最需要创新的领域。正因为如此，文化建设和文化创新在中国特色社会主义事业总体布局的"五位一体"结构体系中，占有重要地位；而通过文化创新为中华民族注入新的活力，是总揽国内外大局、加快科学发展、全面推进中国现代化历史进程的价值主题。

二、文化的底蕴与特性："苟日新、日日新、又日新"

　　"苟日新，日日新，又日新"，是商汤王刻在澡盆上的铭语。人把一身污垢洗净了，就能洗心革面，天天保持干净向上的精神状态，人的品性修炼、精神洗礼和思想精进才能新境洞开。《庄子·知北游》说"澡雪而精神"，《礼记·儒行》说"澡身而浴德"，文化的澡浴，便是革故鼎新，没有革故鼎新就没有文化的繁荣和发展。党的十八大提出"提高国家文化软实力，发挥文化引领风尚、教育人民、服务社会、推动发展的作用"，就是要发挥文化在社会创新上的引领功能和作用。毫无疑问，没有文化自身的变革创新，社会的变革创新便没有内在的历史渊源和原动力。

但同时还应看到，文化的变革和发展有其自身刚性的内在逻辑。鲁迅先生说："文化是骨髓里的东西。"文化是物质的，更是心灵的。文化不是一代人的产物，是一个民族、一个或数个生命群落经历风霜雪雨后的一点痕迹。无论哪个民族，文化都是一座既定的高山。文化因子是延承的，文化因子的改变正如人要改变自身基因一样不可能，正如丹尼尔·贝尔指出的"文化有自己刚性的逻辑，不会臣服于人的意志和操纵"。文化的变革，需要很长的历史时间才能完成。文化作为历代人无意识的产物，作为无数代生命的延续和维系，文化的激荡和变革是"自然"的事。

由此一方面，我们要有更多、更紧迫的文化自觉；另一方面，我们要克服"文化理性主义"的浮躁和漫夸。一些地方在文化领域的"重建""打造"等偏好，说到底是对文化缺乏敬畏感、不尊重文化内在规律的"理性的虚妄"，它是文化创新和文化发展的大敌。我们在进行文化创新时，应当充分顾及和尊重文化的内在特性及其自身逻辑，克服急躁冒进的情绪而不随心所欲。

三、人、自然、社会：文化创新与文明进步的互动

钱穆先生曾辩证"文明"与"文化"的关系说"文明""文化"两辞，皆自西方翻译而来。此二语应有别，而国人每多混用。大体文明文化，皆指人类群体生活而言。文明偏在外，属物质方面。文化偏在内，属精神方面。故文明可以向外传播与接受，文化则必须由其群体内部精神累积而产生。他还指出"文化可以产出文明来，文明却不一定能产出文化来"。

文化的薪火相传对于一个国家、一个民族的群体行为和社会制度路径选择，具有深刻影响，而文明进步对于人类社会发展具有决定性意义。一个社会系统的演化，是文化与文明两种力量交互作用的结果。文化基于历史传承，文明基于科学进步，两者虽互动影响，却依循各自规律。当文化传承与文明进步的张力保持一致时，两者会形成相互协调和促进的和谐状态；当文明进步与文化传承发生离变并达到一定临界点时，文明基于自身的进步规律会与文化产生"排异"。而文化上的缺陷，时常伴随文明的发展传播而渐行显露，并成为文明进步的樊篱。这时，制度创新便成为调适文化、文明关系的内生性要求，并可能产生两种结果：一是引起文化的强制性变迁，以适应文明进步的价值和制度范式；二是文化对文明形成掣肘，使社会行为保持在与文化传承相适应的价值结构与制度范式中。

本质上，文化显映是一种心灵的力量；而文明积淀的是物质的力量。文化传承、文明进步与制度创新应当形成良性的发展合力。中国的改革开放，是在传统文化价值观和计划经济体制与工业文明所必需的个体创新性不相适应的情态下发生的集文化变迁和文明进步于一体的经济社会体制的伟大创新。正是文化传承与文明进步之间的相互关系，决定了我国改革开放、实行社会主义市场经济体制乃至确立"科学发展"指导思想的必然性。显然，这场制度创新，显现了文化创新与文明进步的互动与合力。

文化不是现实经济活动的直接产物，它们之间存在着各种各样的复杂的变量。山脉、河流、海洋等自然条件的影响，不同民族的居住地、环境、先前的社会观念、现实生活境况和发展趋势以及制度文明的需求与制度创制等，都给文化发展和创新提供了特殊命题。我们要从人、自然、社会这三者的关系上，来体认和追寻文化创新的价值和它与文明进步的交互作用，更加自觉地研究文化变革和发展的规律，以彰显中华民族特有的文化创新精神风貌，促进形成当代中国文化发展的新模式。

四、文化创新发展的两个重要关节点

在今天中国社会经济发展中，人与城市，是文化创新发展的两个关节点和着力点。

其一，要从营建"书香社会"走向"文化强国"。建设"文化强国"的前提，得有一个"书香社会"的存在；而"书香社会"的前提是有热爱读书的社会大众。读书延长人的生命长度并涵养生命气质。读书多了，灵魂会透出书香。几年前，中国社会科学院邀请以色列著名作家阿摩斯奥兹作演讲。他在回答"犹太人有大量成功的商人、科学家、文学家、诺贝尔文学奖得主，这是为什么"的问题时说：原因是在漫长岁月里，犹太人除了书一无所有。有句犹太谚语说：如果你想在一个冬天避雨，就造个茅屋；如果你想在许多冬天避雨，就造所石屋；如果你想让子孙铭记，就造座城市；如果你想流芳千古，就写一本书。阿摩斯奥兹说："犹太人是书的民族，书对他们太重要了。以色列的图书平均销售量和发行量，比世界上任何一个国家都大。"

人为什么要读书？因为书是一代代人心智和经验的累积，是一代代生命在大自然日月风雨中的心灵回响，正如赫尔岑有句话说的"一切震撼智慧的学说、一切打动心灵的热情，都在书里结晶成形"。书是人们有限生命和旅程的扩展。书的伟大，在于造就人的伟大，造就一个民族的伟大。不读书，就关闭了历史和未来两扇门。一个民族读书多了，灵魂就有了芬芳，就有了书卷气。

西汉刘向说："书犹药也，善读之可以医愚。"文化的根本功能是提升人的精神境界，为社会生活提供意义坐标和价值系统，使人不仅在物质生活上，更在知识、道德、审美各个方面得到全面发展。近年来，各地从"农家书屋""文化立省"到"书香城市"，种种文化自觉和自强让人倍感振奋。但在另一方面，普遍化的轻读书、不读书，则是一个令人忧虑的社会倾向。前几年，中国出版科学研究所"国民阅读与购买倾向调查"称，中国国民有读书习惯的，只占中国总人口的5%。读书方能致远，读书方能建成"文化强国"。营建书香社会是当下文化创新面临的重要任务。

其二，要凸现城市的"文化身份"。以大都市为中心的当代城市化进程，深刻改变了传统社会生产模式、文化生产与消费模式、人的生活态度与价值观念。大都市是国家实现产业创新和经济增长的核心空间，建设创新型文化城市是建设创新型国家的核心依托。文化创新的一个任务，是要把中心城市建设成文化创新型城市，让更多的中心城市成为发散文化创新的重镇。这当中，如何凸现城市的文化身份，是新一轮城市建设中亟待解决的突出问题。

一个没有"文化身份"的城市本质上是没有个性和生命力的。全国大大小小的城市雷同化、齐一化、同构性，城市形貌和内质缺少文化质感的根本缘由，在于缺失一个关键性文化理念，即城市发展演绎的是"天道"而非"人道"。作为文化文明积淀之物和人生存的物理空间的城市，本质上是"自然秩序"作用之果而非砖瓦"打造"的结果。深刻地体认城市文化的内在禀赋，尊重其文化个性，是每一个城市推进文化创新发展应当认真解决好的问题。

此外，在实施"文化强国"的战略中，特别是在提升本国文化的国际竞争力过程中，如何更好地弘扬民族精神，也是一个大课题。国民文化有着巨大制约力量。通过文化性的强制，国民行为模式会得到加强。国民文化作为一种文化性的"社会环境"，迫使生活在其中的人们，接受某种精神的和生活的方式。正如英国人类学家、功能学派代表弗思说的：任何一种环境在一定程度上总要迫使生活在其中的人们接受一种物质生活方式。

十八大报告强调"建设面向现代化、面向世界、面向未来的，民族的科学的大众的社会主义文化"，在民族精神与国民文化关系上，民族精神是国民文化中比较突出的也是稳定的部分，它甚至决定了一国的气象格局。一个民族、一个国家，公民品格是有历史渊源的，在群体生活过程中形成并在多数群体成员身上得到体现的人格特点，作为一种共性特质隐藏在人的人格深处。社会文化决定公民社会心理，社会心理是公民文化的心智空间。在漫长的历史行进中，中华民族逐步形成了民族精神的主旋律。这种民族精神主旋律是与文化传统共生的，具有鲜明的民族特色，它是我们推进文化创新的内在原动力。新时代的伦理发展需要民族历史精神的滋养。今天社会道德建设一方面应对时代精神的融合，另一方面应注重对传统文化的扬弃，以更深切的"文化自觉"从中华民族精神的历史资源中汲取滋养。

文化是一种历史的深沉的力量。当一个社会形成了主导性的社会文化时，就有了强劲的形塑力和穿透力，这正如葛兰西说的"文化是一种组织，是对人内在性的训练"。更重要的事实在于，世界现代化历程表明：一个国家的现代化，是以包括政治文化（国民文化）转型在内的社会重大转型为基础的。没有这一前提和基础，一个国家的现代化不可能真正实现。

总之，创新是文化的永恒命题和本质特征。一部人类发展史，本质上是一部文化创新史。文化的创新和繁荣，才是中华民族实现伟大复兴的制胜之道。我们要大力营造鼓励文化创新的社会环境，努力使创新和变革成为文化建设的主旋律、文化发展的最强音。通过推进深化体制和制度性改革，进一步解放和发展文化生产力，为人民提供广阔的文化舞台，让一切文化创造源泉充分涌流，以促进中华民族开创新的伟大时代，加快实现民族的伟大复兴。

（《深圳特区报》2012 年 12 月 18 日）

6.2 提高社会治理的政策效率

> 如何有效治理和保护环境？急待通过一系列政策设计，推出有利于环境保护的价格、税收、信贷、贸易、土地和政府采购等综合政策来引导社会，纯净美丽山川，造福于民。

社会治理的一个基本命题，就是如何根据日益变化的现实，设计出有效率的公共政策调控社会。公共政策是对社会价值作出的权威分配，是政府提供的公共产品。公共政策不仅影响着人们的生活，甚至塑造着整个社会的面貌。对于一个社会的治理来说，公共政策是十分显性的调控手段。

凡到过德国的人，无不为德国纯净的自然环境而感叹。德国民族孕育了众多影响世界文明进程的大师，马克思、恩格斯、莱布尼茨、康德、费希特、谢林、叔本华、黑格尔、尼采、马克斯·韦伯、海德格尔、哈贝马斯、伽达默尔、歌德、巴赫、贝多芬、门德尔松……与绚烂文化星空相映衬的是它环境的纯净，天空、原野、山川、湖泊、花草、林木、建筑、街面，一切都是洁净、清新而宁静的。德国政府非常重视环境治理，在环境保护上有非常严格而具体的公共政策治理，并把"对子孙后代负责"的环保理念作为国家目标写入《德国基本法》第20条。

我国新一轮的城市建设大潮中，环境保护问题日益严峻。如何处理好经济发展与环境保护的关系？如何有效治理和保护环境？急待通过一系列政策设计，推出有利于环境保护的价格、税收、信贷、贸易、土地和政府采购等综合政策来引导社会，纯净美丽山川，造福于民。比如，作为社会杠杆的价格规制要充分考虑资源的稀缺性和环境成本，对市场调节的价格也要进行有利于环保的指导和监管。对可再生能源发电厂和垃圾焚烧发电厂实行有利发展的电价政策，对可再生能源发电项目的上网电量实行全额收购政策；对不符合国家环保标准的项目不审批用地、停止信贷，不予办理工商登记或者依法取缔。对通过境内非营利社会团体、国家机关向环保事业捐赠依法给予税收优惠等。

同时，要完善生态补偿政策，建立生态补偿机制。中央和地方财政转移支付应考虑生态补偿因素，国家和地方可分别开展生态补偿试点。建立遗传资源惠益共享机制。还要通过政策机制鼓励社会资本参与污水、垃圾处理等基础设施的建设和运营。推动城市污水和垃圾处理单位转制改企，采用公开招标方式择优选择投资主体和经营单位，实行特许经营并强化监管。对污染处理设施建设运营的用地、用电、设备折旧等实行扶持政策，并给予税收优惠。

还比如，要运用市场机制和政策机制推进污染治理。全面实施城市污水、生活垃圾处理收费制度，收费标准要达到保本微利水平。凡收费不到位的地方，当地财政应对运营成本予以补助。就是说，在社会治理环境上，政策调控是关键，必须有良好的政策顶层设计，有科学而强有力的政策干预。

（《深圳特区报》2012 年 11 月 6 日）

6.3　公共产品也可让民间承担

　　　　　　　　事实证明，很多地方行政力量花大气力做的事情，有些即使不是"越俎代庖"，与民间比亦不见得具有功能上的优势。民间有着巨大的内蕴力，社会文明越发展，民间应当担当起越多的社会事务。

　　人类拥有的一种公共精神是，现代国家的政府是有限政府，不仅职能、权限是有边界的，而且它的功能也是有边界的。事实证明，很多地方行政力量花大气力做的事情，有些即使不是"越俎代庖"，与民间比亦不见得具有功能上的优势。民间有着巨大的内蕴力，社会文明越发展，民间应当担当起越多的社会事务。

　　民间是一个相对模糊和宽泛的概念。它其实是指由社会团体、民间组织、企业组成的社会公共地带，它是有别于市场的社会公共领域，是公共治理不可或缺的重要力量。

　　比如，现在我国一方面是劳动力资源丰富，另一方面出现了"技工荒"，成为制约可持续发展的瓶颈。在中国的职业教育、高等教育、终身教育领域，面临着如何让更多的民间参与这样一个问题。目前政府投资的职业教育的比例约为90%，民办职业教育比例约为10%。职业教育的投入不足，影响了经济发展和产业结构的调整。面对高等教育、职业教育和终身教育日益高涨的需求，必须动员包括民营部门在内的各种社会资源。我们已颁布《民办教育促进法》《中华人民共和国中外合作办学条例》，但这些法规在民办教育机构的营利性回报、融资渠道、产权关系、资产处理和内部管理机构设置等方面，都存在不够具体、不够完善的地方。

　　现代经济学认为，即使是社会公共物品，也可以通过市场来提供。好处是能提高供给效率，避免资源浪费。政府在忙碌的许多事情很多都可以让民间参与或承担。如英语四、六级考试，其垄断性和巨大社会需求提供了权力寻租的可能，而屡屡出现的泄题和考试费违规支取等，对政府公信力形成挑战。很多发达国家大学把英语考试交给托福、雅思等机构，我们为什么不可以在良好规制和相应技术条件的保障下，放开考试市场，允许民间机构进入呢？

又比如，我国各地政府部门每年要做一些"帮困""送温暖"之类访寒问贫的事。这些事情政府担当一些，有一定的必要性，但此类事情，包括诸如社会慈善事业、社会救助、慰问劳模等，都可以更多地民间化，让更多民营部门参与进来。

近年来，许多地方喜欢搞"历史文化名镇、名城"之类的评选和命名，如全国有100多个镇（村）获得"中国历史文化名镇（村）"的命名，但严格说来，真正的历史文化名镇、名城是靠历史内容积淀而不是靠行政力量来认定的。有内质的，你不"命名"它，照样是历史文化"名镇"；没有内质，你再"命名"也是一具空壳——历史文化作为一种客观遗存，其"资格"不是靠行政力量的赋予，而是靠历史和时间之厚垫。退一步说，即使要搞这类"评选"和"命名"，也应尽可能让民间专业机构、中介机构去做。正如一个产品的质量优劣得由市场和用户检验才最权威一样，"历史文化"名镇之类的评选和命名，以社会力量为主体才更为科学和公正。

诸如产品质量评比、品牌认定、城市设计、艺术活动等，都应尽可能让相应的社会组织担当主角。近年上海工商部门从"重合同守信用"的评定中退出——这项原由上海市政府搞了20多年的"评定"活动，由社会中介机构按照政府制定的评价体系具体承担，工商部门则担当规则的制定者和监督者的角色，这是一种非常好的开端。

无论是产品的质量，还是企业信用，由市场来反映才是最真实的。在各类"评定"活动中，只有让更多社会行业组织、中介组织参与和担当，才能更为公正而合理。专业的社会服务性机构在分食"蛋糕"的同时，也分担了信誉风险。行政力量去干这类事，容易导生寻租而滋生腐败。政府应尽可能在这些方面淡出，把那些政府没有职责、又很难干好的事，交由民间去做。凡是民间能承担的事，都应放手让他们去做。这不仅是合理控制行政成本的需要，也是行政伦理所要求的。"民间"是文明发展的伟大力量，正如马克思在《黑格尔法哲学批判》中深刻指出的："政治国家没有家庭的自然基础和市民社会的人为基础就不可能存在。它们对国家来说是必要条件。"（《马恩全集》3卷，2002年版，第12页）

（《深圳特区报》2012年10月16日）

6.4 发挥市场对公共资源配置主导作用

> 公共生活中一些经济事务、社会事务，之所以要通过一定的行政审批，是因为理论上这种规制能抑制不必要的社会浪费。如果达不到这一目的，行政审批本身就是多余的浪费。

本质地说，公共事务是真正的"大众事业"，只有社会和公民的积极多维的参与，政事才能料理好。在国家的发展和建设上，应尽可能发挥社会自主作用，提高社会参与率，倡导公共事务尽可能让市场去做、让规则去做、让民间去做、让习俗去做的理念。

市场对资源的配置效率最高。政府对资源的配置和审批常常是低效率的，甚至是"失灵"的。可以假定，一定社会的资源需求和供给是相对恒定的，由此资源配置方式是否合理有效，直接影响到资源利用绩效。资源的合理配置，即资源向最有利于发挥作用的领域流动，实现"帕累托最优"或"帕累托有效"。

公共生活中一些经济事务、社会事务，之所以要通过一定的行政审批，是因为理论上这种规制能抑制不必要的社会浪费。如果达不到这一目的，行政审批本身就是多余的浪费。从权力的自然法观念上说，只要经济事务、社会事务通过社会机制自行可以解决，那么任何行政管制和行政审批即缺乏合法性来源。政府管制和审批只能在市场和社会机制"失灵"的时候才有必要。

市场对公共资源配置高效率原理，其实在生活细节中也时常被演绎。如马路上各车道上的车流量的合理调节，是驾车人根据路况自发实现的。马路上哪条道空，车流就会理性地流向那儿。如果过多进行人为干预调节，效率一定低得多。公交车上，对于座位的"资源"利用，也是通过人的"理性"行为自发形成的，乘客寻找座位和利用座位的效率，比起另设专人来指挥调节，具有不可比拟的效率性（当然其"公平性"稍差，如果设专人管理，老弱病残可得到较多照顾）。

社会资源配置问题，实际上是一个公共选择问题。社会资源配置主体以及配置方式，对于社会资源配置的效率有着不同的结果。在市场经济条件下，社会资源的配置主体有政府、企业和非政府的结构，三种结构在社会资源配置中形成资源配置的三维模式。

迄今为止，中国靠资本积累和靠重化工业拉动增长的方式向现代经济增长的转变尚未成功，主要原因在于，政府保持着对重要经济资源如土地资源、水资源、信贷资源、劳动力资源的配置权力，导致经济活动的参与者用一种资源浪费的方式来提高它的数量增长速度。吴敬琏曾说他到欧洲和东南亚去考察，发现东欧一些国家市场经济搞了一二十年，而东南亚一些国家，比如印度尼西亚、菲律宾，市场经济搞了五六十年甚至七八十年了，但高效率和高效益却没表现出来。为什么？吴敬琏说有"好的市场经济"和"坏的市场经济"，"坏的市场经济"主要是贪污、腐败、低效率、低效益。我们研究这些国家的市场经济，其核心问题，是资源分配仍为政府所掌控。

"审批"事项日益多起来。很多政府部门把不该管、管不好也管不了的事又揽到自己手中。导致审批大大提升了交易成本，抑制了生产力发展和经济的增长；而在政治上，过多的审批其实是一种"设租"行为，有了"设租"，就有"寻租"，腐败就不可避免。这是一个涉及国家权力与社会权利的"源流"问题。社会公权力如果行使过多应由企业和市场履行的职能，还导致政府履行公共职能、提供公共服务和公共产品力所不逮，很多应由政府担当的公共责任反而推向了社会。

在公共治理上，应更多确立这样的原则，即凡市场能解决的事情，不应由公权来操刀，绝不由"公费"来枉费成本，尽可能发挥市场对公共资源配置的主导作用。政府公共管理职能应全面回归到营造良好发展环境，维护社会的公平、正义，向人民提供优质的公共产品这一根本的职责上来。

（《深圳特区报》2012 年 9 月 25 日）

6.5　聚焦于公共管理领域的领导科学

　　20世纪80年代，现实社会生活的急剧变革，促使人类迈入现代领导科学理论研究的新境界，人们从政治学、社会学、组织行为学、管理学、心理学等方面深入研究领导行为及领导力，提出了诸如的领导科学理论。

　　约在1400万年前的人类最初原始蒙昧时期，人类原始人群中就出现了比氏族首领和酋长这种比较正式的权力形式更早的权力关系和权力现象。人类集群的生活方式，决定了共同的迁徙、打猎、安全等很多生活行为都需要协调，需要公认的简单行为规则并建立一定的权力关系。因此，原始人群或原始群体中，已形成了群体命令——服从关系，这种出于维持原始群体生存需要的最简单秩序和行为协调者，成为人类最早的领导行为。

　　当然，这种原始人群中的权力关系和权力形式并不稳定。随着原始蒙昧时期的发展，人类出现了比较"正式"的权力现象。美国杰出的社会科学家摩尔根认为，人类的经验只产生两种政治方式。第一种，也是最古老的一种是社会组织，其基础是氏族、胞族和部落；第二种，也就是最晚近的一种是政治组织，其基础是地域和财产。按照第一种方式建立的氏族社会，政府与个人之间的关系是通过个人与氏族、部落的关系来体现的；按照第二种方式组成的政治社会，政府与个人之间的关系是通过个人与地域的关系来体现的，即乡、县和国。

　　古希腊亚里士多德在《政治学》一书中，提出了领导行为的"正义要求"："凡是想担任一邦中最高职务、执掌最高权力的人们必须具备三个条件：第一是效忠于现行政体；第二是足以胜任他所司职责的高度才能；第三是适合于该政体的善德和正义。"《君主论》的作者马基雅弗里，深刻揭示了阶级社会中领导者的本质，认为："君主如果被人认为变幻无常、轻浮浅薄、软弱怯懦、优柔寡断，就会受到轻视。他应该努力在行动中表现伟大、英勇、严肃庄重、坚韧不拔。"法国思想家孟德斯鸠则从精神层面揭示领导者的本质："作为公共官吏的领导者所应具备的应该是法治精神、平等精神、廉洁精神、节俭精神、勤劳精神和品德等。"

中国古代文献很早就有关于领导行为和领导能力等方面的丰富记述。如董仲舒提出"为人君者，正心以正朝廷，正朝廷以正百官，正百官以正万民，正万民以正四方"，这是对领导者自律方面的要求。唐朝李世民认为，一个合格的统治者必须能任贤即杜绝谗邪，纳谏即善听逆耳忠言，清明即以人为鉴、以史为鉴；正真即敢于直言政治得失，公平，俭约清廉，谨慎戒骄，仁义诚信和善始善终。清朝曾国藩提出领导者必须具备勤、俭、刚、明、信、谦、孝和诨等八种能力。

人类早期对领导者、领导能力等方面的研究，体现了对领导行为合理性、正义性要求，但由其零散性和时代局限，没有成为一门完整的科学体系。受现实生活的激荡，领导科学自20世纪30年代在西方诞生，不断从理论上和实践上探寻研究领导现象。20世纪30年代到70年代出现的领导特质理论，试图找到领导者个体的内在天赋，解析领导者与非领导者的个性差别；而领导行为理论试图从领导者的外在行为及其方式风格中找到领导者应有的能力特征、阐述领导行为效率；领导权变理论则试图从领导者、被领导者与领导环境之间相互关系中确立有效的领导力模式。

20世纪80年代，现实社会生活的急剧变革，促使人类迈入现代领导科学理论研究的新境界，人们从政治学、社会学、组织行为学、管理学、心理学等方面深入研究领导行为及领导力，提出了诸如的领导科学理论。20世纪80年代后，企业家精神的兴起，又使美英等国的研究者们更多关注企业领导现象，如詹姆斯·库泽斯与巴里·波斯纳出版了领导力领域"第一权威著作"的《领导力》，并将研究视角拓展至21世纪的政府、企业、学校、医院、军队、社会团体等众多层次和领域。

人类的21世纪注定面临着更多变革创新的命题。领导科学进入21世纪后，旋即引发诸多变革，研究视角更多聚焦于公共管理领域，许多世界著名领导学家如德鲁克、赫塞、豪威尔和科特等都更多地将研究放在企业组织之外的公共领域思考人类的权力行为和权力现象，思考政府组织的领导力及组织的社会责任等。而随着全球化的深入，各种领导科学理论方兴未艾。人类领导力研究正进入一个酝酿着许多新突破、新发展的新的历史时期。

（《深圳特区报》2012年8月14日）

6.6 "天之道"中的自然正义

千百年来，人类一直在呼唤美德、弘扬奉献精神，为什么？根源就在于人之道本身的"先天性缺陷"。在一个由人组成的而不是由神组成的社会里，要完全实现大自然式的平衡和正义几乎不可能。

《世说新语》记载：三国时魏国的何晏注释《老子》，完成后，有一天到王弼的住处逛逛，看到王弼也在注释《老子》，且理义十分精妙。他十分折服，说："若斯人，可与论天人之际矣！"（"这样的人，就可以和他讨论天道人事的道理了！"）

这"天人之际"的奥妙，古代学人视为最高学问。司马迁在《报任少卿书》中说自己著《史记》，就是要"欲以究天人之际，通古今之变，成一家之言"。

中国人，很早就注意到"天道"和"人道"的巨大"落差"。古代文献里，关于天道人道的言论太多了。但把"天之道"和"人之道"作出明白比较的，是老聃。《老子》七十七章有一段关于天道的经典的话："天之道，其犹张弓欤。高者抑之，下者举之，有余者损之，不足者补之。天之道，损有余而补不足。人之道则不然，损不足以奉有余。孰能有余以奉天下？唯有道者。"是说天的道，不是很像拉弓吗？高了就把它压低些，低了把它抬高些，有多余就减去，不足时就补给。所以天的道，是减损有余的来补给不足的。人的道却不是这样，它是减少不足的来供奉有余的。谁能用有余供奉天下呢？只有有道的人。

大自然新陈代谢，取长补短，始终保持着均衡。"天之道"的自然正义在于以多补少，将盈奉亏。下雨总是流向低洼地，而"堆出于岸，流必湍之"。自然界一旦出现不平衡，就以平衡机制抑制之。社会中"人之道"就不一样了，它损少奉多，富者可能愈富，贫者可能愈贫，反天道而行之。在老子看来，这种"损不足以奉有余"，是人类社会的普遍现象。

"马太效应"或许是"人之道"另一种表达。《新约·马太福音》说："凡有的，还要加给他，叫他有余；没有的，连他所有的也要夺过来。"曹禺先生的大剧《日出》，扉页上曾写有《老子》"天之道"和《圣经》中的这话，曹禺先生想要表达"人道"拂违"天道"这样一种剧意。

老子对"天之道"和"人之道"作了深刻比较。在西方也有一位思想家对这两者作过比较，他就是德国哲学家叔本华。叔本华对"人之道"和"天之道"有着深刻的思辨力，他说："大自然在人与人之间的道德和智力方面定下了巨大的差别，但社会对这些差别视而不见，对每个人都一视同仁。更有甚者，社会地位和等级所造成的人为的差别取代了大自然定下的差别，前者通常和后者背道而驰。受到大自然薄待的人受益于社会生活的这种安排而获得了良好的位置，而为数不多得到了大自然青睐的人，位置却被贬低了。"

叔本华指出了一个更为深刻的现象。老子只是指出了"人道"与"天道"的相反——天道以多补少，人道以少奉多，但叔本华更指出了"人道"不仅与"天道"相反，更颠覆天道的安排，打破天道的规则。叔本华认为，大自然创造出了优秀的人，给他们很高禀赋，但到了社会里，他们那些禀赋可能完全被消融或抹杀了。"大自然定下的差别"，到了人的社会中却成了另一番模样。

《老子》谈到"天道"地方很多："功成名遂身退，天之道"（九章）；"不窥牖，可以知天道"（四十七章）；"天之道不争而善胜"（七十三章）；"天道无亲，常与善人"（七十九章）；"天之道，利而不害"（八十一章）等。什么是老子的"天之道"？老子的"天之道"是指天地正义精神所在，有点类似于西方哲学中的自然法。

"天之道"一直是人类景从的对象。中国古代诸子百家都拿"天道"说事。《水浒传》里梁山英雄打出的旗号，便是"替天行道"。千百年来，人类一直在呼唤美德、弘扬奉献精神，为什么？根源就在于人之道本身的"先天性缺陷"。在一个由人组成的而不是由神组成的社会里，要完全实现大自然式的平衡和正义几乎不可能。

老子指出，"孰能有余以奉天下？唯有道者"。真正有美德、能奉献社会大众的，只有少数道高之人。可是尽管这样，人类社会还是要多多效法"天之道"——这才是"天人合一"的真谛，才是人与自然实现和谐相处的最高境界。

（《深圳特区报》2012 年 7 月 17 日）

6.7 学术自由是学术繁荣的生命

> 科学技术的繁荣发展，一个国家、一个民族的繁荣昌盛，关键在于让人们在一个相对自由、宽松的环境中，保持和发散源源不绝的独立思考精神，从而发挥出伟大的创造力。

人类文明是伴随科学研究而发展的。科学是反映自然界、社会和思维的本质联系及其运动规律的知识体系。科学研究的基本任务，就是探索未知、认知未知。孔德曾认为，科学应当或以自己的方法，或以自己在各方面的成果，决定社会理论的重新组织。将来一旦系统化后，科学就将与人类在地球上活动共存，永远成为社会秩序的精神基础。

真正意义上的科学研究是发现、探索、解释自然和人类社会各种错综复杂的现象，为人类造福。一个国家的可持续发展，很大程度上取决于科学研究的水平；而科学研究的繁荣和发展，又取决于学术自由和创新的社会环境。

德国伟大的诗人、剧作家席勒说"艺术家以及优秀的诗人处理的从来就不是实在的东西，而是理想的东西，或者从他的实在对象中合乎艺术地选择的东西"，但是包括社会科学研究在内的科学研究，处理的是"实在的东西"，它既切入约定俗成的真实，也进入经验的真实。科学研究中任何"真实"的物质世界，都包含大量未知领域和未知事物，探索性乃至创新性成了任何真正意义上科学研究的本质。没有探索和创新的自由空间，一切科学技术的进步皆不可能。

在美国，有个有趣现象，许多重大科研成果都出于小公司而非大公司。为什么？因为大公司比较保守而小公司敢于承担风险，探索创新的自由度高。一些有远见的大公司如 IBM、杜邦等，为促进创新，建立起院士（Fellow）制度，赋予院士种种特权：经费、时间，特别是自由。院士除了拥有相当一大笔基金可自行支配外，三五年不出成果亦不予干预。事实证明，给予充分自由，让人们放手去做，允许探索也允许犯错误，就能创出大成果，后来 IBM 的科学家们先后在扫描隧道显微镜和高温超导方面获诺贝尔奖，后又在集成电路中以铜代铝技术以及其他诸多方面，都取得了重大突破。

　　曾有记者问就读于西南联大的邹承鲁院士："为什么当时条件非常差，西南联大也不算大，却培养出了那么多的人才？"邹承鲁回答两个字："自由。"毕业于西南联大的何兆武在《上学记》中也说：当时的西联人生活中最美好的事情，就是自由。无论干什么都凭自己的兴趣，没有人干涉。正因为如此，西南联大才以创造性闻名于世，在科学与人文领域培养出了许多大师级人物。

　　陈寅恪在纪念王国维的碑铭中写道："士之读书治学，盖将以脱心志于俗谛之桎梏，真理因得以发扬。思想而不自由，毋宁死耳。"学术自由，才能摆脱思维的束缚，进而兴己、兴学、兴业、兴国，实现中华民族的伟大复兴。创新是人类文明进步的动力。特别是在高科研领域，不创新，毋宁死。当代著名经济学家熊彼特的创新理论认为，创新就是"建立一种新的生产函数"，把一种从未有过的生产要素和生产条件"新组合"引入生产体系。"经济发展"正是建立在这种"新组合"基础之上的，创新是现代社会最根本的特征，没有创新就没有社会的发展。

　　2006 年 1 月 9 日召开的全国科技大会宣布中国未来 15 年科技发展的目标：2020 年建成创新型国家，使科技发展成为经济社会发展的有力支撑。中国科技创新的基本指标到 2020 年，经济增长的科技进步贡献率，从 39% 提高到 60% 以上，全社会研发投入占 GDP 比重从 1.35% 提高到 2.5%。以学术自由为本质特征的优质环境，有利于创新型国家的建立，反之则严重制约科学研究的发展乃至制约创新型国家的建立。

　　正因如此，在鼓励不受约束、敢于探索、敢于创造、敢于争鸣上，在推动建立宽松良好学术环境和激发批判性思维上，不应有半点含糊。批判性思维是现代社会不可缺少的社会进步精神特质，默顿说"世界上的绝对多数制度要求人们的绝对信仰，唯有科学使批判和怀疑成为美德"。学术自由是科学研究繁荣创新的生命，也就是学术繁荣的生命。一个缺乏自由探索和创新空间的社会，是没有生命力和创造力的。科学技术的繁荣发展，一个国家、一个民族的繁荣昌盛，关键在于让人们在一个相对自由、宽松的环境中，保持和发散源源不绝的独立思考精神，从而发挥出伟大的创造力。

（《深圳特区报》2012 年 7 月 10 日）

6.8 单位中的"行政文化"

　　　　　　　单位不仅决定着人们的社会时间和社会生活内容，还在某种程度
　　　上决定着人们精神和品格质量。单位中的行政文化，构成了一种独特
　　　的社会现象。

　　单位是一种典型的社会构件，也是一种最基本的社会结构和文化符号。单位文化是社会文化的变量，深刻影响着一个国家一个地区社会文化的质量和发展。尽管今天大量"单位人"变成了"社会人"，但事实上，中国社会的"单位制"结构并没有真正改变。单位是大多数人的栖身场所、安身立命之地。单位拥有着很大的社会资源，大的单位本身，就是个小社会。单位不仅占了人生黄金时期1/3多的时间，更构成了人们社会生活的重要内容。

　　单位不仅决定着人们的社会时间和社会生活内容，还在某种程度上决定着人们精神和品格质量。单位中的行政文化，构成了一种独特的社会现象。一个"单位"之所以成为一个单位，不仅在于它的行政架构和人员组成，更在于它"运营着"一种行政文化。就是说，一个完整的"单位"，不仅仅只是它的员工、它的设施和它的种种硬件的构成，还一定包括了它的行政文化。行政文化是一个"单位"的灵魂——它或者表现为一种氛围、风格，或者表现为一种"潜规则"。

　　"单位文化"可以称为单位行政文化或团体文化、集团文化、群体文化等。这种文化的形成有两个决定因素：一是单位的传统，即一个单位长久形成的习惯和习俗；二是单位领导者或领导群体的主导。"任何组织严密的生活方式都要按照自己设计的模式来塑造人的行为。"中国的单位文化影响力很大。单位组织中的利益和权力关系，决定了单位人的行为选择和行动策略。

　　优质的单位文化，激励人们向上，有利于公民品质的养成；劣质的单位，不利公民品质的养成。"单位文化"一旦形成，个人只能服从，因为人们处于这种文化中，很难改变什么。人们走进一个单位，首先会体察其中的文化。《红楼梦》中林妹妹进贾府，本能地首先关注"贾府文化"。一个人如果与一定的单位

文化不相容，他的行为就可能与单位文化产生某种冲突。

"官场"是人们对科层组织的一种通俗称谓。官场文化是一种典型的单位文化和行政文化。作为社会文化的一部分，大大小小单位内部运营的行政文化和行政机制是否健康向上，是否有利于人们养育公共精神和公民品质，对于一个社会的文明进步非常重要。

裴矩在隋朝做官，以溜须拍马著称。隋炀帝在位时，他极尽阿谀逢迎之能事。可到了唐朝，他一反常态，时常对朝政发表"正义"意见，当面与唐太宗争论，成为忠直敢谏的诤臣。原因在哪儿？司马光指出："君明臣直，裴矩佞于隋而诤于唐，非其性之有变也。君恶闻其过，则诤化为佞；君乐闻其过，则佞化为诤……"裴矩的人格表现，以及魏征等其他许多人的例子都说明，行政文化对人的引导制约作用很大。如果只想听"顺耳"话，对不同意见不能"耳顺"，那么一定会有溜须拍马之徒群起而上。

《论语·为政》记载，鲁哀公向孔子请教："怎样做才能让人民服从？"（"何为则民服？"）孔子给出的回答是："提拔正直的人放在邪曲的人上面，人民就会服从；如果提拔邪曲的人放在正直的上面，那人民就不会服从。"（"举直错诸枉，则民服；举枉错诸直，则民不服。"）孔子所倡导的，是建立一种好的遴选机制、一种好的行政文化，以使"举直错诸枉"，提高政事绩效。在一个清洁、公平的环境中，优者胜出，劣者淘汰，良币应当驱逐劣币，这是"正淘汰"机制。而当一个行政结构的"逆淘汰"成为一种正常生态，成为一种行政习性时，就会对人产生巨大震慑力，而人们的不断加入又会使各种潜规则坚硬如铁，不容抗拒。官场行政文化一旦形成，就产生相应的制约机制和遴选机制。

在今天科学发展进程中，我们要更多地从营造优质的行政文化做起，使好的行政文化风行天下，以形成良好的社会文化——这是实现以人的现代化为核心的社会现代化的重要条件。

（《深圳特区报》2012 年 5 月 29 日）

6.9　德才评价的不平衡性

　　人们通常以"德才"两方面审度人、衡量人、评价人；德才评价
是中国最典型的评价模式。"德才兼备"作为一种理想人格目标，体现
了两者之间的和谐和统一，体现了人们对提高自身良知、美德，从而
提高生存能力的良好愿望。

　　一个健康社会是不会接受卑劣的道德形象的。歌德说的："你若失
去了财产——你只失去了一点儿，你若失去了荣誉——你就失去了
许多。"

　　对"德才"的考察评价，应有不同的科学分类方法，尤应对
"德"采取更为审慎、严肃的科学态度，探索和建立一套更加健全完善
的科学认知和评价方法。

一、德与才，是估量人的伦理价值和智能价值及至整个生存价值的支点。千百年来，"德才兼备"为人品性之高境界

　　德与才，是估量人的伦理价值和智能价值及至整个生存价值的支点。千百
年来，"德才兼备"为人品性之高境界。人们通常以"德才"两方面审度人、
衡量人、评价人；德才评价是中国最典型的评价模式。"德才兼备"作为一种理
想人格目标，体现了两者之间的和谐和统一，体现了人们对提高自身良知、美
德，从而提高生存能力的良好愿望。

　　然而"德才"两者在考察、评价和审度上，有着不同的特点和复杂性，两
者呈现了"非对称性"特点。其一，对人"德"的考察，是一种伦理评价；对
人"才"的考察则是一种能力评价。伦理评价的复杂性，要远远超过能力评价，
这毋庸赘言。其二，对"德"认知的相对复杂性和对"才"认知的相对直观
性——这一点，正是我们需要更为予以正视的。

　　对一个人"才"的识别，比较明晰直观。对一个人才干考察在一般通常条
件下即可作出。比如，考察一个人的绘画能力，只需看他的绘画作品即可；考
察一个人的声乐能力，只需听他歌唱即可；检验一个人工作能力，一般在较短

时间内便可获得结论。随着科学技术的发展，人的能力已愈益具备比较可靠的技术测试手段。如现代意义上的智力测试，从1905年法国人比纳·西蒙制定第一个智力测量表至今，已有100多年的历史。

然而，对一个人"德"的考察，就复杂多了。对一个人"德"的认知识别，在一定程度上具有相当大的模糊性。"路遥知马力，日久见人心"，是指"知人"的长期性。"危时见臣节，乱世识忠良"，是指需在特定环境与条件下方能识别人之品性德行。"知人知面不知心"，"防人之心不可无"，是指"人心叵测"，非一眼能看清的。对"德"的考察，至今无法借助简明可靠的科技手段。

更复杂的问题还在于，在一定环境和条件下，"德"是可以伪饰的，是可以弄虚作假（而这恰恰是难以一时识破的），它大大增加了"德"考察的复杂性。

二、现实生活中，德行越是不怎么样的人，往往越喜欢做道德功夫，以嘉言慈行包装自己

一个人的才干，作为一种比较稳定、显性的素质，比较明晰和直观。"大智若愚"可以，"大愚若智"则要闹出笑话。一个人如果乏才而去"充才"，是相当困难的，是很容易被揭穿的。但是"德"就不一样了。在特定条件和环境中，道德伪善者可以尽情表演，并会获得群体和社会的喝彩。现实生活中，德行越是不怎么样的人，往往越喜欢做道德功夫，以嘉言慈行包装自己。比如，搞腐败的人，经常把"廉政"作为口头禅；嫉贤妒能的人，往往"尊重人才"的口号喊得极响；喜欢玩小动作的人，最喜欢声色俱厉地声讨"自由主义"。

古往今来，所谓"伪道德""伪君子""伪善"之类的说而太多了，"饰德""伪德"之举比比皆是；但从未有诸如"伪才能"之类的说法。人们在"德"上，有"假仁假义"之类的说法；在"才"上，却只有"真才实学"的说法。

今天中国已进入一个文明发展的新时期，新的社会环境和时代精神正荡涤道德虚伪的土壤和条件，但并不能完全革除这种土壤和条件。在揭露出来的大量腐败案中，几乎所有的贪官都演绎着一套"人格假面"的模式。讲道理头头是道，搞腐败地地道道；台面上坐而论道，私底下搞旁门左道。贪官们无暇去研究"马基雅维里主义"，但"道德伪装术"玩得天衣无缝。党性、原则、廉洁、勤政在他们那里，不过是用来伪装的护身符而已。

"德"之所以被伪饰，是因为一个人要立身安命，就得有良好的道德形象。一个健康社会是不会接受卑劣的道德形象的。歌德说的："你若失去了财产——你只失去了一点儿，你若失去了荣誉——你就失去了许多。"在"德隆望重"和"才高八斗"这两者面前，社会是一种什么态度？对前者，人们时常会感其德风德操，甚至感恩戴"德"；对后者除了"吾意独怜才"外，有时还会打上一个"恃才傲物"的标签。

"德"之所以可伪可饰，还因为"德"在一定境况中具有"短期可塑性"。所谓"短期可塑性"，是指德可以在较短的单位时间内，完成特定目标性的"塑造""打造"。

三、在"德才兼备"的评价体系中，对德才两者等量齐观、没有区别，是一种简单化的思想方法

真正的品性修炼是长期的，非一蹴而就。"我善养吾浩然之气"。"其为气也，至大至刚，以直养而无害，则塞于天地之间"，孟子强调"气"乃"集义所生者，非义袭（突击）而取之也"，不能搞"揠苗助长"。人的品性形成具有长期性、阶段性、顺序性特点，如杜威认为它分为"前世俗水平""世俗水平""自律水平"；皮亚杰指出人的品性有"前道德阶段""他律阶段"和"自律阶段"。

然而某些时候，短期"道德突击""道德速成"在现实生活中是大量存在的。"放下屠刀，立地成佛""浪子回头""后进变先进""改邪归正""苦海无边，回头是岸"等，都显示了"德"时间上的简短性和操作上的简便性。"德"或许通过某种契机获得了升华，但在另一面，也潜藏了虚作的可能性。

一个人的能力才干则是短期"突击"不了的。不要说综合能力培养的长期性和艰难性，就是某一项技艺的真正掌握，亦绝非轻而易举。"读书破万卷"，才谈得上"下笔如有神"；"板凳要坐十年冷"方能"文章不写一句空"。"读万卷书，行万里路"，"十年磨一剑"，"锲而不舍，金石可镂"，等等，皆此谓也。

毫无疑义，德才两者的考察评价具有不同的特性和复杂程度。在"德才兼备"的评价体系中，对德才两者等量齐观、没有区别，是一种简单化的思想方法。对"德才"的考察评价，应有不同的科学分类方法，尤应对"德"采取更为审慎、严肃的科学态度，探索和建立一套更加健全完善的科学认知和评价方法。

（《深圳特区报》2012 年 5 月 8 日）

6.10 通过顶层设计缩小贫富差距

消除贫困、缩小贫富差距，确保不同社会阶层在合理的分配格局中共享改革发展成果，越来越成为新一轮发展和改革必须审慎解决好的重大现实问题。

社会存在差别越大，社会意识差别亦越大。随着阶层分化加剧，贫富阶层由其经济、社会、政治生存差异状态导生的价值观念和社会认知上的分歧，也势必扩大。

更加重视改革顶层设计和总体规划，通过制度法律政策的顶层设计，从制度安排和社会分配结构上调控贫富差距，让人民更多地共享改革发展成果。

如何缩小贫富差距一直是我国社会发展中出现的基本问题之一。巨大落差的贫富差距会带来严重危害，危及一个社会的可持续发展甚至影响整个文明的进步。如何调控好贫富差距，遏制两极分化，实现社会公平，是中国未来一段发展时期重大的战略性问题。

一、消除贫困、缩小贫富差距，确保不同社会阶层在合理的分配格局中共享改革发展成果，越来越成为新一轮发展和改革必须审慎解决好的重大现实问题

"十一五"期间，中国国内生产总值39.8万亿元，年均增长11.2%。"十二五"期间，中国经济增长预期目标7%，2015年国内生产总值将超55万亿元。随着中国经济总量不断扩大，近10年来贫富差距呈扩大趋势，成为当下中国社会经济发展中必须认真解决好的一个重大问题。

温家宝总理在今年人大的《政府工作报告》中，再一次提出了解决好控制分配差距、形成合理的分配格局、实现社会公平的问题，指出要"尽快扭转收入分配差距扩大趋势，努力使广大人民群众更多分享改革发展成果"；同时提出："努力实现居民收入增长和经济发展同步、劳动报酬增长和劳动生产率提高同步，逐步提高居民收入在国民收入分配中的比重，提高劳动报酬在初次分配中的比重，加快形成合理的收入分配格局。"

消除贫困、缩小贫富差距，确保不同社会阶层在合理的分配格局中共享改革发展成果，越来越成为新一轮发展和改革必须审慎解决好的重大现实问题。

二、解决贫富差距过大不仅是个经济问题，更是一个社会伦理问题。搞改革开放，搞现代化建设，出发点和归属点就是为了造福于民，是为最大多数人谋福祉

国际社会通常以基尼系数来衡量人们的收入差异程度，数值越高分配问题越大。按通常标准，基尼系数在 0.3 以下最为合理，0.3～0.4 之间为正常状态，超过 0.4 为警戒状态，达到 0.6 则进入危险状态。1978 年，中国内地基尼系数为 0.317。改革开放以来在经济高增长的同时，贫富差距逐步拉大。

当然我们不能完全照搬国际统计口径。中国特殊的国情，如中国城乡差距大是形成基尼系数较大的重要原因。发达国家由于较早实现工业化，在工业化过程中农民逐渐进入城市，在总人口中农民所占比例小，大体在 5% 以下；而中国 60% 人口在乡村，地少人多，每年可得收入微乎其微。但是应当看到，腐败和垄断造成的机会不均等，是造成中国贫富差距过大的主要原由。控制贫富差距，须从惩治腐败和消除垄断下手。

《半月谈》杂志进行过一项八省市调查，其中"收入差距"成为"百姓最关心的问题"第一位；73.5% 的人认为应当"提高低收入人群的收入水平"。

社会存在差别越大，社会意识差别亦越大。随着阶层分化加剧，贫富阶层由其经济、社会、政治生存差异状态导生的价值观念和社会认知上的分歧，也势必扩大。

一定程度的贫富差距，对于一个社会进步不仅是合理的，也是必须的。适度的贫富差距能激发人们创造财富、追求生活质量的内在力量。改革开放以来，中国经济高增长就是通过"先富带后富"方式实现的。一个绝对均衡、没有差异的社会，是不利于社会繁荣进步的。但是贫富差距越过一定限度，就会使人们对财富创造失去兴趣，而在财富占有、如何使财富分配对己有利上筹费心力，就会引发大量社会问题。在社会结构上，贫富差距决定社会分层，进而决定社会结构类形。人类近现代史已反复表明，"金字塔形"的社会结构，最不利于一个社会可持续协调发展的。

贫富差距不仅是个经济问题，更是一个社会伦理问题。一个社会的发展，如果要以大多数人的贫困和相对贫困为前提和条件，要以大多数人沦为富裕阶层的金字塔底座，那么这个社会本质上是非理性的。在中国改革开放初期，邓小平曾告诫："社会主义的目的就是要全国人民共同富裕，不是两极分化。如果我们的政策导致两极分化，我们就失败了。"我们搞改革开放，搞现代化建设，出发点和归属点就是为了造福于民，是为最大多数人谋福祉。

罗尔斯指出："正义是一个社会的核心价值。"社会分配是体现"社会正义"的重要方面。社会财富占有不均，巨大差距引发的各种显性和潜在的冲突如得不到消解，势必对社会主流价值构成挑战，对社会稳定形成强烈冲击，进而削弱社会凝聚力。

三、遏制两极分化、解决好贫富差距过大是一个复杂的系统工程，涉及就业、工资增长、行业垄断、城乡收入、税收、基本公共服务、社会保障、分配制度等诸多方面

中国的文化传统，对社会贫富问题比较敏感。"民不患寡而患不均"是中国几千年来一种文化积淀，一种社会心理。历史上，贫富问题一再成为社会动荡的爆发点。在中国这样一个大国建设现代化，尤其要审慎对待社会贫富问题。

遏制两极分化、解决好贫富差距过大是一个复杂的系统工程，涉及就业、工资增长、行业垄断、城乡收入、税收、基本公共服务、社会保障、分配制度等诸多方面。要以科学发展观为指导，通过制度法律政策的顶层设计，从制度安排和社会分配结构上调控贫富差距，让人民更多地共享改革发展成果。

首先，中国几大战略区域的协调发展至关重要，因为地区间巨大差异决定了结构性贫富差异。东部地区要更好地率先发展，深圳经济特区、上海浦东新区、天津滨海新区等应在改革分配制度和政策中加大先行先试步伐。中部地区加快崛起中，要注重提升人们收入水平。东北地区等老工业基地的振兴，要在推进资源型城市转型、实现社会分配公平上有更多体现。西部大开发应在提升人们生活质量上有更多起色。同时，在制度政策上加大支持革命老区、民族地区、边疆地区发展的力度，加快脱贫致富步伐。

其次，要大力遏制腐败，消除垄断，实现机会均等。腐败和行业垄断（另一种方式的腐败）是缩小贫富差距、实现社会公平的大敌。要实现社会公正，实现社会财富分配的公平，就一定要大力整治腐败，消除行业垄断。"觉悟""性善"等虽然可敬，却不能作为社会治理的依据，也不能成为反腐败的依据。治理腐败的第一要件是刚性的法治钳制，是科学管用的制度安排。

再次，着力解决好社会分配问题，坚持遏制两极分化。在20世纪初叶，孙中山先生指出："四万万人都有饭吃，并且要有很便宜的饭吃，要全国的个个都有便宜饭吃，那才算解决了民生问题。"要通过制度政策安排，尽快扭转收入分配差距扩大态势，使更多的人提升生活质量和"幸福指数"。对于城乡低收入群体，应根据社会发展适时提高最低工资标准和企业退休人员基本养老金、城乡居民最低生活保障标准。与此同时，提高个人所得税工薪所得费用扣除标准，

调整税率结构，减轻中低收入者的税收负担。目前我国行业间收入差距已达10倍，要加强对收入过高行业收入的调控，特别要对国企、金融机构高管人员加强薪酬管理。

最后，要切实推进健全覆盖城乡居民的社会保障体系。加快健全覆盖城乡居民的社会保障体系，对于消除贫困、缩小贫富差距意义重大。要加快推进新型农村社会养老保险试点和城镇居民养老保险试点，对企业退休人员要建立起正常的基本养老金调整机制。要推进机关和事业单位养老保险制度改革，完善城乡低保制度，增加社会保障基金。同时还要大力推进残疾人社会保障体系和服务体系建设等。从完善和健全城乡居民社会保障体系上，筑起遏制贫富差距进一步扩大的防火墙。

（《深圳特区报》2012 年 3 月 27 日）

6.11　"治大国若烹小鲜"

公元前老子"无为而治"的政治哲学，与两千多年后经济学家哈耶克尊重"自然秩序"的思想，颇有灵犀相通处。

1983 年美国总统里根在"国情咨文"中引用老子的"治大国若烹小鲜"来表达自己的治政理念。这《老子》六十章中话，是老子思想精髓之一。大致意思是，治理大国犹如煎小鱼那样——如果翻来覆去，极易碎烂。你不多动它、不折腾它，鱼才能熟而保持完整。

公元前老子"无为而治"的政治哲学，与两千多年后经济学家哈耶克尊重"自然秩序"的思想，颇有灵犀相通处。人们甚至认为，西方自由主义经济学"自然秩序"的思想源自老子，老子思想孕育了现代经济学精神。

可是连西方社会引为瑰宝的"无为"学说和理念，在它的本土中国，要真正被接受，是有些困难的。你跟今天的人说"无为"，他会感到很奇怪，很匪夷所思。在过去漫长岁月的一些朝代里，"无为而治"依稀可见，如唐太宗的治国之道，秉持"自然安静"（《贞观政要·君道第一》）。

"无为而治"不是宅在家不做事，不是只晒太阳、只喝茶或打麻将。张岱年先生说："所谓无为，即统治者不干涉或尽量少干涉人民的生活。"老子主张"以正治国，以奇用兵，以无事取天下"，要求恢复原始社会淳朴的"慈孝""忠信"等，反对暴力、重税和滥政。《庄子·外篇·天地》中解释说："古之畜天下者，无欲而天下足，无为而万物化，渊静而百姓定。"

《老子》中有段话，或许最准确地表达了老子心目中"无为"的统治者："太上，不知有之（也有作'下知之'），其次亲之誉之，其次畏之，其次侮之。信不足焉，有不信焉。悠兮，其贵言。功成事遂，百姓皆谓'我自然'。"在老子看来，好的政治，莫过于"贵言"，即不滥发政令，不折腾民众。这种"太上不知有之"的统治者，就是老子心目中"无为而治"的统治者了。

"无为"思想在过去，被认为是"厌世哲学"。我们很少去体察其中的精微之处。梁启超曾说："常人多说老子是厌世哲学，我读了一部《老子》，就没有看见一句厌世的语。他若是厌世，也不必著述这五千言了。老子是一位最热心肠的人；说他厌世的，只看见'无为'两个字，把底下'无不为'三个字读漏了。"

其实"无为而治"并不只是老子之说、道家之义，也为其他各家所吸纳。《论语·卫灵公》记载："子曰：无为而治者，其舜也与! 夫何为哉？恭己正南面而已矣。"孔子认为：能无为而治理天下的人，大概只有舜吧，他做了什么呢？只是端正地坐在朝廷的王位上罢了。孔子提出"无为而治"，显然是受到了老子思想的影响。

而一般认为姜太公做的兵书经典《六韬》，在"文启"篇里，也极力推崇"无为而治"的治政之道。认为国家要长治久安，当行无为而治。当文王询问姜太公，治理天下应恪守哪些准则时，姜太公回答他："政之所施，莫知其化；时之所在，莫知其移。""夫天地不自明，故能长生；圣人不自明，故能明彰。"意思是，施行政令的时候，要使民众感受不到它的教化；就像四时存在，可没有人感受到它在流转。天地运行从不刻意显示它的规律，所以才能滋养万物；圣贤从不表明自己，所以才能声名显著。

"治大国若烹小鲜"其实是一种非常重要的历史经验，也是一种高超的领导艺术。其对于今天的借鉴意义在于保持政策的连续性，不瞎折腾、不乱作为，进而实现"有为"与"无为"的科学统一。"道常无为，而无不为"，无为而"自化"，以"无为"之道临治天下，反而可以无为达有为，无为而无不为，趋利避害，实现民众的福祉。

（《深圳特区报》2012 年 3 月 13 日）

6.12 传媒政治时代的发轫

今天，领袖和政治家个体由于职业的特殊性而对社会构成的居高临下的传统态势、传统公共权力的神秘威严，愈益受到大众和媒体的消解，受到民主精神的荡涤，这是"现代性"给予领导过程和领导行为设定的另一个维度。

本质上，领导行为是情境的产物。一定的领导行为发生在一定的情境中才合理。领导者的"场景意识"非常重要，因为它规定了领导行为与时间空间的契合，制约着领导行为的绩效。领导者作为一种社会角色（social role），是与领导者社会地位、身份相一致的一套权利、义务的规范和行为模式，正如社会学家、符号互动论学者戈夫曼说的：社会角色是"个体在一个特定地位中作出的典型反应"。

时代中的每个人都面临着时代中的定规。而今天领导者面临的几种特定"时代定规"，构成了新的"领导境遇"，对领导过程和领导行为产生重大影响。

其一，"媒体逻辑"无所不在。现代传媒网络构建了新的社会形态，而网络化逻辑的扩散，实质性地改变了生产、经验、权力与文化过程中的操作和结果。强大的传媒系统（包括话语、意识、方式等），一方面主导着公共生活的政治与行政过程；另一方面又极大地影响甚至干预现代领袖群体的行为方式。今天，公共生活的各个方面"媒体逻辑"无所不在，领导过程对于媒体影响的适应以至于自觉运用，是传媒政治时代的一大特征。

2008年美国大选中，奥巴马击败共和党参选人麦凯恩而成为美国第44任总统，开创了非洲裔黑人总统的历史。有人说：这一刻，1861年7月21日打响的南北战争，才真正结束。奥巴马胜选，网络担当了重要角色，这是善用网络的胜利。凡有网络的地方，就有奥巴马，号称"Obama Everywhere"，形成了所谓"Youthquake"（年轻人地震）。在另一方面，善用网络也使奥巴马竞选阵营筹款规模达6亿多美元，完全压倒了共和党竞争对手。

在全球范围内，传媒力量使政党和政府的行为模式正发生巨大变化。政党领袖的媒体表现，对社会影响有着非比寻常的意义。事实上，真正意义上传媒政治时代已进入我们生活的各个方面。

其二，"形象平民时代"的强健。领导者是"公共责任者"。今天，领袖和政治家个体由于职业的特殊性而对社会构成的居高临下的传统态势、传统公共权力的神秘威严，愈益受到大众和媒体的消解，受到民主精神的荡涤，这是"现代性"（Modernity）给予领导过程和领导行为设定的另一个维度。

由此引发的一个重大变化是，领导行为和公共形象塑造愈益多地有了"平民取向"。平实、平易、平和、平常但不平淡、平凡但不平庸的"平民型"领导人格，今天有了更为普及化的态势。它给领导过程带来的一个重大变化是，民众和社会公共精神更多地参与了对于领导者群体的评价；参与了公共形象的形塑和引导。

领导者的公共形象包含着诸如社会评价、社会认同、社会信任的伦理性因素。如果一名领导者民众认同不好、社会评价不合格，那么其领导行为进而领导生涯一定会受很大制约，其领导效能一定会大打折扣。这当中，有很多新的现象、新的问题、新的技术和艺术需要深入探寻。

其三，"行政包装时代"的滥觞。今天的世界，在与人类以往各个时代的区别上，有两个重要特征：一是简单化、脸谱化的大众认知方式；二是生活化、全覆盖的传媒介入方式。这两大特征约定了今天政治—行政过程的全部风貌。世界越来越复杂，但人们的认识方式越来越简单。世界充满了图像和符号，种种图像和符号是人们理解生活、解读人物和事物的主要凭籍。人们似乎愿意以最为直接简单的方式，来认识包括领导行为在内的这个世界的一切。

于是，视觉艺术的普遍化，约定了政治和行政过程的包装性特征。装饰（decoration）作为基于一种艺术活动，根据对称、均衡、节奏等形式原理施予对象抽象化、规则化之形式美。对装饰形式美的效果的阐发，在原始社会诸艺术表现中已被广泛确认。作为超越时代和地域的装饰性（ornamental）是所有艺术部类共有的基本特征。作为向社会提供的公共产品之一，领导过程和政府形象在客观上也具有影响视觉评价价值的"包装"特征。这种技术正如其他种种技术一样，都是一定社会发展阶段的产物。

（《深圳特区报》2012 年 1 月 10 日）

第七章

07

| 2011 |

二十四节气之

谷雨←清明←春分

人的理性的稀缺性，是人类规制需求与规制供给关系中一个深刻的内在动因。规制通过设定一系列游戏规则以减少环境的不确定性，来提升人们认知环境的能力并规范自身决策行为。

　　几乎所有的理性主义者都十分强调"社会发展规律"。但在强调"客观规律"的同时，决不肯降低意志、理性这些东西的决定作用，总以高扬的意志和理性来超越规律。

　　世界是复杂的，管理却是简单的。管理意味着对复杂进行抽象，进行集约和简化。简约的思想方法最合乎人类公共事务特性。人类历史上每一次管理革命，其实都在迈向简单。

7.1 推动文化产业成为国民经济支柱性产业

《中共中央关于深化文化体制改革推动社会主义文化大发展大繁荣若干重大问题的决定》强调推动文化建设与经济建设、政治建设、社会建设以及生态文明建设协调发展，推动文化产业成为国民经济支柱性产业。全国许多省市自治区都出台了贯彻实施意见，掀起了新一轮文化体制改革的浪潮。

对文化进行分区研究，有助于认识各地区社会经济发展的特殊性和各地区之间的文化联系，有助于各地的文化规划和发展。

一、文化越来越成为民族凝聚力和创造力的重要源泉，成为综合国力竞争重要因素，成为经济社会发展重要支撑

当一个国家或地区经济社会发展到一定阶段，特别是现代化行进到一定程度，文化的力量、文化的功能和作用会被愈益地为人们所体认。文化越来越成为民族凝聚力和创造力的重要源泉，成为综合国力竞争重要因素，成为经济社会发展重要支撑，这一点，在"十二五"开局之年的 2011 年中国社会发展中，得到了充分体现。

文化研究成果斐然。在 2011 年文化研究成果丰富。在读秀学术网上以"文化"作为主题词搜索，2011 年至少有 212 本文化著作面世。

其中《中国现代性与德意志文化》上中下三册、《文化产业研究读本·西方卷》《文化产业研究读本·中国卷》《中国主流文化的战略导向·明代个案研究》《新时期中国文化体制改革探寻》《启蒙·濡化·创新中国共产党与文化现代化》等，都产生了一定社会影响。而《上海文化发展报告 2011 提升城市文化软实力》《阅读，让城市更美丽——苏州创建书香城市纪实》《云南文化发展蓝皮书 2010—2011》《杭州文化创意产业发展报告 2010》《山东半岛蓝色经济区文化产业发展战略研究》《聚焦与擦亮——广州市各区品牌文化研究 2010 卷》地方性文化建设实录述著，反映 2011 年各地文化发展的实绩。

文化体制改革不断深入。十七届六中全会通过《中共中央关于深化文化体制改革推动社会主义文化大发展大繁荣若干重大问题的决定》，对推进文化改革发展作出部署，强调推动文化建设与经济建设、政治建设、社会建设以及生态文明建设协调发展，要求推动文化产业成为国民经济支柱性产业，加快构建有利于文化繁荣发展的体制机制，建设宏大文化人才队伍、为社会主义文化大发展大繁荣提供有力人才支撑。

2011年，我国文化产业蓬勃发展，整体规模和实力快速提升。广东、山东、上海、辽宁、重庆和深圳等地文化体制改革取得成效，以文化创意产业为领头军，使文化产业成为经济新增长极。2011年，上海率先建立由国家部委和上海市直接合作的"部市合作"机制，在新闻出版、广播影视、文化艺术、数字出版等领域，集聚起一批"走出去"文化企业，并在国际贸易中实现文化贸易顺差。上海以文化创意产业推动文化体制改革，形成增加值占生产总值比例近10%的强大文化产业体系。

《中共中央关于深化文化体制改革推动社会主义文化大发展大繁荣若干重大问题的决定》颁发后，全国许多省市自治区都出台了贯彻实施意见掀起了新一轮文化体制改革的浪潮。

二、文化不是经济活动的直接产物，它们之间存在着各种复杂变量。文化有自己刚性逻辑和内在发展规律，不会臣服于人的意志和操纵

2011年文化发展中，反映出值得进一步深入思考的几个问题：

其一，文化学本体论研究如何重点突进。在近代，给文化下明确定义的首推英国人类学家泰勒。而英国人类学家马林诺夫发展了泰勒的文化定义，指出"文化是指那一群传统的器物，货品，技术，思想，习惯及价值而言的，这概念包容着及调节着一切社会科学"。在今天中国社会经济发展中，如何更深入地推进文化本体论研究，特别是文化生态学、文化区域和文化采借等学科研究，是文化学面临的重要任务。

文化生态学用人类生存的整个自然环境和社会环境的各种因素交互作用的生态理论，来研究文化产生和发展。人类是一定环境中总生命网的一部分，与物种群生成体构成一个生物层的亚社会层。在这个总生命网中，引进文化因素，在生物层上建立一个文化层，这种共生关系不仅影响到人类一般生存和发展，而且也影响文化的产生和形成。推进"文化区域"和"文化采借"研究。一个文化区域有自己特殊的自然人文地理环境，形成地域性特殊文化特质。对文化进行分区研究，有助于认识各地区社会经济发展的特殊性和各地区之间的文化联系，有助于各地的文化规划和发展。"文化采借"是不同文化在传播过程中相互的自觉吸纳和融合。而精神文化的采借，才是一个民族生存活力和创造能力最重要的体现。

其二，文化发展如何遏制"文化浮躁"倾向。文化本质上不是一个"打造"和"赶超"的命题。文化的变革和发展是微量的、累积的、渐进的，需很长历史时间。文化浮躁和文化理性主义、甚至"文化大跃进""学术大跃进"已成为当下中国文化发展的巨大障碍。文化不是经济活动的直接产物，它们之间存在着各种复杂变量。文化有自己刚性逻辑和内在发展规律，不会臣服于人的意志和操纵。"重建文化"正如"重建山河"一样的浮躁和漫夸，一些地方文化上的"重建""打造"偏好，说到底是对文化缺乏敬畏感、不尊重文化内在规律、不知文化为何物的"虚妄"，是文化发展的大敌，需要认真加以克服。

其三，如何凸显城市的文化身份。以大都市为中心的当代城市化进程，直接改变了传统社会生产模式、文化生产与消费模式、人的生活态度与价值观念，同时也向传统人文社会科学如人类学、社会学、美学等提出严峻挑战。在都市文化发展中的很多问题，已越出传统人文社会科学理论框架。这当中，如何凸显城市的文化身份，是今天中国更为突出的普遍问题。

一个没有"文化身份"的城市本质上是没有个性和生命力的。今天人喜好"计算"的习性，愈益多地反映到城市形貌上，城市每个角落都存在"刻意做"的影子，全国大大小小的城市都雷同化、齐一化、同构性。城市发展缺少耦合性，缺少历史风雨感，这是过度意志化的必然结果。这里，缺失的一个关键的文化理念是，城市发展演绎的是"天道"而非"人道"。作为文明文化积淀之物和人的物理空间的城市，本质上是"自然秩序"作用的结果，是历史风雨雕塑的结果。人的智慧不可能根本操纵城市文化生命的运行。因此，更深刻地体认文化的内在发展规律、尊重文化的特性，是今天中国进一步推进文化发展、实现文化大繁荣必须认真解决好的问题。

（《深圳特区报》2011 年 12 月 27 日）

7.2 道德建设需要民族历史精神滋养

> 一个民族、一个国家，公民品格是有历史渊源的。在漫长的历史行进中，中华民族逐步形成了民族精神的主旋律。这种民族精神主旋律是与文化传统共生的，具有鲜明的民族特色。

民族精神是民族的历史精神。在民族精神与国民文化关系上，民族精神是国民文化中比较突出的稳定的部分。一个民族、一个国家，公民品格是有历史渊源的。在漫长的历史行进中，中华民族逐步形成了民族精神的主旋律。这种民族精神主旋律是与文化传统共生的，具有鲜明的民族特色。

新时代的道德发展需要民族历史精神的滋养。今天社会道德建设，一方面应注重对传统文化的扬弃，另一方面应注重对时代精神的融合，以更深切的"文化自觉"从中华民族精神的历史资源中汲取道德滋养。

一、古代重德精神的历史内容，有些已随着岁月演变而失去价值，应予摒弃，但是追求道德人格的完善，仍是今天道德建设的目标

"重德"是中国的国粹，是中国最突出的精神意识。中华民族历来重视道德的自觉和人格的完善。《论语·里仁》说："好仁者，无以尚之"，"德不孤，必有邻"。《论语·卫灵公》说："志士仁人，无求生以害仁，有杀以成仁。"历代先哲特别看重人格，崇尚气节。孟子提倡"富贵不能淫，贫贱不能移，威武不能屈"，要求养涵"浩然正气"。儒家强调人之言行要合乎道德规范，修身明德，具有刚正不阿的凛然正气。

古代重德精神的历史内容，有些已随着岁月演变而失去价值，特别是儒家把道德价值当作看问题的出发点和最高准则的思维方式，应予摒弃，但是追求道德人格的完善，仍是今天道德建设的目标。无论是领导者还是草根百姓，无论是工商巨子还是打工者，"重德"仍是应有的价值取向。当然，今天所谓"德"，是面向现代化、面向未来、面向世界，体现了新时代精神的"德"。

中国古代思想家们强调道德和知识才干兼备的完全人格论，要求人们不仅有良好的道德修养，而且还应具备知识才干。在西方，苏格拉底强调"知识即美德"，认为知识才学有助于形成人的公共理性。亚里士多德虽然认为知识与道德是区分的，"理论理性"与"实践理性"不同，但他认为人应当崇尚知识才干。扬德的目的在于扬善，而知识才干是扬善的基础，是一切事业的条件。

二、只有在全社会建立起务实人格，才能更好地实现中国社会的重大转型，才能在未来的世界竞争中获得较好生存境遇

儒家的理性主义传统和人文主义精神以及无神论长期居于统治地位，这有助于形成一种务实精神。"华而不实，耻也"，中国人历来重视实际，讲求实用，轻浮华，贬空谈，鄙玄虚，讲求入世，不重出世，崇尚经验，轻视神异。中国虽有土生土长和外来宗教流派，但没形成全民族宗教狂热。佛教中影响很大的禅学，也注重在日常生活中求得领悟和解脱。

古代务实精神具有很大的扬弃价值。今天我们倡导"实事求是""一切从实际出发"的原则，是对古代务实精神的科学提升。但中国古代的务实精神以经验理性为基础，缺乏实证科学精神。今天中国进入了现代化建设和改革开放关键时期，务实精神意义重大。当今世界科学技术发展日新月异，世界各国尤其是发达国家社会经济发展相当快。我国与世界发达国家的经济差距相当大，并且这种差距还有继续扩大的可能。

中国自古以来就有清谈之风，几乎每个朝代都有"说着的看（甚至整）干着的"现象。一些人没事做，一些事没人做；不做事的人，盯着做事的人，议论做事的人，品评做事的人；不做事的总是不做事，做事多的总有做不完的事；简单的事变成复杂的事，短时间可做完的事变成必须长时间做的事。这种"善说不善做""光说不练"，与时代精神格格不入。

只有在全社会建立起务实人格，才能更好地实现中国社会的重大转型，才能在未来的世界竞争中获得较好生存境遇。务实精神有助于培养社会健康人格，但需正视的是，"务实"精神也导致社会实用理性高涨，凡事皆以"有用""无用"考量，整个社会以功利用事，急功近利、浮夸浅行。务实精神若变异为功利、势利、唯利，那是国民精神的一种新扭曲。

三、自强精神还表现为富有革新观念，视变革为自然界和人类社会的普遍规律。历史上各种变法维新是这种精神的重要体现

《周易·乾·象传》最先提出"自强不息"说——"天行健，君子以自强不息"，集中反映了蓬勃向上的生命力，百折不挠、完善自我的进取精神。中华民族总是以积极、乐观、有为的精神主导人生，以勤奋勇敢著称于世。自强精神还表现为富有革新观念，视变革为自然界和人类社会的普遍规律。历史上各种变法维新是这种精神的重要体现。中华民族始终不向外来侵略势力屈服，坚持斗争直至最后胜利。

自强精神作为一种民族整体精神，特征非常明显。但在个体道德人格铸造上生活中，这个特征有时并不突出。尽管我们有一大堆"修身齐家治国平天下"之类韵味悠长的格言，但明哲保身、因循守旧、精于守拙，是许多人恪守的生活信条。中国人的自强精神，有时更多地表现在对现状的忍耐力上，改变现状的强力并不出色。

有时中国人"实际"得近于世故。外国人同中国人打交道，经常会惊叹中国人良好的守拙能力和与世无争的豁达气度。自强精神在对未来指向上表现更弱。中国人一般都比较求稳怕乱，对未来缺乏想象力和冲动，时常以现在定格未来。中国人说"夕阳无限好"，一定得来一句"只是近黄昏"。

没有个体道德人格的自强，民族的自强只是空话。今天中国相对强盛了，国力增强了，"中国崛起"的声音不断，一些不恰当的强势话语不断见诸媒体——这些恰恰是很不"自强"的。《老子》说："大成若缺，其用不弊。大盈若冲，其用不穷。""自强"绝非是张扬、狂傲，而是"知其黑，守其白"，审视自我、强健自我，强健韧性，注重道德人格的不断升华。

四、宽容精神是中华民族精神特征之一，要以开阔的胸襟放眼世界，尊重和珍视人类的不同的文化成果；要充分理解社会进步的不平衡性和社会变革的艰难性

中华民族具有宽容的品性。孔子提出"仁者爱人"，《周易·坤·象传》说："地势坤。君子以厚德载物。"以宽厚之德包容万物、兼容并包，一直是中国人的美德。在人际关系上，中华民族倡导"四海之内皆兄弟""有容乃大""虚怀若谷""严以律己，宽以待人"；在人与自然关系上，中国哲学重视"天道""人道"的和谐，强调"天人合一"，强调遵循自然规律，保持人与自然的和谐共存。在国际关系、民族关系上，主张和睦共处。《孙子兵法》提出了一套新善友邦的策略，认为用兵打仗是不得已的事。唐太宗实行民族平等政策，是中华民族宽容精神的生动体现，也是"大唐盛世"的重要原因。中华民族善于吸纳外来优秀文化，融为自己民族文化的有机部分。

宽容精神是中华民族精神特征之一。但总的来说，今天一方面"麻木不仁"式的"宽容"很多；另一方面，真正的宽容精神正在变得愈益昂贵。扬弃宽容精神，首先要以开阔的胸襟放眼世界，尊重和珍视人类的不同的文化成果，善于吸纳各民族的伟大创造；其次要充分理解社会进步的不平衡性和社会变革的艰难性，对人、对事、对各种社会新事物、对社会发展的各种困难等，有充分的理解力和宽容度。

需要防止两种倾向：一是"宽容"精神很容易演化成阿Q式的"黑色幽默"，变成精神退守的依据。阿Q对同辈小D横眉冷对，两人互揪辫子不放，而对假洋鬼子的杠棒，则以"儿子打老子"宽容过去。二是"宽容"很容易演化为容忍邪恶的妥协精神。"心字头上一把刀，你就忍了吧"，有时是放过邪恶的唆教。真正的宽容精神是一种正义精神，一种善善恶恶精神，是孔子式"中庸"精神与鲁迅式"不妥协"精神的统一。

五、爱国精神是民族凝聚力的核心。没有一种力量能比爱国精神更能把全民族统一起来，也没有一种力量比爱国精神更能激发人们的责任感

中华民族的爱国精神源远流长。它溯源于民族的同胞感、亲切感，是爱我中华情感的体现。历史上一代又一代志士仁人关心社稷民生，为民族生存和发展奔走呼号。屈原"长太息以掩涕兮，哀民生之多艰"，范仲淹"先天下之忧而忧，后天下之乐而乐"，顾炎武倡言"天下兴亡，匹夫有责"，文天祥"人生自古谁无死，留取丹心照汗青"的凛然正气等，已凝结为中华民族深层心理中永不倒塌的精神丰碑。

今天的爱国主义，是与国际主义相辅相成的开放型爱国主义，它超越民族和地域的狭隘观念，体现了对自己祖国的珍重，也体现了对人类的珍重。狭隘的民族主义不是"爱国"，情绪的暴戾也不是"爱国"。今天，世界变成了"地球村"，各民族间的"共生"和依赖，也变得相当紧密。各政治单位之间文化的相融，比起文明的冲突来，更是一个不可逆忤的大趋势。

爱国精神是民族凝聚力的核心。没有一种力量能比爱国精神更能把全民族统一起来，也没有一种力量比爱国精神更能激发人们的责任感。今天弘扬爱国精神，特别要建立社会责任感，积极参与社会变革，各尽所能，在爱国精神上形成强大合力，加快推进中华民族伟大复兴的历史进程。今天只有在爱国精神的旗帜下，全民族才能实现更加紧密的团结，才能使中华民族向新的历史跨进中更有力量。

中华民族精神有很强的历史传承性和渗透力。上述诸多方面特别有助于今天社会道德建设和公民品格的成长，是今天社会道德建设不可忽视的宝贵精神资源。文化是一个社会品质的决定力量。文化是整合的，由此民族精神才具有强健的历史生命力，包括民族精神在内的历史文化，才对人、对社会、对世界、对未来有巨大的形塑力量。

（《深圳特区报》2011年12月13日）

7.3 道德是和谐社会建设的精神基础

> 社会分工的出现，催生道德观的发展，催生义务和权利道德意识的产生。社会分工是道德形成的关键，而私有制的产生和阶级的出现，使道德成为一种独立的意识形态。
>
> 道德作为一种意识形态，促使人们形成稳定的是非观念，认知自身对于他人、家庭、社会、国家应负的责任和义务。还通过舆论、习惯特别是良心等，教化人们形成良好的意识、品质和行为。

一、人类道德观念的形成和发展，经历了漫长历史过程。道德萌发于人类早期劳动和简单交往

战国后期思想家荀况在《劝学》中说："《礼》者，法之大分，类之纲纪也，故学至乎《礼》而止矣。夫是之谓道德之极。"这是中国历史上首次将"道""德"合为一体使用，也是中国历史上最早的"道德"说。

人类道德观念的形成和发展，经历了漫长历史过程。道德萌发于人类早期劳动和简单交往。原始社会的人们不得不以群体方式谋取物质生活资料，并平均分享物质生活资料来维持群体生存，最简单的劳动交往和关系导生了群体秩序，导生了道德萌芽。社会分工的出现，催生道德观的发展，催生义务和权利道德意识的产生。社会分工是道德形成的关键，而私有制的产生和阶级的出现，使道德成为一种独立的意识形态。

在"轴心时代"，孔子提出以"仁"为最高的道德原则，"仁"之下，有"孝悌""忠信""礼""勇"等德目。孟子将孔子道德原则系统化，提出"仁义礼智""孝悌忠信""父子有亲、君臣有义、夫妇有别、长幼有序、朋友有信"等德目。先秦时的韩非指出："臣事君、子事父、妻事夫，三者顺则天下治，三者逆则天下乱，此天下之常道也。"管子提出"礼义廉耻，国之四维"的学说。西汉董仲舒提出"三纲""五常"，成为中国封建社会通行的道德范畴。而明清时代，另有一套德目即"忠孝节义"逐渐流行起来。

辛亥革命前后，孙中山先生除了倡导"自由、平等、博爱"外，主张保持和发扬中国固有的民族道德，提出"四维"（礼、义、廉、耻）和"八德"（忠、孝、仁、爱、信、义、和、平）等规范。1949年新中国成立，道德的理论原则有了进一步发展。1949年9月通过《中国人民政治协商会议共同纲领》："提倡爱祖国、爱人民、爱劳动、爱科学、爱护公物为中华人民共和国全体国民的公德。"在以后半个多世纪里，"五爱"作为社会主义道德认知和道德规范，得到定型化。

1982年通过的《中华人民共和国宪法》规定"国家提倡爱祖国、爱人民、爱劳动、爱科学、爱社会主义的公德"。十二届六中全会通过的《中共中央关于社会主义精神文明建设指导方针的决议》，重申宪法规定的"五爱"，把"五爱"作为社会主义道德建设的基本要求，并提出："适应社会主义现代化建设的需要，培育有理想、有道德、有文化、有纪律的社会主义公民，提高整个中华民族的思想道德素质和科学文化素质。"

人类道德的形成和发展，是一个流动、演进而与文明形态一起拾级而上的过程。重要的是，在漫长历史行进中不断丰富的人类道德体悟和道德体系，蕴含了多重特性。

在西方，占统治地位的道德认识和内容原则也经历了一个历史演变过程。古希腊古罗马时代产生了四种道德范畴，即所谓"智慧、勇敢、公正、节制"（此外还有"和谐"和"中庸"等）。到了中世纪，出现了基督教的"爱""信"和"希望"的德目。文艺复兴运动后，近代资产阶级提出一系列道德原则和规范，其中有些观点和主张被马克思主义创始人扬弃后，成为共产主义道德原则的内在构成。

人类道德的形成和发展，是一个流动、演进而与文明形态一起拾级而上的过程。重要的是，在漫长历史行进中不断丰富的人类道德体悟和道德体系，蕴含了多重特性。

"头顶上是繁星灿烂的星空，心中有永恒的道德准则"，人类在探索自然、探索自我的历史过程中认识到，必须有一种稳定的从而超越个体，超越一般物质状态的东西去维系社会，维系人的心灵，优化精神空间，使个体、群体、社会达到和谐并保持和谐。道德观念和理论原则的形成，是人类伦理价值走向成熟的标志。道德价值被认知，在于道德本身能积累和发散人类优秀文化精神，无论对个体、群体还是对于社会都具有不可替代的独特功能——而这种功能在不同的方位上，表现是不同的。

在社会和集体方位上，道德发挥的是"整合"功能。整合功能是驱动某一事物或现象各个组成部分之间趋向一致的作用。中国古代伦理精神非常强调治国理政中的道德整合功能，强调它是治国之本。

在个人方位上，道德发挥的是"优性"功能。道德具有提升品性、养育人格、实现自我优化的工具理性。中国历来强调"志士仁人，无求生以害仁，有杀身以成仁"，强调养育"浩然之气"。而伴随着人的修身养性，道德可以提高自我认定价值。比如在中国古代社会，强权压倒一切，社会成员必须无条件服从强权意志。然而生命属于自我，由此心灵还可以保持某种自由。只要存"德"在胸，"尊德乐义，则可以嚣嚣（悠闲自得）矣"。"斯是陋室，唯吾德馨"，人们在服从强权的同时，可以保持"出淤泥而不染"的良性人格，保持一片心灵的精沌与平静。故古来志士仁人十分强调内圣外化，以德养性。

道德的价值还表现为对于人立身处世的"益处"。苏格拉底认为美德就是"对人有利"。他在《申辩篇》中说"钱不能给人以德性，而钱与其他公与私的好东西，却能来于德行"。荀子说"以修身自强，则名配尧禹"，"名配尧禹"亦是一种"荣誉之利"。

在认知方位上，道德发挥的是"化育"功能。只有道德才真正促使人们认知社会、参与社会，加快人的社会化进程。18世纪法国启蒙运动思想家孟德斯鸠指出：人是"一个有局限性的存在物"，"哲学家们通过道德的规律劝告了他……立法者通过政治的和民事的法律使他们尽他们的责任"。孔子主张用德和礼教化百姓，"道之以德，齐之以礼，有耻且格"。

道德作为一种意识形态，促使人们形成稳定的是非观念，认知自身对于他人、家庭、社会、国家应负的责任和义务；通过舆论、习惯特别是良心等，教化人们形成良好的意识、品质和行为。英国把道德教育称为"个人社会健康教育"（或称"社会化过程"），这种教育就是让人懂得做人的道理，成为社会合格的一分子；"个人社会健康教育"的基本取向是尊重生命、公平、诚实、守信等。

在人际方位上，道德发挥的是"调适"功能。马克思说："人的本质不是单个人所固有的抽象物。在其现实性上，它是一切社会关系的总和。"人在与自己同类发生的各种联系中，道德通过舆论褒贬、群体监督、自讼内省、传统习惯和内心信念等力量，引导纠正个人行为，使人伦关系和社会关系趋于协调完善，故它是和谐社会建设的精神基础。

二、不管道德在各个时代各个民族如何嬗变，其反映人类良知的文化精神的主脉总是贯穿其中而源远流长，反映人类正面价值的东西，一直是各民族五光十色的道德色彩的底色

"世异则事异"，不同历史时代，道德内容差异极大。每个时代的道德认知都具有特定时代的鲜明特征。比如，原始人的基本道德原则是维护氏族的整体利益，正如拉法格在《思想起源论》一书中所说的："最紧密的和最牢固的团结把部落成员，氏族成员结成一个整体，把他们变成希腊神话中的'百年巨人'。"西方奴隶社会"四大德性"是由奴隶主统治阶层的利益引申出来的。在资本主义现代国家，功利主义、自由、平等、博爱等则构成了最基本的道德范畴，它是由资本主义生产关系所规定的。

而中国封建社会，帝王是最大的土地占有者和最高统治者，所谓"普天之下莫非王土，率土之滨莫非王臣"，皇帝把土地分封诸侯，由他们再往下分封，从而构成一个极其严格的等级制度，其道德原则和规范是由小生产的生产方式决定的，是从封建地主统治阶层利益引申出来的。现时代社会主义道德要求，则显然是对以前旧的一切社会本质上的超越和扬弃，明显地带有社会主义新时代的特征。

尽管各个时代、各群体阶层的道德内容原则有着极大差异甚至截然相反，但作为人类长期历史积淀的道德体系，毕竟有其历史性和历史继承性一面，否则人类的优秀文化精神就无以薪火相传了。正如法国资产阶级思想启蒙领袖伏尔泰说的："在任何地方，美德与过恶，道德上的善与恶，都是对社会有利或有害的行为；在任何地点，在任何时代，为公益作出最大牺牲的人，都是被人们称为最道德的。"

自人类有文明以来，不管道德在各个时代各个民族如何嬗变，其反映人类良知的文化精神的主脉总是贯穿其中而源远流长，反映人类正面价值的东西，一直是各民族五光十色的道德色彩的底色。人类对善与恶、正义与非正义的基本概念是一致的，它是各民族、各地域政治跨越时空实现相互对话和精神沟通的媒介。

今天，人类的道德价值系统已是一个复杂的、庞大的历史积淀，它是一个伟大的历史性精神体系和人类伦理文明的伟大成果。今天我们的道德建设，要从历史演进中提升对于道德价值的深度认知，更加注重吸纳以往一切优秀的道德文化成果，从而进一步提升道德建设上的理性自觉和文化自觉。

（《深圳特区报》2011 年 11 月 29 日）

7.4 关于"幸福"的感知和悖论

> 幸福是一个复杂的心灵命题。今天大家都认识到，什么是幸福，笼统回答很难。每个人不同的生活境遇，对幸福的预期和标准极不一样。

2004年美国情报部门截获两份电子邮件。邮件的主人，是伊拉克前总统萨达姆的女儿拉娜和她的密友阿伊莎。拉娜在写给阿伊莎的信中说："阿布杜拉国王总算正式收留了我们。居住条件也有了改善，热水已正常供应。虽然我们还不能自由活动，但至少安全有了保障。另外，军管处已允许我们其中的一人回伊拉克与律师接触，这真是一件令人高兴的事……"

阿伊莎是阿拉伯世界的一名公主。她在写给拉娜的信中说："拉娜：我烦透了，所有的仆人都在跟我作对。我要的是凉的咖啡，端上来的却冒着热气；我最讨厌带奶油的芝麻点心，而他们送来的偏偏就是这种东西……明天我准备到班加西去，如果日子再这样下去，我非发疯不可。"

对比这两封信，美国《基督教科学箴言报》发现了"衡量幸福的标准"：衡量一个人是不是幸福，不应看他拥有多少高兴的事，而是应该看他是否为那些"小事"烦恼着。只有真正幸福的人，才会把不关痛痒的那些小事挂在心上，才会对鸡毛蒜皮的小事"有感觉"。那些正经历着大灾大难的人，是无暇顾及这些"小事"的。

幸福是一个复杂的心灵命题。今天大家都认识到，什么是幸福，笼统回答很难。每个人不同的生活境遇，对幸福的预期和标准极不一样。"幸福"两字，可能是人类最为通行的语言，是出场率最高的语汇，但人们对它理解和体验却又最为不同。

其实，早在一个半世纪前的1850年，英国著名社会学家赫伯特·斯宾塞就探讨过人类"幸福标准"变化无常这一现象。斯宾塞发现，对于流浪的吉普赛人来说，一个固定的家是令人厌倦的，而一个瑞士人如果没有家园，就会感到非常的不幸。希伯来人的天堂是"一座由黄金和宝石建造的城市，有着异常丰富的五谷和美酒";土耳其人的天堂,是"充斥妖艳美女的闺房";美洲印第安人的天堂,则是一个"快乐的猎场"。在挪威人的乐园里,每天都有战争和对创伤的神奇治疗;而澳大利亚人所希望的是,在死后"一跃而起变成一个白种人,拥有许许多多的6便士硬币……"

斯宾塞说,再往下看看个人的情况,我们发现路易十六把"最大幸福",解释为"建造水闸"的意思,而他的继承人,却把它解释为"建造帝国"。在吝啬鬼埃尔威斯那样的人看来,积聚金钱是生活中唯一的享受,而"桑福德和默顿"的乐善好施的作者戴却认为,把钱分给别人,才是唯一的乐事。至少,斯宾塞的研究告诉我们,关于幸福,完全基于个人不同体验,一百个哈姆雷特,有一百种对于"幸福"的不同体验。

看来关于"幸福",有着这样两个有趣的悖论:其一,当一个人最不幸福时,往往最容易于感受幸福。或者说,当一个人越缺乏确定的幸福时,他(她)对"幸福"的含义的感受却越为确定——也许,只有像萨达姆女儿拉娜那样,在失去了"幸福"之后,才会真正发现自己所需要的"幸福"的确切含义是什么。其二,"幸福"是人类各民族、各地域政治中最具普遍性的共同话语,但人们对它的理解却又最为相殊,"希伯来人的天堂"与"土耳其人的天堂"差异太大了。"幸福"作为一种社会性的主观感受,有着独特的体悟、判断和理解。一位朋友有一次发给我一条手机短信说:"幸福,就是猫吃鱼,狗吃肉,奥特曼打小怪兽。"

当然,从伦理的视角,对于幸福又有不同的认知。托尔斯泰说:"幸福有两大类,即乐于行善者的幸福和爱好虚荣者的幸福。前一类幸福来自善行,后一类幸福来自命运。"幸福是具体的现实的。对于幸福和感知和体验,是特定的个人所处特定境遇的产物。对于奥运会上的健儿们来说,夺得金牌是最为幸福了。但对于正在重建家园、经历了地震灾难的人们来说,有一个"孩子老婆热炕头"式的温暖的家,无疑是更为幸福的事了。

(《深圳特区报》2011 年 11 月 22 日)

7.5 人类规制：弥补人性不足的假定

> 人的理性的稀缺性，是人类规制需求与规制供给关系中一个深刻的内在动因。规制通过设定一系列游戏规则以减少环境的不确定性，来提升人们认知环境的能力并规范自身决策行为。

假设，是某种理论系统的逻辑起点，也是人类规制创造的前提。"理性人""资源稀缺"等假设，支撑着整个经济学的理论大厦。在制度领域中，事实上也存在着关于人的特性、权力特质、理性限度、国家实质等各种前在假设，它们从各个方面揭示出通过构筑完善的政治规则以实现和推进规则政治，是人类秩序无法规避的命运。

英国哲学家、历史学家和经济学家休谟（David Hume）在探讨规制的必要性和功能设计时，提出了一条著名的"无赖原则"。他认为，人们在考虑规制安排时须持定"人人应当被假定为无赖"这样一种假定，即在设计任何政府制度和宪法规制时，应当把每个人都视为"无赖"——在其全部行动中，除了谋求一己私利外，别无其他目的。规制安排的功能，在于无论人们多么利欲熏心、多么以权谋私，它都能以完善的钳制机制，使人"规规矩矩"地服务于公益，遏止各种损公利己的"无赖"行动。

如果说休谟的"无赖原则"是以一种"是什么"的判断方式，对人与规制的相关关系提供了逻辑结论的话，那么政治学家麦迪逊（James Madison）则以一种"不是什么"的方式，从另一角度对规制与人的相关关系提供了逻辑结论。他提出了非"天使统治"的假设，指出：如果人都是天使，就不需要政府了；如果是天使统治人，就不需要对政府有任何约束和控制了。由此"在组织一个人统治人的政府时，最大的困难在于必须首先使政府能管理被统治者，然后再使政府管理自身"。

这一理论假设有两层逻辑结论：其一，人不是天使，所以需要政府——这正如洛克说的：政府起源是由于人性先天不足所致，它是一种"正当救济办法"；其二，政府作为社会代理人，在任何意义上都不是一种"天使统治"。麦迪逊认为纯粹的"善"，只能是"天使"之为，人类做不到。正因如此，需要对政府这个管理者本身建立外在和内在的规制制约，寻求"辅助性的预防措施"。

这一假设，由人的特质考察和判定公共权威的特点。那么人类究竟是一个什么样的存在？它一般特性是什么？这是各类社会规制产生的逻辑前提。18世纪法国启蒙思想家、法学家孟德斯鸠有过一个有普遍性的理论假设："人……是一个有局限性的存在物；他和一切'有局限性的智灵'一样，不能免于无知与错误……哲学家们通过道德的规律劝告了他……立法者通过政治的和民事的法律使他们尽他们的责任"。这一假设，揭示人类是一个感性的存在，受到种种不定因素的影响，"无知与错误"是必然的。只有通过社会生活中——一是"道德"、二是"政治的和民事的法律"予以补偿和纠正（这两种事物，按制度学派定义，乃是"正式规则"与"非正式规则"）。人类只有"通过政治的和民事的法律使他们尽他们的责任"这一历史性结论，使人类规制处于崇高地位。

进一步，我们由对"人类存在物"的禀性认知，便有了对人的"理性"认知和假定。行政学家、管理学家西蒙（Herbert A. Simon）提出了著名的"有限理性"假设。指出传统的"完全理性"的假设，不符合人类行为的历史与现实。

因为第一，环境是复杂的，在非个人的社会交换形式中，由于参加者众多，同一项交易很少进行，故人们面临的是一个复杂、不确定的世界。交易越多，不确定性越大，信息越不对称；第二，人对环境的计算能力和认知能力是有限的。因此，人的知识能力和决策能力不仅受到物质因素和环境不确定的限制，还受到诸如记忆容量、判断准确程度、计算能力有限的限制，人只能拥有"有限理性"。

政治是一个"社会价值的权威分配"的领域，本质上说，需要"完全理性"的支撑，但"理性短缺"是常见现象。人的理性的稀缺性，是人类规制需求与规制供给关系中一个深刻的内在动因。规制通过设定一系列游戏规则以减少环境的不确定性，来提升人们认知环境的能力并规范自身决策行为。由此，人类只有通过科学合理的规制创制和完善，来弥补和减少人性的不足。

（《深圳特区报》2011 年 11 月 8 日）

7.6 问一问人的本质

> 爱因斯坦说:"鱼对于它终生都在其中游泳的水又知道些什么呢?"可是人不是鱼,尽管"人生寄一世,奄忽若飚尘",尽管"譬如朝露,去日苦多",人还得问一问自身的本质和意义。

人的本质是什么?从古希腊哲学到现代西方哲学一直在追问。人太丰富了,以至于历史上对人的本质的追问和解答如繁星点点的夏日夜空,灿烂无比。

前些日子读德国现代哲学家卡西尔的《人论》(*An Essay on Man*),这是一本解读"人"而富盛誉的著作。作者卡西尔是"新康德学派"第三代人物,学术界誉为"思想界具有百科全书知识的学者",与罗素、爱因斯坦、杜威等人相提并论。

古希腊哲学是西方思想史的发端。苏格拉底以前各派,都从客体提出问题;苏格拉底出现是一个转折,他从主体提出问题。但古希腊哲学对人的探讨还相当初始。近代西方哲学对"人"的研究,才有了比较大的突进。

现代西方哲学中,"人"的问题更成为焦点。从叔本华、尼采的唯意志主义开始,经狄尔泰、柏格森的生命哲学,到海德格尔、萨特为等人的存在主义哲学,其势弥大,分支亦多。人格主义、弗洛伊德主义、新托马斯主义、西方马克思主义……都把"人"作为自己的基点。

卡西尔著述 120 多种,煌煌三大卷《符号形式的哲学》,是他"文化哲学体系"的巍峨大厦。《人论》一书则是他从朋友之请,用英语写的用来说明《符号形式的哲学》的缩写本,但一不小心,写成了名著。

卡西尔认为,关于人的本质,"不能以任何构成人的形而上学本质的内在原则来给人下定义"。卡西尔考察了 2000 多年来各种关于"人"的理论,否定了以往人们对这个问题的内心体验方法和其他方法。他强调人有一套独特的"符号系统"——这套符号系统使人拥有宗教、神话创作、艺术、语言、历史、科学这些独特的意识形态能力,形成区别于动物的人类文化:"人的与众不同的标志,既不是他的形而上学本性,也不是他的物理本性,而是人的劳作(work)。

正是这种劳作，正是这种人类活动的体系，划定了'人性'的圆周。语言、神化、宗教、艺术、科学、历史，都是这个圆的组成部分和各个扇面。"

卡西尔的一个学术贡献，是提出了人是"符号的动物"定义。在卡西尔那里，人与其说是"理性的动物"，不如说是"符号的动物"。动物被动地接受物理世界的"事实"，只有人能够把"信号"（signs）改造成为有意义的"符号"（symbols）。"命题语言与情感语言之间的区别，就是人类世界与动物世界的真正分界线。"

历史上关于人的解析丰富多彩，但卡西尔开垦出了思索的新天地。但其偏颇之处亦不少，比如他把人的"形而上"本性排除在"人"的特性之外，就难圆其说。既然"符号化的思维和符号化的行为是人类生活中最富于代表性的特征，并且人类文化的全部发展都依赖于这些条件"，何以把人"形而上"拒于"人的突出特征"之外？人之为人，在一定意义上，在于它"形而上"的特性。尽管我们天天生活在"事实"中，但我们不能完全丢弃理想、想象和"形而上"这些东西。

又如卡西尔认为，人的本质毋须依赖外部环境说明，由自身价值便可满足。也值得质疑。因为人不仅是个生物存在，还是个社会存在，是社会关系的总和。任何创造活动都以一定社会关系为前提。社会环境、自然环境、社会生产关系乃至人际关系等，都对人的本质产生影响。正如爱因斯坦说的：我们吃别人种的粮食，穿别人缝的衣服，住别人造的房子。我们的大部分知识和信仰都是通过别人所创造的语言由别人传给我们的……从生到死，社会都在支配他的物质生产和精神生活。

爱因斯坦说："鱼对于它终生都在其中游泳的水又知道些什么呢？"可是人不是鱼，尽管"人生寄一世，奄忽若飚尘"，尽管"譬如朝露，去日苦多"，人还得问一问自身的本质和意义。正如法国科学院院士李比雄（Xavier Ie Pichon）说："今天，人处在一个新的断层。事实上，高科技的发展不断加重人类的痛苦……人类需要超越自己，再定义自己。"

人的本质是什么？有许多答案，没最终答案。这个亘古弥久的命题，将伴随人类生存的始终。

（《深圳特区报》2011 年 11 月 1 日）

7.7　不能以科学原理度量艺术

　　　　　　　西方的奏鸣钟，在公元 14 世纪才发明出来，恺撒则生活在公元前 100 年到公元前 44 年间，"晚钟"被早敲了 1300 多年。

　　老一辈科学家、中国现代气象学和地理学的奠基人竺可桢先生，曾谈到唐人钱起的诗《赠阙下裴舍人》："二月黄鹂飞上林，春城紫禁晓阴阴。长乐钟声花外尽，龙池柳色雨中深"中，"二月黄鹂飞上林"是一个错误。黄莺（黄鹂）是候鸟，要到农历四月才能到黄河流域中下游。唐代二月，长安不会有黄莺。这个错误之所以产生，原因在于《礼记·月令》"仲春之月……仓庚鸣"的注中，误以仓庚作黄莺，钱起因之而误。

　　此类"时令"之误，其实在艺术创作中时常有。唐代诗人卢纶边塞诗《塞下曲》，遒劲雄浑，有盛唐余绪，千百年雄风不减。诗其三："月黑雁飞高，单于夜遁逃。欲将轻骑逐，大雪满弓刀。"诗写边关一个风高月黑之夜，一场浴血奋战后，敌军丢盔弃甲，仓皇逃命，场面可观。可是数学家华罗庚指出：诗中的描写，不符合实际生活情况。华罗庚写了首五言诗质疑："北方大雪时，群雁已南归。月黑天高处，怎得见雁飞？"

　　这个质疑似两层意思：一是在时令上，北方大雪纷飞时，雁已南归，如何有"雁飞高"？二是月黑天高之夜，一片漆黑，能见度极低，即便有飞雁，又如何能见？华罗庚的质疑，特别是第一层意思的质疑，是很有道理的，它撼动了这首诗的艺术基础。至于第二层意思，似可商榷——因夜晚虽黑，雁飞夜空，有时仍是可以依稀可见的。

　　当然，"艺术真实"不等同于"生活事实"。"艺术思维"与"科学思维"也是有差异的。不能简单以科学原理度量艺术。李白的"白发三千丈，缘愁似个长"，若按科学道理，不是太荒唐了么？

　　比起钱起"黄鹂飞上林"、卢纶"雁飞高"这种时令之误，"时间错位"在各种艺术作品中更常见。莎士比亚悲剧《裘里斯·恺撒》，描写玛克斯·布勃鲁托斯等人为维护共和政体，谋杀代表专制的恺撒。该剧第二场有个情节：恺撒问："现在几点钟啦?"勃鲁托斯答："恺撒,已经敲过八点了。"西方的奏鸣钟,在公元14世纪才发明出来,恺撒则生活在公元前100年到公元前44年间,"晚钟"被早敲了1300多年。

美国画家伊曼纽尔·勒茨的名作《华盛顿渡过特拉华河》,画中半卷的星条旗,处于华盛顿身后画的中央,由一士兵护着,是整个画的重心。只是这面国旗飘得太早了,1776年7月4日美利坚合众国诞生,1777年7月14日,美国国会才通过决议确定国旗。当时参加合众国十三个州,因此国旗由十三红白相间的横条和十三颗蓝底白色星星组成。华盛顿率领大陆士兵穿越特拉华河时,哪来美国国旗呢?

这样的错误,唐代极有名的画家阎立本也犯过。他以汉代昭君出塞为题材的《昭君图》历代称绝,但有人考证,画中妇女所戴帽子产生于隋代,汉代是没有的。这是"隋冠汉戴"了。

唐代另一名画家戴嵩,是画牛高手。《唐朝名画录》称其"穷其野性筋骨之妙"。他的《斗牛图》《归牧图》等,为传世珍品。《斗牛图》后流至川内,收藏于一个杜氏之手。其人惜爱如命,时常小心取出晾晒并把玩。一次有个做过多年牧童的人路过,看到这画,说:"牛相斗时,力气在角上,尾巴是紧夹住屁股的。这斗牛,尾巴怎么在晃呢?"

牛如此,马亦是。日本画家冈山应举创作了一幅《马食草图》。有个农夫看到画,说:"这是一匹瞎马。"冈山应举说:"不对,这马眼是睁的。"农夫笑说:"正因为它是睁眼的,所以才是瞎马。不瞎的马,吃草时都是闭着眼的,是怕眼睛被草尖刺伤。"

宋徽宗赵佶,一个天赋极高的伟大艺术家,也是个糟糕皇帝。他的《瑞鹤图》为绝世之作,但若以生活常识论,则是个笑话。因为鹤在飞行中脖子是伸直的。可赵皇帝笔下飞行的鹤,都是弯着脖子的。

但丁说:人类的艺术是上帝的儿孙。"儿孙"也者,除了"调皮"一面(如"虚而非伪、诚而不实"者),"犯错"也是寻常事。人类的艺术史几乎与生命史一样漫长,早在旧石器时代,人类就有了辉煌的艺术和非物质文化遗产。艺术本身,是生活的一部分,但比起生活来,艺术是理想化的,是希冀完美的产物,寄托了对生活不完美的超拔和修补。但所有人类的优秀艺术,若以科学思维的标尺来衡量几乎都存在"瑕疵",这也是世间"不完美定律"的一种体现吧。

(《深圳特区报》2011年10月25日)

7.8 文化就是用知识解决问题

> 文化是真正的决定力量。无论是推进社会建设，还是提升公民文化精神，关键是要通过"文化心"来营建和完善，通过文化来解决问题。

说到公民文化，首先面临"文化"的概念。公民文化理论来源于文化本身的构想和研究。文化一词的多义源于该词人类学的应用。1871 年，E. B. 泰勒把文化观念用于人类学，认为它是包括人类作为社会一员所获得的知识、信息、艺术、道德、法律、风俗以及其他能力和习惯的复杂整体。

在后来数百种定义中，克罗伯和克拉克霍姆考察了社会科学家们大约 160 多种定义。人类学家法朗兹·博亚斯的描述性定义类似泰勒的定义："文化包括一个社团的社会习惯的所有表现，包括个人因受其所处群体习惯的反应，以及这些习惯所决定的人类活动的产物。"

梁漱溟先生说："文化，就是吾人生活所依靠之一切。""俗常以文字、文学、思想、学术、教育、出版等为文化，乃是狭义的。我今说文化就是吾人生活所依靠之一切，意在指示人们，文化是极其实在的东西。"1922 年，梁任公先生在南京金陵大学第一中学作《什么是文化》的著名讲演。他说："文化者，人类心能所开积出来之有价值的共业也。"他比方说：就像一个老宜兴茶壶，多泡一次茶，那壶的内容便生一次变化……第二次再泡新茶，前次渍下的茶精便起一番作用，能令茶味更好。茶之随泡随倒随洗，便是活动的起灭，渍下的茶精便是业。茶精是日渍日多，永远不会消失的，除非将壶打碎，这叫作业力不灭的公例。这种不灭的业力里头，有一部分我们叫他做"文化"。西方文化学者有同样的观点："文化就是生活中数不清的各方面。文化包含了后天获得的，作为一个特定的社会或民族所特有的一切行为、观念和态度。"文化是人类为了满足自身的需求而创造出来的物质和非物质产品的总和。

钱穆先生进一步辩证"文明""文化"关系：文明、文化两辞，皆自西方译而来。此二语应有别，而国人每多混用。大体文明文化，皆指人类群体生活而言。文明偏在外，属物质方面。文化偏在内，属精神方面。故文明可以向外传播与接受，文化则必须由其群体内部精神累积而产生。他还指出："文化可以产出文明来，文明却不一定能产出文化来"。

文化不是经济活动的直接产物，它们之间存在着各种各样的复杂的变量。山脉、河流、海洋等自然条件的影响，不同民族的居住地、环境、先前的社会观念、现实生活中流行的新观念，以及社会、社区的特殊发展趋势，等等，都给文化的产生和发展提供了特殊的、独一无二的场合和情境。文化生态学主张从人、自然、社会、文化的各种变量的交互作用中研究文化产生、发展的规律，用以寻求不同民族文化发展的特殊形貌和模式。

作为文化一种形态的公民文化，在不同语境中有不同的含义。在西方语境中，它与"公民政治文化"（civic political culture）或"政治文化"（political culture）大体同义，而在中国文化语境中，公民文化有时与国民文化、民族特性等含义有重合，有时则是狭义上的概念——这时的公民文化，用来指一种国民文化的特质或类型，它超越中性的"国民文化"和"民族特性"等概念而成为一种更高的公民精神品质和社会的预期目标。阿尔蒙德和维巴强调：公民文化是一种忠诚的参与者文化。个人不仅取向于政治输入，而且他们还积极地取向于输入结构和输入过程。

公民政治文化或政治文化由美国政治学者加布里埃尔·A.阿尔蒙德较早提出后，为学界广泛采用。但公民文化这概念并非阿尔蒙德独创，它源自古希腊思想家。在古希腊思想家那里，公民文化用来指公民所具有的公共精神和美德；公民社会则与城邦政治是同一涵义。

福特在谈到文化的功能时说："文化就是用知识解决问题。"文化是真正的决定力量。无论是推进社会建设，还是提升公民文化精神，关键是要通过"文化心"来营建和完善，通过文化来解决问题。

（《深圳特区报》2011 年 9 月 27 日）

7.9 社会体制与社会管理之区别

一个比较完整意义上的"社会体制"，其实包含了五个方面的重要类别：一是社会运行体制，二是社会组织体制，三是社会保障体制，四是社区构成体制，五是社会管理体制（主要表现为政府公共管理体制）。

社会体制与社会管理，虽有内在联系，却是有着重大区别的不同领域。从性质看，社会管理是政府和社会团体为促进社会系统协调运转，对社会系统的组成部分和社会生活领域及其发展过程所进行的组织、指挥、监督和调节的行为过程。社会体制则是社会领域或社会空间中一种"客观结构"，这种结构，是社会体制各组成部分或诸要素之间比较持久、稳定的相互联系模式。

此外，从特点看，社会管理相对于经济管理、政治管理、文化管理，是公共管理一个"品种"；而社会体制相对于经济体制、政治体制（政府体制）、文化体制，它是一种"社会样式"，是一个社会得以运行的"体式"。从主客体看，社会管理具有自身的主客体。它的主体是"政府主导"，它主要是一种"政府行为"——其格局是"党委领导、政府负责、社会协调、公众参与"，它作用的方向和客体是社会和民众。而社会体制没有主客体。它主要是一种系统性的"结构模式"，并具有多元性。从内容看，社会管理是包括社会调控（social control）、社会治理（social governance）和社会整合（social integration）等在内的"管理系统"。在层级上，社会管理分为社会宏观管理、社会微观管理（即基层管理）；社会体制则是包括诸多"体制子系统"在内的结构体系。社会体制包括社会运行体制、社会组织体制、社会保障体制（社会保险、社会福利、社会救助）、社区构成体制、社会管理体制等子系统。从形态看，社会管理具有行为性、动态性；社会体制具有结构性、静态性。

社会体制和社会管理混为一体，不仅造成理论上的含糊不清，更主要的是造成实际工作中诸多偏差和误区，引发无视社会体制的内在规律、忽视社会体制本身所要求的管理特征，简单以社会管理代替社会体制的种种错误做法。因此，在进行社会体制建设中，应当对"社会体制"和"社会管理"的联系和区别有一个明确、科学、规范的认识和把握。

那么社会体制包含哪些方面和哪些内容？美国政治学家在谈到社会结构或分层体制时认为："在判断哪些人组成团体和互相分离时（如阶级、宗教或种族地位）所依据的标准，以及回答这些分层是会重叠还是互相分离的问题"，就是所谓社会结构或分层体制。由于"社会体制"问题在中国其实还是个新事物，在理论典籍和实际领域尚无真正确定的定义。但是尽管社会体制问题还是个相对模糊的概念，依据人类社会发展的规律和世界各国的经验，社会体制建设还是有着约定俗成的内容构成的。

从社会运行实际来看，所谓社会体制，是社会领域一系列制度安排的样式，即在特定的国家或地区内以明确的政府、市场与社会组织职能，清晰的中央、地方各级政府之间事权、财权责任进行社会管理、公共服务、解决社会纠纷的机制与制度。社会体制受基本经济制度、一定历史时期社会模式的决定和制约。它是基本社会制度的具体体现，是其"操作层次"。

根据世界各国经验和人类社会发展的经历，特别是改革开放以来的中国社会实践，一个比较完整意义上的"社会体制"，其实包含了五个方面的重要类别：一是社会运行体制，二是社会组织体制，三是社会保障体制，四是社区构成体制，五是社会管理体制（主要表现为政府公共管理体制）。"社会体制"又与经济体制、政治体制、文化体制一起，构成了一个国家的体制整体。

社会体制建设，既是社会建设的一个子项，又与经济体制建设、政治体制建设、文化体制建设等构成一个体制共同体。社会体制建设是中国现代化建设中的基本内容，在推进社会建设中，应当把社会体制问题与经济体制、政治体制、文化体制问题一并考虑，将社会体制问题与经济、政治、文化体制问题进行同一层面的协同推进，才符合科学发展的要求，这也是中国当前现代化建设的一个总体趋势和总体框架特征。

（《深圳特区报》2011 年 9 月 13 日）

7.10 精英是一个社会的心智

在和平发展时期，精英是时代精神的养护者。精英不在于有没有伟大的创造和成功，而在于有没有平衡社会、呼唤和维护社会正义的"正义心"。

任何社会中，精英是一种客观存在。精英包括了社会上相对于一般大众的具有影响力的阶层。

本质上，人类任何政治都是精英政治；人类任何政府模式都是精英治理。经典的精英民主理论一个核心是，在一个社会中，由少数人作出最重要的决策。这种理论可上溯到古希腊的柏拉图，但这一理论的现代阐发，则是意大利的两位重要政治社会学家维尔弗雷多·帕累托和盖坦诺·莫斯卡。

中国近代思想家梁启超说"历史者英雄之舞台也，舍英雄几无历史"。他认为，大人物"心理之动进稍易其轨，而全部历史可以改观"。英国思想家 T. 卡莱尔认为：全世界的历史"实际上都是降生到这个世界上来的伟大人物的思想外在的、物质的灵魂"。这种观念在德国哲学中有着深厚的思想基础。19 世纪德国青年黑格尔派中一些人，把具有"批判的头脑"的个人看作是历史的创造者。黑格尔虽然认为，历史不是个人随心所欲的结果，而是由某种客观精神决定的，他称拿破仑为"骑在马背上的世界精神"。

20 世纪人类政治理论舞台上，"参与民主论"与"精英民主论"一直在演着对手戏。参与民主理论认为，精英政治存在自身难以克服的重大缺陷。显然简单化的精英决定论，是不能客观描述历史发展的。

正如对精英的历史作用过于放大是一种极端一样，对精英作用的漠视和否定同样是极端的。但任何关于精英的理论，都面临着两个相关问题：首先，它必须给出少数对多数运用支配权的正当理由，说明为什么这些少数更适合于从事治理和统治；其次，它必须给出一套将一些人包括进去和将另一些人排除在外的精英标准。但无论怎样，精英是客观的，是社会的要津。正视精英比漠视精英更合乎历史的逻辑，但更重要的，是要看到精英背后的精神特质。各社会中的精英总是以"精英文化"为其特征的。什么是"精英文化"的主要构成？"精英文化"的特质，我们大体可以归纳为：

其一，忧患意识。忧患是精英群体的天然品质，没有忧患的精英，不是真正的精英。所谓忧患意识，是对社会、对民众、对生存有一种深沉的忧虑之心和苦难意识。这种忧患意识，范仲淹在《岳阳楼记》中表达得比较清楚："先天下之忧而忧，后天下之乐而乐"。

其二，标杆意识。精英总是走在社会的前面，是一个社会、一个民族的表率。如果精英弄虚作假、浮夸沉沦、贪污腐败，一个社会就没有希望。正如德国哲学家费希特说的："如果出类拔萃的人都腐化了，那还到哪里去寻找道德善良呢？"

其三，良心意识。萨特说：一位原子能科学家在研究原子物理时不是个知识分子，但是，当他在反对核武器的抗议信上签名时就是个知识分子。精英是洞察社会幽微的先知，是维护社会公平正义的力量。精英是一个社会的心智。在民族存亡之际，精英会出来担当"国家兴亡、匹夫有责"的历史重任；在民众沉浮麻醉之际，精英会"我以我血荐轩辕"；在和平发展时期，精英是时代精神的养护者。精英不在于有没有伟大的创造和成功，而在于有没有平衡社会、呼唤和维护社会正义的"正义心"。

其四，参与意识。孔子在《论语》中说："士而怀居，不足为士矣！"一个人只为个人生活打算，求田问舍、为稻粱谋，为一官半职奔忙、为教授副教授院士抗尘走俗，就不是真正的"士"。知识也是一种权力、一种支配力量。精英有着天然的参政议政、主导民众情志的力量。盛唐气象中，知识分子群体就是一个非常透亮、健康的形象，他们不仅是社会的心智，更是盛唐的"正义心"所在。在那样一个不愁吃喝的社会里，他们关注民生，不仅吟风咏月，更为民众呼唤、表达疾苦。

真正的精英须有强烈的社会责任心和历史担当，正如南怀瑾先生说的：仁是知识分子的责任，"要挑起这样重的担子，走这样远的路，就必须要养成伟大的胸襟、恢宏的气魄和真正的决心、果敢的决断、深远的眼光，以及正确的见解"。

（《深圳特区报》2011 年 7 月 19 日）

7.11 作为一种文明范型的城邦

> 城邦极有可能体现了社会体制的最初形式。在定义上，所谓"城邦"，指一个城市及其毗邻地区构成的共同体，是自治、自主的政治团体。

有一次，苏格拉底在谈到广袤疆域时说：我们仅占据了从地中海西岸延至黑海东岸的一小部分，就像"大海边上围绕着池塘的蚂蚁或青蛙"。苏格拉底是公元前5世纪人，他这种信手拈来的比拟，让后来的历史学家们惊异，因为它表明当时的希腊人，对自己在整个世界中所处的空间和周边环境等，已经有了相当清晰的意识。

古希腊历史始于四万年前，考古学家称为 Paleolithic 时代或"旧石器时代"。这对我们来说似乎远了点，还是瞧瞧稍近些的。古希腊史学家通常将希腊历史分为新石器时代、青铜时代、铁器时代、古风时期、古典时期和希腊化时期。在公元前700年开始的"古风时期"（Archaic perior，到公元前480年止），古希腊人最杰出的成就，是建立了城邦。作为一种文明范型的古希腊文明，一个核心语汇就是"城邦"。这时候，大体相当于中国的东周时期（公元前770年—公元前256年）。

希腊人把城邦叫"polis"。罗马时代以前，"城邦"一直是古希腊特有的社会、政治组织。后世各个民族和国家，都将"城邦"看成典范。城邦指一个独立自主的实体而非某个大国的一部分。城邦的布局，包括一个城市即政府的中心，以及外延地区。

希腊社会在经历了狭隘寡头、僭主统治后，形成了一种具有广泛群众基础的政治体制，其中大部分成员可以参与国家管理。由于对城邦事务具有发言权的不仅仅只有贵族阶层，还包括了平民百姓，因此百姓深深地忠实于被亚里士多德称为"公民团体"的城邦，并愿意为之赴汤蹈火。正是城邦与其公民之间的这种纽带，使古希腊城邦不同于古代世界的任何国家形式。

城邦极有可能体现了社会体制的最初形式。在定义上，所谓"城邦"，指一个城市及其毗邻地区构成的共同体，是自治、自主的政治团体。世界上最早的文明，美索不达米亚（Mesopotamia）的苏美尔（Sumer）文明，公元前第四千年末出现时，就是以数个独立的城邦形式存在。

英国历史学家汤因比在谈到历史研究的"单位"时说："作为历史研究对象的可以说明问题的单位，不是民族（国家），也不是时代，而应该是一个社会，其中包括好几个同样类型的东西。"古希腊是一个典型的、可作为研究单位的"社会"，城邦的基本要素，在古希腊"铁器时代"（Iron Age，公元前 1200 年—公元前 700 年）晚期，已成形了。城邦有两个重要机构"公民大会"（the assembly）和"议事会"（the council of elders），在荷马时代的氏族社会已牢固建立起来。古希腊城邦的公共生活，很多是通过"广场"来进行的。这时候，大体是公元前 6 世纪。广场位于城邦中心，有树有风有阳光，很合乎"最好的政治是在阳光下"这一历史逻辑——后来，人类政治在许多方面似乎反而倒退了，如各个时代的"密室政治"盛行不衰。

在"铁器时代"，广场仅用于公民大会，到了"古风时代"广场更生活化了，它集市场和会议于一体，成为城邦公共生活所在地。人们聚集于此交换货物、发布消息或处理公共事务。到公元前 500 年，广场周围的建筑如议事大厅等公共建筑以及神庙、泉水房、公共雕塑等，散发着优雅庄严的气息。那时在希腊的主要城市里，已出现大量设计精巧的建筑和一些具有特殊功能的公共空间。

公元前 4 世纪，古希腊在许多领域都经历了创造力的大释放。哲学、生物学、政治理论、数学、军事科学都取得了意义重大的进步。与德国思想家雅斯贝斯说的那个"轴心时期"相一致。

古希腊文明对后世影响巨大，正如历史学家们说的"希腊政治理论的伟大文本沿用至今"，然而它们所提供的远见卓识似乎并没有实际应用于它们那个时代。一叶落知天下秋。古希腊文明，已是我们夹入生活书本的一片落叶。虽然它早已泛黄，但它的经脉，显露着古代文明的印记。

古希腊是人类文明溪流重要的一脉。在清夏里，在文明溪脉里濯足扬波，能感到有一幅幅纷繁的古代希腊画卷在眼前飘过。

（《深圳特区报》2011 年 7 月 12 日）

7.12　理性和理性主义的有趣悖论

　　　　　几乎所有的理性主义者都十分强调"社会发展规律"。但在强调"客观规律"的同时，决不肯降低意志、理性这些东西的决定作用，总以高扬的意志和理性来超越规律。

　　古罗马时期，西塞罗在给人下定义时说"我们所谓的人，是具有预见性、灵敏性、综合力、激智力、是富有记忆力，充分的理性和深谋远虑的动物"。在古希腊古罗马时代，"理性"已成为人认识自身的特质之一。后来康德甚至认为，所谓"启蒙"，就是在公共事务上大胆运用"理性"。

　　理性是人类所拥有的最为珍贵的禀赋之一。但人类的理性常常出现一种悖论：一方面，人的理性无论在社会历史发展方面还是自身生存逻辑方面，都是不可阙失的，否则也就排除了人的生存本质；但另一方面，理性时常与唯意志主义等结合一体，而在社会领域为所欲为。过度的理性，本身是一种非理性。

　　尽管人的理性和智慧是一种稀缺资源，但理性的过度发散，给人类带来的恶果是灾难性的。布热津斯基说："'理性'……它就形成了一种为理想主义目标而从事社会工程的倾向。"而哈耶克从"理性"自身功能指出："理性并非万能，而且那种认为理性能够成为其自身的主宰并能控制其自身的发展的信念，却有可能摧毁理性……"

　　理性主义作为一种社会思潮，主要特征是理想主义和社会唯美主义，它以先验的原则、理念为轴点，去逻辑地推演和构造理想蓝图。人类思想史上，一直呈现两条基本的线路：一是"理性主义"路径，一是"经验主义"路径。"理性主义"线路，大致从柏拉图的理想国，到莫尔的乌托邦，再到空想社会主义……基本特征是依据理性改天换地，重建社会文明；"经验主义"线路，大致从亚里士多德的城邦制度，到洛克、孟德斯鸠的宪政理论，再到美国"宪法之父"们的联邦制度设计……基本特征是依据现实，按照"可能的"的条件审慎、渐进地推动社会进步。

　　历史上，柏拉图的"理想国"、莫尔的"乌托邦"、康帕内拉的"太阳城"、安德里亚的"基督城"、闵采尔的"千年太平之国"、马布利的"理性社会主义"、巴贝夫的"平等共和国"、摩莱里的"自然法典"、圣西门的"实业制度"、傅立叶的"和谐社会"、欧文的"劳动公社"等，都是理性主义典型产物。理性主义的思想方法是"应然"（ought）而不是"实然"（is），崇尚"理性支配世界"，"我自身的理性是我的首席法官"。运作路径不是从现实到理想，而是从理想到现实，社会中一切皆可作为伟大意志的副产品。

具有调侃意味的是，几乎所有的理性主义者都十分强调"社会发展规律"。但在强调"客观规律"的同时，决不肯降低意志、理性这些东西的决定作用，总以高扬的意志和理性来超越规律。这是一个非常有趣的悖论。

在社会发展模式上，"理性主义范式"的特点，一是"弱社会"，社会模式都是强国家、弱社会模式，对社会实行无以遗漏的"密集型"管理。二是伦理社会，伦理精神贯彻一切，品德远比规则重要。社会公正的刚性原则不是法律，而是社会觉悟。三是人治社会，推崇"贤人政治"，"应该由贵人、贤人和智者来统治"。四是质朴和平均社会。鄙视财富，整个社会均贫富。当然，"质朴"中有一部分合理因子。

恩格斯针对理性和理性主义说的一段话很深刻："解决社会问题的办法还隐藏在不发达的经济关系中……社会所表现出来的只是弊病，消除这些弊病是思维着的理性的任务。于是，就需要发明一套新的更完善的社会制度，并且通过宣传，可能时通过典型示范，从外面强加于社会。这种新的社会制度是一开始就注定要成为空想的，它越是制定得详尽周密，就越是要陷入纯粹的幻想。"

毫无疑问，在社会历史领域，特别是在推动社会变革和进步中，我们需要的是一种"摸着石头过河"式的渐进理性，需要审慎的"试错"态度。正如孟德斯鸠说的："人类理性所以伟大崇高，在于它能够很好地认识到法律所要规定的事物应该和哪一个体系发生主要关系，而不至于搅乱了那些应该支配人类的原则。"

（《深圳特区报》2011 年 6 月 28 日）

7.13 中国国民文化的底色

> 国民品性和民族文化性格，作为人类各异的性格特征及其公共行动记忆，作为一种文化模式，它塑造着人们不同的行为类型。

林语堂是个极洒脱之人，至于学问，学贯中西。作为影响卓著的哲学家、思想家和幽默大师，他"两脚踏东西文化，一心评宇宙文章"，能写行云流水的思想小品，也能写严肃的但不沉闷的学术著作，偶尔为文，彩虹霁雨，一种大气派。如他的英文著作 *My Country and My People*（《中国人》，也译成《吾国与吾民》），一出手，便是名著，被译成多种文字，传播世界各地。

书中对"中国人的性格"和中国社会、文化、历史、传统等，作了影响力甚大的解析，成为西方世界了解中国、中国人、中国文化最早、最权威的材料之一。今天，中国已发生很大变化，但书中对国民文化底色的判断，仍有很大的学术说服力。

林语堂把中国人的性格特质，归纳为"老成温厚""遇事忍耐""消极避世""超脱老猾""和平主义""知足常乐""幽默滑稽""因循守旧"八个方面，许多看法与鲁迅的看法颇为相通。在说到"超脱老猾"时，林语堂说这是"中国最突出的品质"，它击碎人们任何改革的欲望，嘲笑人类的一切努力。

中国人成功时是儒家，失败时是道家；本性上是道家，文化上是儒家。"中国人随年龄的增长，会发展一种低飞的才能……一个人年过 40 而未变成无赖，那么他不是思想软弱者便是天才，后者是"大孩子"。他所揭示的中国人的某些"性格"，正是今天社会发展中要认真面对和解决的。

除了林语堂，梁启超、辜鸿铭、梁漱溟以及冯友兰、鲁迅，外国人史密斯、罗素等，都对中国国民文化的特性，作过深刻分析。如梁任公先生，对国民品性和民族文化性格的分析，贯穿两个关键词，一是"国性"，二是"民德"，强调"国性可助长而不可创造也，可改良而不可蔑弃也。盖国性之为物，必涵濡数百年"。

而与梁启超的"批判性分析"不同，近代著名的"文化怪杰"辜鸿铭，则赞赏性地从"中国人最美妙的特质"来分析国民文化品性，指出中华民族总体上具有"沉潜""远见""淳朴"三大特征。"中国人最美妙的特质"，是既有成年人的智慧，又能够过着孩子般的生活"一种心灵的生活"。辜鸿铭认为，可以用一个词，把典型的中国人的特性归纳出来，这就是"温良"。更值得玩味的，是辜鸿铭以"毛笔"，来象征中国人的精神和文化智慧："中国的毛笔或许可以被视为中国人精神的象征……但一旦掌握了它，你就能得心应手，创造出美妙优雅的书画来，而用西方坚硬钢笔是无法获得这种效果的……"

再如梁漱溟，对中国国民文化性格也有着极为深切的洞察。梁漱溟一生主要研究两大问题：一是人生问题，一是社会问题。在这一学术框架中，他"约得其要"，描述中国民族品性有十个方面。指出中国人"最显著的短处"，"一是短于集团生活而散漫无力"；"一是短于对自然界的分析认识"。"集团生活"就是公共生活，亚里士多德在谈到古希腊城邦生活时，也谈到过公共性品质。梁漱溟认为："公共观念、纪律习惯、组织能力、法治精神"这四点，可总括以"公德"一词称之。而这种"公德"，恰为中国人所缺乏。这种洞见，一针见血。

人类学家 A. L. 克罗伯把文化中那些"稳定的关系和结构"，看成是一种模式；另一位著名人类学家本尼迪克特，则把"文化范型"（culture pattern）视为相对于个体行为的群体行为方式。国民文化作为一种文化范型和文化模式，它通过文化性强制，使国民行为的选择和取向"会得到加强"。

文化本身是限制个人行为变异的一个主要因素。国民品性和民族文化性格，作为人类各异的性格特征及其公共行动记忆，作为一种文化模式，它塑造着人们不同的行为类型。今天的公民文化建设，不能游离中国国民品性和民族文化性格，应当把准国民文化底色，注重从"文化心"、文化特性这些深层次上入手。

这一点，林语堂及各位文化大擘们，老早就看到了。

（《深圳特区报》2011 年 6 月 21 日）

7.14 顶层设计是"渐进技术"

> 顶层设计和政治设计既不能超越历史，也不能超越现实，是对社会"渐进的修补"和求征"可能性"艺术。

"十二五"规划纲要提出要"更加重视改革顶层设计和总体规划"的命题。"顶层设计"概念源于工程学，主要指运用系统方式，自高端开始的总体构想和战略设计。引入社会政治领域，一般用来指统筹协调各方面因素，在最高层次上求征解构问题之道，常常表现为价值理念与实际操作之间的构想和蓝图。

在学理上，社会领域"顶层设计"属于政治设计范畴。作为规划科学的政治设计，是人类"生命自觉"和"社会关怀"的产物。人类不是一开始就需要政治设计的。人类早期文明秩序在很大程度上是演进的结果而非"设计"的结果。但后来，政治设计越来越成为人类自觉的产物。任何一个现代化国家，没有政治设计犹如在大海中航行却没有清晰的路线图一样。

在人类发展不同历史阶段，政治设计积累过丰富的思想资料。历史上一些重大政治变革时期，自觉地或不自觉地进行政治设计是一直有的现象。自古希腊古罗马以来，人类思想史上关于政治设计的观点，大体呈现了两条基本线路：一是由亚里士多德开创的"经验主义"传统和范式，另一条是由柏拉图开创的"理性主义"传统和范式。

"经验主义"政治设计历史范式的演进路径是：亚里士多德的城邦制度设计→洛克、孟德斯鸠等人的宪政设计→美国联邦党人的联邦政体设计等。这是经验主义政治设计的典型范式。"理性主义"政治设计历史范式的演进路径是：柏拉图的"理想国"设计→莫尔的"乌托邦"社会设计→康帕内拉的"太阳城"设计、安德里亚的"基督城"构想、圣西门的"实业制度"构想、傅立叶的"和谐社会"制度设计、欧文的"劳动公社"设计等。它们是理性主义政治设计的典型范式。

在这样两条线路中，政治学家和思想家们对于社会构想呈现了种种差异。对于人类社会来说，规制是自然演进生成的，还是自发设计的？这个问题涉及人类规制发生学和"理性主义"与"经验主义"的历史之争。粗略作个区分的话，可区分出这样一些不同的规制设计论者："激进的"规制设计论者，如古希腊柏拉图、16 世纪思想家莫尔、17 世纪意大利思想康帕内拉以及当代一些思想家等人。"温和的"规制设计论者，如古希腊思想家亚里士多德、19 世纪英国思想家约翰·密尔等人。"坚定的"规制设计论者，如政治学家孟德斯鸠、洛克、汉密尔顿；经济学家布坎南、新制度经济学派诺思、科斯等人。"有限的"规制设计论者，如当代哲学家、政治哲学家波普等人。"消极的"规制设计论者，如奥地利裔英国自由主义经济学家哈耶克、18 世纪下半叶英国保守主义政治思想家柏克、当代政治家布热津斯基等人。

政治设计是基于对人性"不完善"的洞察、认识和救济，也是基于社会生活可以通过科学审慎的认知和制度安排加以完善这样假设。在今天改革和发展中，"规范"一件事情，最有绩效的办法是作出科学的制度安排；使一个组织提高运营质量，最好办法是作出好的体制建构。而推动一项社会工程如"和谐社会"建设，本质上也是一个如何在经济发展基础上开展科学的顶层设计的问题。

然而，无论是顶层设计还是政治设计，都是一门"渐进技术"（piecemeal technology），是一种主观受制于客观来完善社会生活的努力，而不是"整体主义的或乌托邦的社会工程"（波普语）。顶层设计和政治设计既不能超越历史，也不能超越现实，是对社会"渐进的修补"和求征"可能性"艺术。由此坚持实事求是、一切从实际出发，保持审慎的科学精神，是包括顶层设计在内的所有政治设计应当遵循的思想方法。

（《深圳特区报》2011 年 5 月 31 日）

7.15　在苍茫大地上生发的"元典"

> 只有在苍茫大自然和风霜雨露中生发的东西，才会成为"元典"。
> 没有大自然生发的灵感和元精神，今天人不太可能有真正穿越时空的
> 东西。本质上，今天我们没有太多的沉思，只有浮想。

公元前 8 世纪—公元前 2 世纪，是人类一个伟大时期，人类精神基础得到
奠定。中国文明、印度文明、波斯文明、犹太文明和希腊文明是这个时期文明
的标志。人类出现了一大批思想大师，古希腊有苏格拉底、柏拉图，以色列有
犹太教的先知们，印度有释迦牟尼，中国有老子、孔子等诸子百家。他们塑造
的不同文化传统，至今还一直影响着我们的生活。

令人惊奇的是，虽然中国、印度、中东和希腊远隔千山万水，交通和信息
都闭塞不通，但这些不同地区创造的精神和文化，却有着很多相通的地方。

德国哲学家雅斯贝尔斯给这个时代贴了一个标签——"轴心时代"。他在
《历史的起源与目标》一书中认为"人类的精神基础同时或独立地在中国、印
度、波斯、巴基斯坦和古希腊开始奠定，而且直到今天，人类仍然附着在这种
基础之上"。

后来的很多历史学家，都谈到过这个时代的伟大之处。如美国历史学家伯
恩斯教授和拉尔夫教授在他们的著作中提到：由于一些无法解释的原因——或
许仅仅由于巧合——在古代世界的三个相隔很远的地区，在大约同一个时候都
开展着高度的哲学活动。当希腊人正在探讨物质世界的性质、印度思想家正在
思考灵魂和神的关系时，中国的圣人正试图去发现人类社会的基础和贤明政治
的根本原则。

坊间有谚语说"一岁看八岁，八岁定终生"，公元前 8 世纪到前 2 世纪这个
伟大的时代，是不是大体相当于人类的"八岁"这个时期呢？

当然，最早提出"轴心文明"这一命题的，并不是雅斯贝尔斯。如在 1856
年，拉索尔克斯在他《历史哲学新探》中就提出：公元前 600 年，波斯的琐罗
亚斯德、印度的乔达摩·释迦牟尼、中国的孔子、以色列的先知们、罗马的努

马王以及希腊的爱奥尼亚人、多利亚人和埃利亚人的首批哲学家，全都作为民族宗教的改革者而几乎同时出现，这不可能是偶然的事情……到了1870年，维克多·冯·施特劳斯也提到：在中国老子和孔子生活的数百年里，所有开化民族都经历了一场奇异的精神运动。

雅斯贝尔斯秉承了先哲们的思想，但他觉得，先哲们"仅仅是浮光掠影而已……"，他想"从整体上把握这些获得当时人性的整个精神存在的普遍类似现象"。

还有一点，在我看来极为重要，那就是雅斯贝尔斯深刻地指出：与人类的"轴心时代"相比，最明显的，是现在正是精神贫乏、人性沦丧，爱与创造力衰退的下降时期，只有一点可与以前比美，那就是科学和技术。人类从技术上造成了第二自然，但危险在于，人类的全部存在变质为技术完美的机器中的一部分，整个地球变成了一个大工厂。人类已经并正在丧失其一些根基。

也许这正是"轴心时代"理论的现实映照意义——"轴心时代"成为人类文明和精神的一个经纬；是今天我们更好地反思、洞悉人类社会状况的一个坐标。

值得我们惊叹和进一步思考的，不是"轴心时代"人类思想大师们的伟大智慧本身，而是在一切似乎都原始、落后、不发达的当时岁月里，这些伟大智慧的渊源究竟来自哪里？

在我看来，他们的伟大智慧最主要是来自大自然中最直接的体悟。苍苍茫茫的大自然，辽阔的田畴原野、千层叠嶂的山峦和大地土壤——正是这些"最本原的物质"，使人们获得了生命根基。大自然是人们获得灵感和沉思不竭的源泉。

是的，思想和精神只是辽阔土壤中生发的"自然之果"。今天我们越来越远离大自然，远离土地，远离草长莺飞，远离碧水雄山。我们只是偶尔与大自然打个照面，我们的心是飘浮的。如果说现代人有什么"本质"的话，那么这个"本质"，就是将人从土地上拔出来，将人整合在城市的钢筋丛林中逶迤穿行。

只有在苍茫大自然和风霜雨露中生发的东西，才会成为"元典"。没有大自然生发的灵感和元精神，今天人不太可能有真正穿越时空的东西。本质上，今天我们没有太多的沉思，只有浮想。沉思是很重的、能瞥见星光的东西。

（《深圳特区报》2011年5月24日）

7.16　城市的物理和人文

是"杂居"，还是"类聚"？效果是不一样的。人类最佳的居住形态是"杂居"。但今天，中国的各大城市里，一个耐人寻味的现象，是通过不同小区对群体作出划分。

读古罗马史，我们发现，罗马人在神庙建筑的设计上，对著名的"希腊模式"作了改动。希腊长方形神庙，四面环以柱廊（环柱式），四面的基座都比较低平，人们可以登临。罗马神庙则用了高高的基座，"高高的门面带有强烈的垂直线赫然耸立，突出了对它前面的空间的支配，就像威严的帝王用其强有力抬起的手臂支配他面前的空间"，强化了罗马神庙"威临于前"的效果。

希腊神庙风格亲和平缓，有"民主之风"，体现希腊人的民主精神。罗马万神庙等以高高台阶"威临于前"，经罗马人的发挥，原来"适合于民主城邦的希腊神庙"，变成了"适合帝国统治需要的罗马神庙"。这表明，建筑式样乃至城市空间，可以用来表达不同的政治意向。

是的，城市物理空间可以通过"营造感觉"，来对公民性格施加影响。什么样的城市空间，形塑什么样的城市人。人说上海人"精明不聪明"，为什么？因为沪上城市文化是一种精细文化，也是商业文化，与北京的大大咧咧大不一样。"精明"两字，是在精精当当的街市和齐齐斩斩的弄堂门户里炼制出来的。

如果说一个城市有它的品质，它体现在哪儿？不是现代和超现代的摩天大楼之类，也不是五光十色的商圈，而是体现在它能否有助于发展公民性格，能否孕育人们的公民品质。

20世纪60年代后，国际上出现了一种新的社会学理论，认为"不道德的社会制造了不道德的个人"，这种理论强调社会空间、社会环境对人行为施加的影响。英国人类学家弗思说"任何一种环境，在一定程度上总要迫使生活在其中的人们接受一种物质生活方式"，这话也是这个意思。

构成城市空间的另一个重要方面是群体分布。是"杂居"，还是"类聚"？效果是不一样的。人类最佳的居住形态是"杂居"。但今天，中国的各大城市里，一个耐人寻味的现象，是通过不同小区对群体作出划分。"高档"小区、"中档"小区、"动迁"小区、"经济适用房"小区……界别分明。

2004 年，德国艺术家克莱门斯·冯·魏德迈和他的法国同伴马娅·施魏策尔来到中国，想在中国拔地而起的大城市里，找到 1927 年流行世界的德国科幻电影《大都会》（Metropolis）中所反映的城市化的历史对照。但他们发现"大城市如北京、上海或广州……均超过 1000 万，而城市居民根据腰包，被分割得越来越清晰，界线也越来越不可逾越"。

德国的艺术家们与德国研究中国问题的专家感觉竟然一致：中国城市因其居民的收入被分割，"以钱划界，形成富裕的中产阶级社区、富人社区……以钱划界，而后竖立高墙，画地为牢"，他们说："无论在哪里，就算是在西方，我们也不认为这是积极正面的发展。"

今天，大片大片的"廉租房""经济适用房"社区，正出现在中国城市边缘的地平线上，它为"低收入人群"提供了购房"便利"，但它杯水车薪，只解决了很小一部分人，根本的还是要解决房价的离奇飞长——在另一面，这种"类聚"方式，把居住形态单质化，为今后可能形成"贫民窟"和"准贫民窟"，提供了物理基础。本质上，这种"类聚"是"以钱划界"对城市群体作出分割，不利于公民文化和公民社会的形成，世界历史在许多地方都提供过这方面的佐证。

此外，公民文化的基础是"文化"。缺少"文化"的城市，离"公民文化"更远。如果一个都市里，只有很小的群体有机会欣赏贝多芬、巴赫、柴可夫斯基，只有很少的群体能读莎士比亚、托尔斯泰、鲁迅，只有很少的人走进图书馆、博物馆、美术馆——且如果这些场所活跃着的主体不是市民，而只是各种各样的官方活动等，那么那里很难真正荡漾起公民文化的和煦春风。

城市，不是砖瓦水泥的组合。城市不仅要尽可能适宜人的生活和生存，还要为人的全面发展，为完善人性和提升公民品质，提供"器"（物理空间）与"道"（精神空间）的优越条件。

（《深圳特区报》2011 年 5 月 17 日）

7.17 科学思维与艺术思维

作为人类不同类型的生存方式，艺术与科学是我们生活的两面；
生活中"艺术思维"与"科学思维"更是人类伟大创造的源泉。

1969年7月21日，阿波罗号载人登月成功。阿姆斯特朗踏上月球，他说：
"我的一小步，人类一大步。"尽管这一步很给力，具有巨大社会审美价值，但
从传回来的月球照片看，月球表面是坑坑洼洼的陨石坑，很不好看。2007年，
"嫦娥一号"从月球传回首张月球照片，上面也是百孔千疮，相当的"不好
看"，就"科学事实"来说，很多是没有"美感"的。

科学的本质以"真"为前提，艺术的本质以"美"为前提。虽然科学和艺
术都需要想象，但艺术还需要夸张、荒诞和变形，科学则更依据本真和逻辑。

正因为如此，19世纪英国浪漫主义诗歌代表之一的约翰·济慈（John
Keals）曾批评牛顿，说他通过三棱镜将太阳光谱分解为红、橙、黄、绿、青、
蓝、紫，使本来"诗意的彩虹"美感尽失。在审美上，彩虹是美、是诗；但在
科学上，只是些光谱。科学讲究事实和真相，凡"真"的东西未必善，也未
必美。

科学其实是一加一等于二和为什么等于二，艺术是一加一不等于二和为什
么不等于二。科学是理性的，艺术是感性的，但两者的根基都是人类的智性。

1993年，李政道先生在北京"科学与艺术"研讨会上作演讲。他说：科学
和艺术的关系，是与智慧和情感的二元性密切关联的……艺术和科学事实上是
一个硬币的两面。李政道认为，"科学和艺术，都源于人类活动最高尚的部分，
都追求着深刻性、普遍性、永恒和富有意义"。这使人想起罗素在《宗教与科
学》一书中同样句式的话："科学和宗教是社会生活的两个方面"。

关于艺术和科学之间的渗透，法国著名哲学家、美学家马利坦作过详尽的
考察。他举例说：所有伟大的数学家的著作中"都蕴含着诗"。在赫拉克利特和
柏拉图，亚里士多德和阿奎那，普罗提诺、斯宾诺莎和黑格尔的哲学见解中，
"都有神奇的诗性直觉在起作用"。他认为：没有诗的帮助，亚里士多德不可能

凭经验完成他的关于菱形基本定义的推断；而在霍布斯思想的狂热背景中，"有些东西是诗教给的"。"诗甚至帮助了阿西西的法兰西斯，帮助了哥伦布、拿破仑和18世纪意大利著名冒险家克格莱斯特罗……"

　　美国哲学家、社会学家、教育学家杜威也谈到过这一点。他认为"审美的性质也可以存在于科学著作之中。对于外行来说，科学家的资料通常是令人望而生畏的。对于研究者来说，这里面存在着一种达到完成与完美的性质……它们有时还具有高雅的甚至是严谨的形式"，杜威举例说："克拉克·麦克斯韦曾引入一个符号使得一个物理学方程式得以对称，只是后来，实验的结果才赋予这个符号以意义。"

　　这些都是就科学活动本身具有的"艺术因素"来说的。从艺术方面看，艺术也包含了"科学"。每一件艺术作品，都是一种独特的媒介，它使性质上无所不在的整体得到承载，甚至艺术本身也是一门科学。著名德国艺术史家格罗塞（Ernst Grosse）认为：在广义的关于艺术的研究和论著中，可分出两条研究路线，一是艺术史，一是艺术哲学。

　　艺术和科学作为人类的伟大创造活动，都与整个人类精神、社会和生活有密切联系，但艺术更表现为从现实人生中超脱的独立存在。作为人类不同类型的生存方式，艺术与科学是我们生活的两面；生活中"艺术思维"与"科学思维"更是人类伟大创造的源泉。

（《深圳特区报》2011年4月19日）

7.18　多一点人类主义关怀

　　　　历史学者弗罗姆金认为，种族主义是人类自灵长类动物时代进化
到如今一直携带的"阴暗天性"。很多战争，不过是"国家利益"名
义下人的争斗习性的表达罢了。

　　田野学家珍妮古多尔在非洲丛林中发现，一群黑猩猩之间能和睦相处，还
能相互帮助，但是当遇到别的种群的黑猩猩时，它们就变得凶残无比。前不久，
央视播一档地理类节目，说的是一个美国人，到非洲原始部落去体验生活，他
在那里受到各部落的盛情接待，为融入当地社会，他按那里风俗，光着屁股在
牛群背上跃跑。画面上那些不同部落的人们，都那么厚道，那么和蔼可亲，可
是一遇上别的部落的人，他们立马变成了比野兽更凶恶可怕的杀戮机器。

　　这是一个复杂的人类主义问题。由于人类过去一直是在争斗中成长的，故
"争斗的能力"，战绩、鲜血、头颅等，一直是荣光的标志。"勇士""战士"等
可能是人类第一个激动人心的桂冠。这是一种历史现象，很难作伦理性的价值
考量。

　　人类有史以来，发生过多少战争？挪威史学家统计，到1982年，有文字记
载的5560年中，发生过14531次战争，平均每年2.6次。联合国对"二战"后
的战争的死亡有个统计，从1946到1985年，全球发生了140次战争和武装冲
突，死了2100万人。

　　但这只是个极粗略的估算罢了。由于人类很长一段历史——特别是史前无
文献记载，准确的战争数字，几乎是没法得到的。我们见到的这些战争和死亡
数据，比起实际的数字来，要小得太多。

　　历史学者弗罗姆金认为，种族主义是人类自灵长类动物时代进化到如今一
直携带的"阴暗天性"。如由于宗教矛盾导致的战争，在人类历史上屡见不鲜。
人类的排他性，一直威胁着文明的发展。很多战争，不过是"国家利益"名义
下人的争斗习性的表达罢了。小布什打伊拉克战争，名曰"反恐"，但谁能说布
什父子两代人与萨达姆的"恩怨"，不是这场战争的一个内在动因？不错，战争

有"正义"和"非正义"之分——可有哪一场战争，不是打着"正义"的旗号呢？

战争最简单的事情是：一是死人，特别是大量平民的死伤；二是摧毁文明，破坏生活秩序；三是一批人升职或获得更大权力，所谓"一将功成万骨枯"。如果跳出狭隘的种族主义、如果抑制权力欲的泛滥，世界上会减少很多无谓冲突，很多鲜活的平民生命可免于兵火罹难。

本质上，战争是与文明进步成反比的。人类文明越发展，战争和争斗愈少。全世界有8000多个民族，如果每个民族都要求建立同文同种的政权，地球将怎么办？如果没有国际主义，没有人性关爱，民族主义便会成为一把双刃剑。狭隘的民族主义不是"爱国"，情绪的暴戾也不是"爱国"。爱国主义要与人类的博爱精神相统一。

文明到了今日，合作、和平与发展，比争斗和排斥更重要，也更爱国。一个人要有胸怀，一个民族也要有胸怀，要有人类主义的关怀，应当倡导"负责的爱国主义来重构爱国主义"（雅诺斯基语）。今天，世界变成了"地球村"，各民族间的"共生"和依赖，变得愈益紧密。各民族之间文化的相互尊重和相融，比起文明的冲突来，更是一个不可逆忤的大趋势。

地球不大，所以这个星球上的人类，心胸就得再宽阔博大一些。

（《深圳特区报》2011年4月12日）

7.19 科技要经得起生命天平的考量

> 人类是伟大的，无所不能，核能也是"能"的一种。只是"核能"虽然很能，能制造杀伤力极巨的核武器，又能弥补人类能源不足，但作为"清洁能源"，它的潜在危害实在太大。

这几日，时常想起小时候"渔夫和魔鬼"的故事。有个渔夫在海里撒网捕鱼，意外捞起一只瓶子。打开瓶盖，飘出一缕黑烟，一个魔鬼出来了。接着要吃掉他。渔夫疑惑，说："你那么大身子，真的能藏入一个小瓶里？"魔鬼有了表现欲，演示给他看，又收成一缕青烟，钻进了瓶子。渔夫赶紧盖上瓶子，把瓶子抛进了大海。

与其说是渔夫智慧，不如说魔鬼太二。可是日本福岛核装置中飘出的"魔鬼"，就没那么简单了。这场巨大的核灾难，撼动了核技术的"安全神话"，引得世界一片恐慌。德国等地反核示威游行不用说了，前几日国内不少城市口罩、碘片、食盐等被抢购一空。不光是盐，据说酱油也买不到了。

在福岛核电站有苦苦坚守的 50 名人员，一名 59 岁老员工，本来明年退休，退休后可拿高额的退休金，但他主动留了下来，"愿意用自己的生命换取更多人的安全"。日本媒体称他们是"无名英雄"，可"无名英雄"四字，就能掩去鲜活生命，就能理所当然地解构他们的生存权利，就能让他们为这场核灾难埋单？

切尔诺贝利核爆炸烟云尚未远去，福岛又上演惨烈一幕。这么大灾难，使"福岛"之"福"，有了讽刺意味，可谓"福兮祸所伏"。事情出来后，瑞士中止了核电站更新计划的批准程序。德国立即停运 1980 年底前的 7 座核电反应堆，并对所有核电站进行安检。我国暂停审批所有核电项目，对不符合安全标准的停止建设。英国本来打算重启核电站建设，计划到 2025 年新建 10 个核电机组，但英国政府警醒于公众对核电站安全性高涨的怀疑情绪。

美国许多议员呼吁联邦政府调整核电站政策。参议员、国土安全和政府事务委员会主席约瑟夫·利伯曼说："我一直都是核能的拥趸，因为它不依赖国外，它是清洁能源……但现在我认为，当务之急我们必须踩下刹车。"澳大利亚总理吉拉德、以色列总理内塔尼亚胡等，表明反对在本国建核电站。计划于2020年启用首个核电站的泰国总理阿披实称："大家知道，我并不赞成核电站……"

未来一段时间，全球抑止核能开发，是个大趋势。

人类是伟大的，无所不能，核能也是"能"的一种。只是"核能"虽然很能，能制造杀伤力极巨的核武器，又能弥补人类能源不足，但作为"清洁能源"，它的潜在危害实在太大。

对人类来说，究竟什么才是第一位的？这涉及到人类文明伦理的问题。科技要发展，生活要提升，但这一切，要经得起生命天平的考量。

菅直人首相不是渔夫，无法将福岛的核灾难化为一缕青烟，收入瓶子。在核灾难这个巨兽面前，我们都不可能是渔夫。

（《深圳特区报》2011年3月29日）

7.20 社会体制改革是社会建设核心问题

现阶段中国社会建设中的突出问题，是体制性问题严重制约着社会建设的发展，社会体制改革的延宕和滞后，成为今天社会建设有待突破的一个瓶颈。

一、破解社会体制改革难点

体制建设历来是社会进步和公共绩效的渊源所在。体制的改革和完善，关注的是社会结构性合理问题，它从本原上推进社会发展和进步。没有社会体制问题的解决，就不可能真正有效地解决现阶段诸多的社会问题。

最近，胡锦涛在省部级主要领导干部社会管理及其创新专题研讨班开班式上的重要讲话中，提出要加强社会管理，强调"社会管理是人类社会必不可少的一项管理活动，在我们这样一个有13亿人口、经济社会快速发展的国家，社会管理任务更为艰巨繁重"要求"把社会管理工作摆在更加突出的位置，深刻认识和准确把握社会管理规律"。

在社会体制上推进社会改革，是中国现代化进程中面临的重大问题，也是今天中国社会建设的核心问题。"社会体制"这一概念，比较权威的文本提法，出自2006年10月十六届六中全会通过的《中共中央关于构建社会主义和谐社会若干重大问题的决定》。2007年10月，十七大报告继续论述了社会建设和社会体制等问题。2008年7月，国务院常务会议审议通过《关于2008年深化经济体制改革工作的意见》，第一次把"社会体制"问题单列出来，要求积极探索社会体制改革的有效途径，破解社会体制改革难点。

中国社会建设的体制性问题是伴随改革开放和在推进社会建设过程中逐渐凸显的，社会建设核心，是要突破关键的"体制性"瓶颈。体制的改革和完善是治本性的，现阶段我国社会建设必须聚焦深层次体制性问题，在社会体制上谋篇布局，取得实质性的突破，这样才能真正有效地从整体上推进社会建设。

二、社会体制的本质是社会结构

那么什么是"社会体制"？"社会体制"包含了哪些方面和哪些内容？认识

不正确，把握不准确，就谈不上能很好地确定社会建设重心所在，就很难真正有效地加快中国社会建设的步伐。中央提出推进"社会体制"改革这一重要问题后在全国引起极大反响，但无论在实际工作中还是在理论研究领域，对"社会体制"问题的理解，都存在随意性和认知偏差。在我国，政治体制、经济体制、文化体制等有着相对确定的社会含义，然而"社会体制"一直缺乏公认的确定内容。

由于社会体制问题的研究和探讨在中国还是个"新事物"，在理论典籍和实际领域，尚无确定的公认的定义。根据社会实际和社会学规范，准确厘定"社会体制"，在"横"的方面——应在同一水平面上，在"相对"意义上，在与政治体制、经济体制、文化体制等比较上，来把握其主要内容和空间方位；在"纵"的方面，应在竖向递进中，在"绝对"意义上，在与社会、体制、社会体制、社会建设的次序递进中，来把握其阶段流程。由此，所谓"社会体制"，是社会领域一系列制度安排的结构和样式，即在特定的国家或地区内反映政府、市场与社会组织职能，体现中央、地方各层级政府事权、财权责任，在社会管理、公共服务、解决社会问题和社会发展的机制与制度的结构和样式。

社会体制的本质是社会结构。社会结构（social structure）是社会体系各组成部分或诸要素之间相对持久、稳定的相互联系模式。与社会结构和社会体系相对立的概念是反映社会各要素之间缺乏联系状态的社会集合。社会结构是结构功能主义中心概念之一。结构功能主义将社会看作是各个行动者相互作用的体系，主张从静态和过程进行研究。社会体制受基本经济制度、一定历史时期社会模式的决定和制约，它是基本社会制度的具体体现，是它的"操作层次"。

三、制约社会建设瓶颈有待突破

现阶段中国社会建设中的突出问题，是体制性问题严重制约着社会建设的发展，社会体制改革的延宕和滞后，成为今天社会建设有待突破的一个瓶颈。改革开放以前，中国没有严格意义的"社会建设"（social construction）而只有"国家建设"（state construction），经过三十多年改革开放和经济发展，我们确立了"经济——政治——文化——社会——生态"五大建设框架，社会建设和社会管理成为中国现代化进程的核心概念之一。但一方面，社会建设和社会管理在实际工作中被"弱化"十分普遍，人们对社会领域发育心存疑虑。导致社会资本开发利用不足，社会自主性及自我组织能力薄弱，社会运行的行政成本日益增大。特别是在一些领导班子和领导干部中，存在对加快社会领域发育、推进社会发展的种种担忧生怕社会领域的迅速发育和发展，会带来社会的"不稳定"。另一方面，是对社会体制问题认识不足，习惯于依赖行政手段来表层化地开展社会建设，不善于从深层次上解决社会建设的内在问题。有的简单将一般性的社会行政管理代替深层次的社会体制建设。对于社会体制建设的构成、内容、方式、属性、方法、要求和体制建设的现实方位等，以及如何进行体制性的探索与创新、需要配备、提供哪些社会框架支撑，政府如何培育、帮助托起社会领域的体制建设等，缺乏清晰和准确的总体性把握。

中央强调了加强社会管理的重要性和所面临的任务，而真正有效能的社会管理，不仅要通过强有力的行政手段来实现，更要通过完善社会体制这种结构性的优化来实现和保证。简单的"管理"并不能解决好深层次的体制问题。因此，我们要按照科学发展的要求，在社会体制改革上进一步解放思想，勇于实践，勇于探索，敢于突破体制瓶颈的制约，通过有效的社会体制改革和创新，来更好地推进社会建设，更好地提升社会管理的公共绩效。

四、社会体制五个方面的构成类别

"社会体制"包含的具体构成有哪些？事实上，社会体制是一个完整的逻辑结构体。根据世界各国经验和人类社会发展的经历，特别是改革开放以来中国社会实践，一个比较完整意义上的"社会体制"，包含了五个方面的构成类别：

一是社会运行体制。社会运行（social functioning）是社会作为有机体的运行、变化和发展的过程，它表现为社会多种要素和多层级子系统之间的交互作用以及它们多方面功能的发挥。社会体制是一个社会作为有机体运动、变化和发展的结构样式。作为社会体制的一个重要构成，按照世界各国经验和我国对于社会问题的有关分类，社会运行体制主要包括了劳动就业体制、收入分配体制、国民教育体制等（广义的社会运行体制还包括社会保障体制、社区运行体制、社会文化体制、社会管理体制等）。

二是社会组织体制。社会组织（social organization）是人们为实现特定目标而建立的有一定结构形式的群体。它构成了现代社会的基础。社会组织体制既包括不同社会组织的体制即它们的结构方式，也包括政府对社会组织管理的组织体制。就不同类型的社会组织来说，建立在社会分工基础上和一定共同目标基础上的社会组织，一般具有"类型化"体制特征，以适应特定的"次级社会群体"目标。就政府对社会组织管理体制来说，有两种基本的体制类型，即"家长制管理体制"和"官僚制管理体制"。前者产生于生产分工不发达、生产规模狭小的手工工具时代；后者产生于工业革命后的现代化大生产时代。

三是社会保障体制。社会保障（social security）是国家和社会对社会成员基本生活予以保障的社会安全制度。作为社会体制的一个基本构成，社会保障体制一般包括社会保险体制、社会救助体制和社会福利体制。在中国，它还包括优抚安置体制。社会保险是对未来风险的预防，社会救助是对现实贫困的救济，对贫困者提供最低水平生活需求的物质援助。社会福利则提供福利设施和社会服务，而优抚安置是对包括现役军人、革命伤残军人、复员退伍军人、革命烈士家属、因公牺牲军人家属、病故军人家属、现役军人家属的救济保障。

四是社区构成体制。社区构成体制是社会体制的重要组成部分。社区（community）不是一个行政区域概念，而是基于共同生活和相同价值、一定地理区域为基础的社会共同体。社区构成（community composition）是一定社会群体或共同体的性质、特征和形态。现代社会，对于社区构成体制的考察，有不同的视角和分类，但是考察社区构成体制最重要的，是看它运行架构是"行政性"的还是"非行政性"的——即考察其是"行政性社区"的属性还是"自主性社区"的属性。前者，维系社区存在的是行政力量；后者，维系社区存在的是人们共同的价值和向心力。

五是社会管理体制。社会管理（social management）是政府和一定社会团体以一定目标要求为依循，对社会系统和社会生活进行组织、指挥、监督和调节的作业过程。社会管理体制是政府和一定社会团体输出"管理"的制度结构和样式。从类别上说，社会管理相对于经济管理、政治管理、文化管理这些内容。在政府规制和监管中，"社会管理"是公共管理的一个组成部分。从构成上考察，"社会管理体制"包括了社会政策体制、社会控制体制和社会服务体制。而社会管理体制从属于社会体制，是社会体制的重要组成部分。把社会管理体制仅仅视为政府自上而下管理社会的体制，是十分片面的。

社会体制是一个有着自身结构逻辑的整体序列，而社会体制建设既是社会建设的一个"子项"；又与经济体制建设、政治体制建设、文化体制建设等构成一个"体制序列"。社会体制在与政治体制、经济体制、文化体制的关联和比较中才有独立的、确定的价值和意义。因此社会体制又与经济体制、政治体制、文化体制等一起，共同构成了一个国家的整体性体制序列。

（《深圳特区报》2011 年 3 月 15 日）

7.21 现代政绩观的核心

所谓政绩观有两种：一种是"荣誉概念"上的政绩观，另一种是"成本概念"上的政绩观，即对行政行为、行政过程进行"成本—产出"对比、核算和结果计量的一种观念。

在公共行政领域，政绩和政绩观是一个核心观念。在严格意义上，所谓政绩观，是指对于行政业绩的观念和认识。但今天公共语汇中，政绩观一般指政府或公权力对于政绩的一套观念系统。人类的政绩观是与政府概念和文明的兴起大体同步的。

人类公共行政经历了漫长历史。无论政绩还是政绩观都有其历史性和时代性。人类自从产生了政府，就有了一定形式的行政。首先是发起者或领导者使社会成为可能，然后是组织者或行政者使它永久化。行政或者说是事务管理只是所有社会活动的"中间因素"。随着人类行政系统的出现和运行，产生了政绩观、产生了对行政业绩关注和进行评价的思想。相传中国古代舜时，就形成了"三载三绩，三考黜陟"的考绩制度，对各部落首领三年考核三次政绩，以决定其升降。

人类比较系统成熟的政绩观念，是在19世纪中叶产生的。不同时代、不同政治理念下的政绩观是不同的。今天我们在科学发展观指导下的政绩观，与计划经济时代的政绩观，与那种竭泽而渔、劳民伤财、不顾成本、不顾生态效益的政绩观，有着本质性区别的。

就政绩观时代性来说，它是现代政府的产物并受"新公共管理运动"等时代精神的激荡。现代考绩制度已在19世纪的英国出现。美国国会在1883年1月通过"彭德尔顿法"，标志以功绩制为核心的美国文官制度初步形成。美国联邦政府1887年正式实施考绩制度，1905年颁发"考绩法"。19世纪末，美国许多城市政府腐化无能的事件被陆续曝光，通过财政预算控制地方政府绩效的呼声开始出现。20世纪40年代，在"胡佛委员会"推动下，人们对绩效评估与绩效预算的关注大幅度提升，但政府绩效管理的真正兴起，是20世纪70年代的事，

20 世纪 90 年代达到高峰。美国 1993 年颁布的《政府绩效与结果法》，被认为是世界各国政府绩效改革浪潮中具有里程碑意义的代表性立法。

这当中形成的所谓"新公共管理学"，更多从经济学途径来研究公共管理尤其是政府管理问题，被人们称为"以经济学为基础的新政策管理理论"或"市场导向的公共行政学"。它提供了当代公共管理的新模式，尤其在政府与市场、企业和社会的关系上，突破了传统公共行政的界限。

从政绩观的历史性和时代性中可以看到，本质属性上，所谓政绩观有两种：一种是"荣誉概念"上的政绩观，即政府部门和政府从业人员对自己的行政行为、行政过程结果的一种荣誉性的观念；它以行政行为和行政业绩获得社会和人们的认可为满足取向。另一种是"成本概念"上的政绩观，即对行政行为、行政过程进行"成本—产出"对比、核算和结果计量的一种观念。它以认知行政业绩的实际情况、以改善行政行为和提升管理绩效为满足取向。

2008 年我国《政府工作报告》提出"推行行政问责制度和政府绩效管理制度"，将政绩与绩效管理联结起来。今天我们要倡导的政绩观，是科学发展观指导下的政绩观。它是"成本概念"基础上的政绩观，建立在行政成本与公共产出分析比较基础之上。这样的政绩观才合乎逻辑，才合乎人类社会经济"发展"的本义，才能真正促进科学发展，从而才真正产生福祉泽被、利国利民的"政绩"。

（《深圳特区报》2011 年 3 月 1 日）

7.22 培育社会组织应防止简单化

一说到管理，有些人就认为是限制性的"严管"，不仅毫无道理地限制社会组织的正常发展，更对社会组织自主性的运行机制、人事任免、工资薪酬等各方面进行干预，严重扼杀其生机和活力。

一个"弱组织社会"，不是真正意义上的社会。历史的经验是，"弱组织社会"或"欠组织社会"是最不稳定的。因此，大力发展社会组织，不仅是社会发展机制的需要，也是实现社会和谐和稳定的必然要求。

社会组织是社会的细胞质，各类社会组织构成了现代社会的基础。各类新型社会组织的出现是中国社会进步的一个表征，也是现代化发展的必然逻辑。一个"弱组织社会"，不是真正意义上的社会。

历史的经验是，"弱组织社会"或"欠组织社会"是最不稳定的。尽管它表面上似乎很稳定，甚至表现为"超稳定"，但由于缺乏多元而分散的群体组织，缺乏分散的公众情绪、公共压力排解渠道，所以它恰恰是最不稳定的。而各类社会组织的发展，则有利于构成一种内在的稳定结构和平衡机制。因此，大力发展社会组织，不仅是社会发展机制的需要，也是实现社会和谐和稳定的必然要求。

重视和完善对各类社会组织的管理和服务，是我国现代化进程中出现新的重大命题。从 2004 年 9 月出台的《中共中央关于加强党的执政能力建设的决定》，到 2006 年 10 月作出的《中共中央关于构建社会主义和谐社会若干重大问题的决定》，都强调要对社会组织培育、发展、扶持和管理并重，发挥好它们的重要作用。毫无疑问，加强对各类非公经济组织和社会组织的管理，是一个社会有序发展、健康发展、和谐发展的必然需要。没有管理便没有效率，任何放任自流的想法都是错误的。

问题是，对各类非公有制经济组织和各类社会组织，到底该如何进行管理？这里有三点需要注意：

第一，对各类非公经济组织和社会组织的管理，是服务、扶持与监管并重的管理。尤其在中国社会发育程度还较低这样一个历史阶段，更是如此。一说到管理，有些人就认为是限制性的"严管"，不仅毫无道理地限制社会组织的正常发展，更对社会组织自主性的运行机制、人事任免、工资薪酬等各方面进行干预，严重扼杀其生机和活力。其实对社会组织的管理，应是服务、扶持和监管三位一体的，并且是体现时代精神的"互动型""双向式"科学管理，这样的管理才是有利于社会绩效的。

第二，对各类非公经济组织和社会组织的管理，重在明确其社会责任、发挥好它们参与社会管理的功能。加强对社会组织管理的根本目的是什么？就是通过有效的管理，引导更多的社会组织更多更好地参与到社会建设中来。

公共事务不单纯是政府的事，而是包括各类社会组织在内的全社会的事务，政府不能包打天下。这既是民主政治的内在逻辑，也是公共管理的内在要求。今天中国，社会组织已成为公共服务的一支重要力量，比如许多公益性民办非企业单位，都在提供残疾人服务、助老服务、技能培训、慈善救助、社区服务等，解决了许多政府无法解决的问题，满足了人们多元化、个性化的需求。加强管理、妥善引导，就会使社会组织在和谐社会建设中发挥出更大作用。

第三，对各类非公经济组织和社会组织进行管理和服务，应顺应潮流，把握规律、科学施治。对各类非公经济组织和社会组织的管理和服务，是一个知识运筹系统，需要大量社会组织知识和社会管理知识的支撑，涉及到许多方面。

本质地说，以组织化形式对非公经济组织和社会组织进行管理和服务，是一个柔性的探索和不断完善的过程，应倡导审慎、严谨和科学态度，防止出现"长官意志式"的管理、"想当然式"的管理。任何简单化的做法，都是与中央要求不相符的，不仅不利于优化新形势下良性的社会组织的生长环境，还可能会引发新的社会问题。

（《深圳特区报》2011 年 2 月 28 日）

7.23 权利不是"被赋予"

宪法源于公民权利——因为公民权利需要保护，人们才制定宪法，人类才有宪法，人类才有了宪法价值。所以公民权利先于宪法而存在。

日前在一所大学主持行政管理专业硕士研究生的论文答辩，有名研究生毕业论文写得不错，但谈到宪法与公民权利关系时，诸如"宪法作为国家根本大法，赋予了公民基本权利，赋予了公民自由……"等阐述，有悖宪政原理。作为行政管理专业的研究生，这方面的"原理"，似乎本应是弄明白的。后来觉得，这也不能怪学生，"宪法赋予公民的权利……"一直是我们多年来经典的说法。

"宪法赋予公民……"这类理念，非常不正确。公民的自由和权利是宪法赋予的吗？不是。恰恰相反，宪法源于公民权利——因为公民权利需要保护，人们才制定宪法，人类才有宪法，人类才有了宪法价值。所以公民权利先于宪法而存在。公民权利是宪法之源而不是相反。这是公认的最基本的宪政原理，也是法治社会的基础。

"两会"召开在即，每年这前后，"被赋予"说法会很活跃、很热闹。人们很热衷谈"宪法赋予公民权利"这样的话题。这个问题，涉及权利与权力的基本关系——说来好笑，虽然这两者，是人类社会一个极重要的命题，是现代社会的一个基准，但它们的基本关系，在今天还时常被颠倒。

所谓权力，指公权力或称公共权力、政府权力；所谓权利，是人民的权利，或称公民权利。在"自然法"上，权利是与人类同时产生的，而权力则是相当后来的事。公权力不是天然的，而是由权利生发的。由于人类结成了社会，结束了"自然状态"，一部分事务超出了个人范围，成为社会性事务，这就需要公共权力。公共权力的始初命题，是保护个人权利不受损害和侵犯。所以公民权利是公权力的合法性之源。今天我们常说的"权为民所赋"，就是这个理儿。

尽管在实际生活中，权力这玩意儿很牛很厉害，但在法理上，权利高于大于权力。没有公民权利，便没有公共权力。当然，人类社会一个基本事实是，公民权利时常受到其各种形式的公权力的侵害。于是，一直存在的悖论是：为了保护公民权利，人类需要设立公共权力——历史上公权力的产生，是由一些大型公共工程如治水、灌溉等需要开始的，它催发了行政结构的发展和完善。就公权力性质来说，它与19世纪形成的正规公共行政模式有关。但公共权力一俟形成，它就有可能通过各种方式侵犯公民权利。正如马克思在《道德化的批判与批判化的道德》中说的："有一个时候，人民为了公共的利益曾经必须以最优秀的人物作为自己的首领。后来……由于人们的愚蠢和堕落，这种滥用现象得以维持数百年之久。"

公民权利既不是由宪法授予的，也非源于宪法，它们先于宪法而存在。公民权利亦非政府所赐的礼物，它们先于政府而存在的。政府应当尊重和保护这些先在的权利。

权力和权利，谁监督谁？因为公共权力为公民权利所"赋予"，故须受公民权利的制约。公权力为什么不能少了监督？因为一方面，人类社会不能没有公权力，须由公权力来担当一些事情，提供公共服务；另一方面，公权力具有"天然"的扩张趋势，权力常常会凌驾于权利之上。更重要的是，权力与腐败有着天然的联系，极易滋生腐败。因此公权力须有强大的外在监督。没有监督的权力等于腐败。而最有力的监督，就是以公民权利，通过法治化途径有效监督公共权力。

所以，应当正本清源的是：宪法并不"生发"公民权利。时下经常说的"宪法赋予公民的权利……"云云，是不对的。公民权利不由宪法产生，但却由宪法来保护。

公民权利是公民社会的基础。当一个社会"权利"与"权力"形成良性架构、全社会都能处理好两者关系，两者按法理良性运行，特别是权力受权利有效制约时，我们的法治社会就前进了一大步。

（《深圳特区报》2011年2月22日）

7.24　管理是简单的

世界是复杂的，管理却是简单的。管理意味着对复杂进行抽象，进行集约和简化。简约的思想方法最合乎人类公共事务特性。人类历史上每一次管理革命，其实都在迈向简单。

2002 年，刚当选巴西总统的卢拉，对着欢呼的民众热泪盈眶地说："不是夸口，有一个总统、一个副总统，再加上他们的班子，管理就足够了。"卢拉上台后大力简化政府管理，行政面貌为之一变，成为拉美人心目中"最称职的总统"。

想起这一幕，是因为前两天，有朋友买了一口电压锅，但上面按钮太多，查阅说明书，读了半天不得要领。后来他把"说明书"给精通电子产品的人看，还是没弄明白。大家笑言，如今是一个简单事情复杂做的时代，凡事是"管理超额""管理追加""管理溢出"，总之简事繁做。

如今你到哪儿，都能看到这种现象。曾在一个小区看到一份"治安公约"，洋洋 56 条，近 2 万字。几句话可以说明白的事，绕了很大弯子。一次在一个村里，一名村领导给我们厚厚一本"村管理制度"，里面 67 类共 115 项管理制度。一个村，需要这么多的制度吗？这厚厚一大本制度，是不是真正发挥了作用呢？

当繁缛文化和繁杂喜好进入到管理领域和社会精神中来时，本来简简单单一件事会被整得很玄乎。以至于大到法律创制，小到一个单位的规章、守则，乃至开发商的格式化合同、幼儿园的"家长须知"等，都有着繁杂化倾向。很多东西人们"看不懂"。

问题是，既然人们"看不懂"，许多条条杠杠的管理效能究竟体现在哪里呢？

法国思想家孟德斯鸠在谈到法律创制时曾说："法律的体裁要精洁简约。《十二铜表法》是精简谨严的典型。小孩子们都能把它背出来"，"法律不要精微玄奥；它是为具有一般理解力的人们制定的"。英国社会学家斯宾塞在谈到社会管理时说："一条规则、原理或公理，假定在其他方面都令人满意的话，也只有在表达它的词句明确时，才有价值。"孟德斯鸠和斯宾塞说的道理，在东方社会的中国，也很早被认识到了。《贞观政要》有这样的记载，贞观十年，太宗谓侍臣曰："国家法令，惟须简约……"

无论是孟德斯鸠、斯宾塞说的，还是唐太宗说的，其实都是人类历久的经验。生活中真正管用的东西，总是简单的。当年刘邦进入关中，"约法三章"——"杀人者死，伤人及盗抵罪"，了了10个字，就管束了入关军队。中国人民解放军"三大纪律，八项注意"，72个字，至今对士兵行为和军队纪律发挥着极大的管理功能。

世界是复杂的，管理却是简单的。管理意味着对复杂进行抽象，进行集约和简化。简约的思想方法最合乎人类公共事务特性。人类历史上每一次管理革命，其实都在迈向简单。

管理的本质是解决问题。它最重要的哲学精神是两个字：简单。简单是管理哲学的核心价值，更是21世纪政府管理的一个方向。任何复杂化的思维和方法，都是与管理的本质要求背道而驰的。

在管理领域，制度多并不意味着管理好。规制多寡时常与管理绩效成反比。另外，对一个社会来说，任何规制都不是免费的，一项制度就意味着一种投入。今天行政结构中很多"繁杂偏好"，都以行政任性、浪漫主义甚至无知作为基础的，超越事物本身所需，滥用民力、滥施政力，不仅不符合事物本身的性质要求，而且还降低行政效能，造成巨大的社会性浪费。

好的公共管理，不是枝蔓旁逸的，不是滥施政力的，不是繁杂不已的，而是简约、低碳、低成本的。由此好的管理不仅是一门科学，也是一种艺术。科学、高超、富有绩效的管理行为的一个基本特征，就是把复杂还原成简单。

（《深圳特区报》2011年1月18日）

第八章

08

| 2010—2007 |

二十四节气之

惊蛰←雨水←立春

无论哪个民族，文化都是一座既定的高山。文化有自己刚性的逻辑，不会臣服于人的意志和操纵。文化因子不会轻易改变。文化的变革和发展需要很长的历史时期才能完成。

　　在美学上，所谓"简约"，是"人工所取得的完美，已不能通过删减来改善"。这种"完美"，是一种"本相"之美，蕴含着素朴的自然法则。

　　文明进行到今天，越来越多的东西都进入了符号化流程。经济、政治、文化、艺术、社会、人物，自然物事和社会物事，都在经受符号化的逻辑。重要的不是符号本身，而是符号涵盖或要记述的事情。

8.1 "数字理性"不应覆盖一切

> 数字是线形的、单质的、一维的，而人和大千世界是复杂的、立体的、灵动的。数字再伟大，也有其限度，也有其盲点。数字理性不应蔓延一切、覆盖一切、解读一切。

伽利略认为，上帝把严格的数学必然性赋予自然，而后通过自然创造人类的理解力，使人类的理解力在付出了极大努力后，可以探寻出一点自然的秘密。他说："如果没有掌握自然界的数学语言，自然界这本大书是不能理解的。三角形、圆和自然界的数学图形就是自然界的记号"。

毕达哥拉斯曾为"数"的完美秉性惊愕不已。他希望伟大的"数"，终有一日能够统辖人类。莱布尼茨曾说："全部算术和全部几何学都是天赋的，是实际存在于我们自身之中的。只要我们细心加以思考，就可以在心中发现它们。"康德从他的先验的时空观出发，把数学理解为形而上学的"绝对真理"。康德还认为，只有他的先验论的时空观，才给数学科学何以可能作出说明。

的确，"数"以及表现"数"的数学是伟大的，数学表现了现实世界的空间和数量关系。宇宙之大，粒子之微，火箭之速，地球之变，生物之谜，日用之繁，无处不用数学。但是，一个重要的事实是，处于社会中心的人，虽然其物理性方面的东西可以"数字化"，但其人文层面的东西特别是人的本质，是非"数字化"的。就莱布尼茨所说的"可以在心中发现"数来说，也因人而异，至少社会群体中一部分人，未必能"发现"得了它们；很多喜欢哲学、人文的朋友，他们数字概念是很弱的。

在科学研究方面，培根曾把数学作为一切研究的基础。他认为：数学具有论证并包罗万象的经验，这些经验适用于所有的科学。任何一门科学要理解这些经验，都离不开数学。他认为数学是理想的科学，其他科学的可靠性要以数学为基础，其他科学原理的真实性，决定于能否以量的数学形式来表现它们。哥白尼与开普勒认为，天文学可能"归结为"数学。伽利略进一步认为，动力学也可以归结为数学。达·芬奇则说过："人类的任何探讨，如果不是通过数学的证明进行的，就不能说是真正的科学。"

但是，达·芬奇的话有它真理性的一面，但也有过于绝对的一面。"人类的任何探讨"涉及面过于广泛了，有些探讨，就有可能不通过"数学证明"。比如，人的心理世界、人的情感世界、人的思维世界，是很难"数学证明"的；大自然中风花雪月、云淡风轻是很难"数字化"的；"日华川上动，风光草际浮""岸明残雪在，潮满夕阳多"是很难"数字化"的；人文世界中的很多事情，也是很难"数字化"或"数字证明"的。

数字时代，什么东西都容易以扯上数字为时髦。数字电视、数字电影、数字电话、数字城市、数字化生存……在一个科技为先导的社会，突出数字作用，当然好。但是，如果我们的生存空间，成为一个以"数字"为基准的世界，天下无处不"数字"，一切皆由"数字"来标识——数字确定着人们在生活中的具体位置，人的生存由数字来演算、算计和确定——那是一种生存的异化。至于各种缺乏公信力的政绩数字游戏和"干部出数字、数字出干部"的现象，更是一种数字理性的怪胎。

数字是线形的、单质的、一维的，而人和大千世界是复杂的、立体的、灵动的。数字再伟大，也有其限度，也有其盲点。芸芸众生的世俗生活，一旦都被枯燥地"数字化"了，这生活成了什么？一种良性的社会发展空间，科学理性与人文理性应当互补，相得益彰。数字理性不应蔓延一切、覆盖一切、解读一切。现代化和科技发展不是要把人和社会简单弄成数字，而是要使数字和科技更好地为人和社会服务。

（《深圳特区报》2010 年 12 月 28 日）

8.2 文化不是我们手中的魔术

> 无论哪个民族，文化都是一座既定的高山。文化有自己刚性的逻辑，不会臣服于人的意志和操纵。文化因子不会轻易改变。文化的变革和发展需要很长的历史时期才能完成。

文化始终是人们生活的一部分，而今天的生活本身，也是文化的一种方式。2010 年的文化发展，作为不断前行发展的文化链条的一环，总体上呈稳健态势。2010 年文化发展的主要特点是：

一是国家一系列文化战略的确立和方针政策的制定。2010 年，国家一系列文化改革政策措施出台，有促进电影产业繁荣的，有推动新闻出版产业发展的，最引人注目的是《关于金融支持文化产业振兴和发展繁荣的指导意见》，它是首个金融全面支持文化产业发展的指导性文件。2010 年文化体制改革进一步推进，转企改制、制播分离、三网融合、文化"走出去"、提升国际传播能力等政策的推出，都是攻坚性的文化创新。

二是"网络文化"继续发威。任何社会公共事件都有网络文化的参与，甚至主导着公共舆论。越来越多的网民成为公共舆论的参与者。网络文化正在悄然改变文化的生产、传播和消费方式。微博进入中国只有一年，市场注册用户近 7500 万，创下中国互联网应用发展之最。

三是"世博文化"发扬光大。从 5 月 1 日到 10 月 31 日的上海世博会展示了丰富多彩的当代文明成就。近 6 平方公里的世博园成为一个"地球村"，随风舞动的英国馆、枫叶造型的加拿大馆、型如丝路宝船的沙特馆等各具特色，世界各国文化瑰宝纷纷登场。平均每天 100 多场、总计 2 万多场次的文化演艺活动，荟萃了各国文化精髓。世博会弘扬了"绿色、环保、低碳"等新理念，首次设立的"城市最佳实践区"描绘了未来城市生活新模式。上海世博会是中华文化与世界多元文化的一次交融。

四是文化交流进一步拓展。2010 意大利"中国文化年"、瑞士"文化风景线艺术节·中国主宾国"活动，是 2010 年中国文化"走出去"两大亮点。而"第五届孔子学院大会"吸引了 96 个国家和地区的 1400 位大学校长和代表。

2010 年，两岸文化交流进一步加深，两岸故宫携手开展了"温故知新：重走故宫文物南迁路"活动。两岸故宫博物院的交流逐步形成制度化。

五是城市文化日益得到关注。2010 年，越来越多的城市从注重城市的硬件转到注重城市的文化软件上来，城市文化内涵的提升，成为更多城市人的共识。人们认识到，文化决定着城市的价值、品位和风貌，是城市凝聚力和自信心的源泉。摩天大楼、豪华广场、进口草坪、步行街之类的"狂热和偏好"有所下降，城市"人性化""宜居""幸福指数"则不断升温。很多城市特别是沿海城市更多从是否有助于"人的全面发展"来考虑和营建城市文化。

毫无疑问，2010 年文化发展是中国现代化进程中一道瑰丽的风景。综观 2010 年文化热点和文化发展，有很多欣喜之点，但也有诸多值得深思和关注的地方。

第一，城市文化营建如何"由表及里"。城市文化不是城市的"装饰品"或"城市包装"，也不是热热闹闹的仪式和活动。城市文化是一个城市的历史、风格、人文精神汇集成的精神文化，是一个城市的内在品质。城市文化要力戒形式主义，要从城市"内里"来考虑和营建，决不能做表面的花花哨哨的文章。

第二，网络文化如何提升公共理性。网络是一个公共领域，是公共舆论的重要构成，也是公民社会的一部分，发挥着公民政治参与的作用。2010 年网络文化意气风发，与此同时也是泥沙俱下，情绪化的东西很多。网络文化之公共性和其正义、公正民意表达，要求网络文化具备更多的公共理性，要求它提升舆论质量，走向成熟性，减少情绪化。

第三，如何谨防"文化理性主义"。文化不是我们手中的魔术。无论哪个民族，文化都是一座既定的高山。文化有自己刚性的逻辑，不会臣服于人的意志和操纵。文化因子不会轻易改变。文化的变革和发展需要很长的历史时期才能完成。2010 年学界"重建文化""重新阐释文化"等"打造意志"呼声的高涨，表明了文化理性主义的风行。文化不是一代人的产物，是一个民族、一个或数个生命群落经历代风霜雪雨后的一点痕迹。一代人，数代人，本身都是文化的一部分而不是相反。事实上，不是你拿捏着文化，而是文化拿捏着你。在当下中国文化发展中，要谨防"文化理性主义"扰乱文化本身的逻辑。

此外，还有一些关注点值得重视，如文艺创作中如何更好贯彻中央提出的"反三俗"（"低俗、媚俗、庸俗"）。2010 年颁发了推进素质教育的"教育规划纲要"，这是一个历史性贡献。但是实施这个"纲要"任重道远。"素质教育"如何真正提升素质，素质教育领域问题重重，很多素质教育的"举措"重术轻人，与素质教育背道而驰，是不利于提升"素质"的。

（《深圳特区报》2010 年 12 月 28 日）

8.3 小聪明不如大智慧

　　　　　人类历史上，凡治理得比较好的时代，大体是大智慧占主导的时代，"人道"与"天道"同心圆程度高。治理面貌差、治政绩效低的时代，你考察它治政过程时，一定能见到许多诸如机巧、诡谲、花哨之类的东西。

　　《管子·形势》说："得天之道，其事若自然。失天之道，虽立不安。"治国理政需要的是大智慧而不是小聪明。大智慧是深远的、战略的、平和的"得天之道"的东西；小聪明则是那种小打小巧、看似光亮，实则平庸的东西。小聪明有时虽能逞一时之勇，但长久来看，它很可能是低绩效的或误大事的。

　　大智慧在于一个"大"字。凡事大处着眼，长远着想，"莫为浮云遮望眼"，不为一些小得小失、小谋小算、小智小勇、小恩小算所迷惑。大智慧讲究"为"的天道、"为"的频度、"为"的艺术、"为"的时机和战略，尊重自然秩序和自然伟力的作用。正如孟子说的"虽有智慧，不如乘势"，人拥有聪明和智慧，还得乘着天时和大势。

　　西欧中世纪重要的政治思想家托马斯·阿奎那认为，"智慧是理智的尽善尽美的形态"。大智慧与小聪明不一样。大智慧行于可行，止于当止，审时度势，尤以不玩那些小聪明为最。"时止而止，时行而行；动静不失其时，其道光明"，这便是"理智"的善美。小聪明则常常"为"所欲为，无不可"为"；以小知为大知，前不见古人，后不见来者，天低吴楚，眼高手低，喜欢折腾，好玩宏大叙事的"大手笔"。

　　社会学家斯宾塞这样谈到大自然的伟力："在人们这些徒劳无功的设计和大自然默默发挥作用的力量之间有着多么明显的差异啊！大自然以一种完全的经济方式，使一切力量都成为有效益的，它使作用和反作用都同样有用。"明人方孝孺在史论《深虑论》中则说："盖智可以谋人，而不可能谋天。"在深层次上他们说的是一个道理，即人的智谋在大自然面前必须审慎，可谋人事而不可谋天，不可违反自然和社会规律。

人类历史上，凡治理得比较好的时代，大体是大智慧占主导的时代，"人道"与"天道"同心圆程度高。这些时代的行政面貌时常显得沉静、恢弘和大略。相反，治理面貌差、治政绩效低的时代，你考察它治政过程时，一定能见到许多诸如机巧、诡谲、花哨之类的东西。

马克思在《资本论》中引述过的意大利经济学家彼得罗·维利在 1773 年的著作《政治经济学研究》中说："宇宙的一切现象，不论是由人手创造的，还是由自然的一般规律引起的，都不是真正的新创造，而只是物质的形式变化。结合和分离是人的智慧在分析再生产的概念时一再发现的唯一要素"。所以人类的经验一再表明，好的公共治理是简单的。人类社会管理的本质，是解决问题。它最重要的哲学精神是两个字：简单。管理意味着对复杂进行抽象，进行集约和简化。人类各个历史时期每一次管理革命，其实都在迈向简单和再简单。

大智慧是一种稀缺资源。正如叔本华在《作为意志和表象的世界》中指出的：在人类的智慧分配方面，造物主是极为贵族化的。同任何地方由出身、等级、财产或阶级所造成的差别相比，造物主设立的差别都要大得多。在各种行政作业过程中，小聪明常见而大智慧过于稀缺。问题还在于，人们时常会把那些小聪明当作大智慧，社会中的"小聪意志"很容易膨胀，这正如苏格拉底说过的："他自为智慧，其实并不智慧。"

治国理政因其涉及民众和社会的公共利益，本质上要求多求证大智慧，多体悟大智慧，多演绎大智慧，尤其不能把小聪明当作大智慧。大智慧不容易，大智慧是靠学习、体悟和传承的。在全球化时代的变革社会，治国理政应当着眼于公共效益最大化，多依归"天道"和自然法，这样才能进退阙如、源渊有自，不管风吹浪打，胜似闲庭信步；才能更好地激荡智慧和理性，使治国理政真正立于不败之地。

（《深圳特区报》2010 年 12 月 14 日）

8.4 孔子的治政机理

在公元前人类的"轴心时代"（Axial Age），包括孔子、亚里士多德、柏拉图等在内的很多思想家，都提出过"理想政治"的假设。

《史记·孔子世家》记载，有人向孔子"问政"，孔子提出了一些治国理政看法。如"鲁哀公问政，对曰：'政在选臣。'季康子问政，曰：'举直错诸枉，则枉者直。'康子患盗，孔子曰：'苟子之不欲，虽赏之不窃。'"

公元前494年到公元前476年鲁哀公在位。鲁哀公向孔子求教，孔子回答他"政在选臣"，意思是要选出好的人。季康子是当时鲁国的执政大臣，他问政孔子，孔子对他说"举直错诸枉，则枉者直"，意思是，将正直的人提拔在邪曲人之上，邪曲人也会正直起来。季康子苦于盗贼太多，孔子对他说："假如在上位的你们不贪求，即使你奖赏偷盗，人们也不会去搞偷盗。"《史记·孔子世家》记载，这之前，孔子在鲁国，齐景公向孔子"问政"时，孔子回答他说："君君，臣臣，父父，子子"，"政在节财。"

这些"问政"内容，比较直接地反映了孔子对治国理政的看法。在公元前人类的"轴心时代"（Axial Age），包括孔子、亚里士多德、柏拉图等在内的很多思想家，都提出过"理想政治"的假设。那么孔子提出了怎样的治政机理呢？

其一，"政在选臣"。为政最重要的是选好大臣。

其二，"举直错诸枉"。"举直错诸枉，则民服；举枉错诸直，则民不服"。即正直必须在邪曲之上，如果一个社会邪恶成了主导，那是极可怕的。孔子之所以这样说，是因为在实际生活中，在人类历史上，"举枉错诸直"、劣胜优汰的故事太多了。

其三，"苟子不欲，虽赏不窃"。只有自身过硬，政治才清明，坏人也会变好。孔子认为，一个社会的风气与统治者的"欲"成正比，自己贪欲越多，社会风气越坏。

其四，"君臣父子"。国君要像国君的模样，臣子要像臣子的模样，父亲要像父亲的模样，儿子要像儿子的模样——即人应当按社会规范，扮演好各自的社会角色。社会角色是与人们某种社会地位、身份相一致的一套权利、义务的规范和行为模式，也是人们对社会中具有不同身份的人的行为期望。美国社会学家戈夫曼（Erving Goffman）把"角色"定义确定为"个体在一个特定地位中作出的典型反应"。美国人类学家林顿区分了"角色"与"地位"的不同，认为当地位所代表的权利与义务发生效果时，即为角色扮演。

孔子的"君臣父子"理论，要解决的是人们如何担当好各自的社会角色、各就其位，形成良好社会秩序的问题。在《中庸》中，这个道理阐发为："在上位，不凌下；在下位，不援上。正己而不求于人，则无怨。上不怨天，下不尤人。"处在上面的，不欺凌下面的人；处在下面的人，不攀附上面的。只求端正自己而不去求取他人，就没什么怨恨。不抱怨命运，不责备他人。

其五，"政在节财"。为政不能滥用民力、滥施政力，要节约开支，杜绝浪费。在孔子眼中，好的政治，是节约型、低成本的政治。今天我们提出建设"节约型社会"，在苍茫古远的那个时代，孔子就提出"政在节财"这样重要的理念，看来，"政在节财"是一个历史性命题。孔子这一思想，也是今天倡导节约型社会、低成本政治和政府绩效评估理论的滥觞。

（《深圳特区报》2010 年 12 月 7 日）

8.5 "和谐社会"的三个不等式

> 下一步，中国的发展和繁荣富强，一定是在一种弹性的"变革型"社会结构实现的，不可能在"超稳定"社会结构中实现。

社会发展是一种社会价值与社会事实相统一的社会变迁。和谐社会是社会发展的一种"理想状态"和价值取向。但"和谐社会"的本质状态，有着这样三个"不等式"。

其一，和谐社会不等于"无矛盾社会"。人类社会是在矛盾运动中发展进步的。"和谐"是化解矛盾的过程和状态，"和谐"的本质，在于调适事物内部各种因素的相互关系，促成最有利于事物发展的状态。矛盾是事物本身所包含的既相互排斥又相互联系、既对立又统一的趋势和倾向，它是客观的、普遍的。否认事物的矛盾，就否认了一切。矛盾是一切事物发展的动力和源泉，也是社会发展的动力和源泉。

恩格斯说："假定一切矛盾都一下子永远消除了，那么我们就达到了所谓绝对真理，世界历史就完结了"。真正的和谐社会，是善于不断化解矛盾的社会。一个不正视矛盾、掩盖矛盾的社会，是无"和谐"可言的。积极主动地面对和正视矛盾、化解矛盾，最大限度地调控矛盾，这个社会才能惠风和畅、阳光明媚、充满和谐。

随着经济体制、社会结构、利益格局的深刻变革，中国进入了社会转型的特殊时期，各种社会矛盾如劳资矛盾、贫富矛盾、官民矛盾、阶层矛盾等的多发，是客观的、必然的。驾驭矛盾、调控矛盾、解构矛盾，是实现和谐社会的根本方法。

其二，和谐社会不等于"无冲突社会"。"冲突"这词，听起来似乎有些"可怕"。但在社会学理论中，"冲突"是社会结构的内在生命，是"矛盾"的一种方式，也是社会实现和谐的一种博弈。冲突是任何社会存在和发展的内在逻辑。社会学家孔德指出：因为冲突才使"社会系统的整体和部分之间必定总是有着自发的和谐，社会系统的各要素不可避免地，或慢或快地，以完全跟它们本性相容的方式组合起来"。

人类社会是在冲突中前行的。没有冲突的社会，并不是和谐社会，而是无生命的、沉寂的、缺失活力的社会。冲突有秩序外的，也有秩序内的。一个社会较高的"和谐指数"，是通过把冲突规范到秩序以内的能力和治理手段的法制化程度来实现的。

其三，和谐社会不是"超稳定社会"。稳定是一个社会的价值，也是一个社会发展的前提。因此，稳定是我们所希冀的。问题是，怎样的"稳定"才是真正的稳定？一个社会的良性稳定，是一种"动态稳定"而不是"静态稳定"，更不是"超稳定"。所以真正的"稳定"，是动态性稳定、变革型稳定，而不是僵化静滞的稳定。

僵化静滞的"稳定"和"超稳定"，是本质上的不稳定。中国三十多年的改革开放经历表明，改革开放就是一场打破超稳定、实现新的动态平稳的过程；社会繁荣与进步，是通过深刻的社会变革来实现的，"超稳定"不可能实现社会发展和进步。改革开放不仅实现了经济跨越式发展，更使改革精神和动态型精神文化蔚然成风，人民精神大解放。下一步，中国的发展和繁荣富强，一定是在一种弹性的"变革型"社会结构实现的，不可能在"超稳定"社会结构中实现。

今天我们推进和谐社会建设，决不能掩盖社会矛盾、抑止和回避社会冲突，而要正视矛盾、化解矛盾，学会通过调适冲突，整合各种社会利益，调控和配置好社会资源。它必须鼓励创新，注重激发人的活力和全社会蓬勃向上的创新精神，这样才能真正形成一个动态平衡和更加和谐的社会，才能推进现代化的历史进程，进而最终实现强国之梦，实现中华民族的伟大复兴。这是辩证唯物论和唯物史观与科学发展观相统一的和谐社会观。

（《深圳特区报》2010 年 11 月 30 日）

8.6 文化品质是城市现代化的灵魂

> 好的城市不是靠建筑材料"打造"出来的，是在历史文化熏陶出来的，是在岁月的风雨打磨出来的。一个城市的现代化，本质上是人文素养和文化品性层级的提升。

一、一个城市建构庞大的实体易，拥有真正的人文构造难

严格说来，人类城市的形成和出现，是一种生存哲学的形成和出现。早在公元前希腊化时代，人类就有了大规模城市成长。在当时希腊化帝国里，叙利亚安条克一个世纪里人口增加了 4 倍。底格里斯河的塞琉西亚，在两个世纪里发展成为大都市。而当时最著名的埃及亚历山大里亚，居民达 100 万之巨，城市布局完美而整齐，已有许多华丽的公共建筑以及公园、博物馆和公共图书馆等。

从公元前 800 年古希腊出现成熟的雅典、斯巴达、科林斯和萨莫斯等城邦算起，人类城市成熟发展的历史至少也有了近 3000 年。人类真正意义上的"城市化"，发生于英国 18 世纪工业革命以后。现代意义上的城市，从 20 世纪初西方社会城市化开始至今已逾百年。1950 年，世界人口有 29% 居住在城市，20 世纪 80 年代中期，城市人口占世界人口 41%，到了 2000 年，全球有一半人口进入城市。今天城市人口已占世界人口的 50% 以上，发达国家逾 75% 以上。

但是全球范围，真正被公认拥有卓越的"人文品质"的城市，不过寥寥几十座。不同的城市，拥有不同的缤纷与华丽，却不一定拥有充沛的人文品质和人文情怀。人类的生存空间是一个很复杂的问题。人类城市演进史表明，一个城市建构庞大的实体易，拥有真正的人文构造难。而拥有厚重宽阔的历史人文原野和良好文化品质，是一个城市物理空间的高境界。

"器物城市""产业城市""技术城市""数字城市"等都有其合理性，但是科学发展理念下的今天，我们需要跨入真正意义上的"人文城市"。人类的城市生活，需要有更高质量的文化品质。

拥有良好文化品质的城市，注重历史文化底蕴的生态性建构，生活是文化的，文化是生活的。人文化、人性化、自然化、情调化、生活艺术化为其流动形态。它们或许是典故性城市、戏剧性城市、音乐性城市、园林性城市，或许是学习型城市、生态型城市、风情型城市。归根到底，这种城市是有着充沛人文品质和历史传统浸润的"文化城市"。

二、好的城市不是靠建筑材料"打造"出来的，是靠历史文化熏陶出来的，是靠岁月的风雨打磨出来的

在本质属性上，城市不仅是人们五光十色的物质生活场所，更应当是人们倘徉其中、有生命归属感的"心同野鹤与尘远，诗似冰壶见底清"的精神家园。

一个城市庞大的实体框架可在短期内搭建起来，并迅捷扩张，但是城市的人义构造、人文含量和表达城市品性和特征的"人文建筑"，这些内涵性东西不是立马可以塑成的。

人文城市要有一定要素和条件，要有较高的文化流通量。比如要有世界公认的著名大学，要有频率高的国际文化交流，要有世界知名的文博业和发达的会展业，要有世界知名的文学家、艺术家、剧作家、音乐家、思想家、历史学家、公共问题专家等群体——他们是活着的"人文"，是"人文"传递的灵魂。

当今世界，真正有影响力的"全球城市"（Global city）如伦敦、纽约、东京、巴黎、法兰克福、柏林、维也纳等，都是人文城市。伦敦是大学城市，也是文学、戏剧城市。巴黎是服饰城市，也是文学和浪漫城市。维也纳是音乐城市，又是充满历史文化想象力的情调城市。伦敦有称誉全球的创立于 1168 年的牛津大学和创立于 1209 年的剑桥大学，有世界著名的博物馆、图书馆三十多座。每万人有在校大学生近 600 人，拥有博物馆、影剧院 0.5 个。伦敦是世界最大的书报出版中心之一，全国性报纸印量每天 1500 万份，5 家最大的出版公司年出版 4 万多种书籍。纽约也是世界文化中心城市，影剧院、音乐厅、歌剧院有 400 多座。世界各地的艺术家们纷至沓来，文化影响波及全球。纽约每万人在校大学生 560 人，拥有博物馆、影剧院分别为 0.3 和 0.5 座。电影、电视、戏剧、广告、时装、设计等，都在世界名列前茅。

城市品质之所以应以"人文"为上，不仅因为文化决定着城市的价值、品位和风貌，是城市凝聚力和自信心的源泉，更因为在城市这个实体中居住的是"人"而非器物。"人"作为丰富多彩的生命个体，本质上是非数据化的，其表也"物"化，其根也"文"化。其生存和发展必须有良好的精神品质，有历史的晨雾，有文化的云气。

好的城市不是靠建筑材料"打造"出来的，是在历史文化熏陶出来的，是在岁月的风雨打磨出来的。一个城市的现代化，本质上是人文素养和文化品性层级的提升。除了经济高速发展、基础设施完善、科学技术处于领先地位外，更重要的是历史文化在生活中重现度高，社会环境高度人文化，广义上的文化实现高覆盖率，如教育高度普及，人居环境形成独特风貌，公共文化发达，大众行为方式文明层级高等。城市文化品质不仅在诸如理论研究、新闻出版、文博事业、高雅艺术、公共卫生等行当中反映出来，更在诸如公民参与、社区自治、市民旨趣、城市精神和各种"城市细节"中体现出来。

三、城市发展不仅是一个经济命题，更是一个人文命题；不仅有着经济逻辑，更有着人文逻辑

毫无疑问，城市发展不仅是一个经济命题，更是一个人文命题；不仅有着经济逻辑，更有着人文逻辑。随着知识经济时代生产力配置方式的变革，城市模式和功能亦正发生深刻变革。今天国际社会衡量一个城市的发展，除了GDP指标，更倡导用HDR这个人文发展指标。一种称得上有良好品质的城市，不是摩天大楼和五光十色的商圈之类，不是豪华广场、进口草坪、步行街之类，而是它的文化指数，要看它是否人性化，是否"宜居"，是否有真正高的"幸福指数"，是否有助于人的全面发展。

比如一个城市中，如果只有很少的群体能欣赏贝多芬、巴赫、柴可夫斯基，只有很少的群体能读莎士比亚、托尔斯泰、鲁迅，只有很少的人走进图书馆、博物馆、美术馆（如果这些场所活跃的主体不是市民，而充斥着各种各样的商业活动或"明星活动"），只有很少的人懂得重视和珍惜自己城市的人文资源和历史底蕴，那么这个城市离真正意义上的"现代化"还很远。

当下中国，城市"形貌发展"很快，缺的是文化品质。许多地方在"十二五"规划中，对内在的城市人文营建，对文化品性养成和城市文脉保护等顾及较少。总体上看，人文理念的缺失和薄弱，是当前中国城市发展的普遍问题。

少了人文精神的滋润，少了历史文化底蕴的发散，再华丽的城市也是肤浅的，总是缺了东西，是一种缺乏"根基"的存在状态。还应当看到，城市发展是一个"自然"过程，有其自身的生命逻辑。任何有着独特魅力的城市，都是各种现实元素、历史元素、天人合一自然耦合和博弈的结果。城市发展中人的"智慧"的介入和干预，应当"道法自然"，"人道"依循"天道"，依循城市内在律动，审慎地锦上添花，而不应当伤筋动骨、揠苗助长，毁乱城市自身生命节奏。

人文构造、人文精神和文化品质，是一个城市现代化的根基和灵魂。只有更好地尊重和依循不同城市的内在特性，进行更多切合实际、卓有远见的文化运作，进行独具创意的人文开掘和创造，中国才有望出现真正意义上的文化高品质的人文城市群落。

（《深圳特区报》2010年11月23日）

8.7 管理：两点之间直线最短

在美学上，所谓"简约"，是"人工所取得的完美，已不能通过删减来改善"。这种"完美"，是一种"本相"之美，蕴含着素朴的自然法则。

两点之间直线最短。所谓公共治理的过程，就是在目标与实现这个目标的两点之间，找到一条既短又好的直线。

人类的政治经验表明，行政——政治过程很容易离开其本来意义而走向芜杂。"简约"作为一种最为公共事务原则同时也作为一种行政"大雅"之美，很容易被忽视。今天，有一种社会倾向很值得关注，即"繁杂偏好"——小事大做、简事繁做、凡事好折腾。

老子认为"治大国若烹小鲜"，意思是治理国家如煎小鱼，不能多折腾，否则就会像煎小鱼那样弄碎了。这也是"为无为，事无事，味无味"的思想方法。不妨还可以这样理解：治国犹如煎小鱼而已，多注意些火候就行了，不必弄得太复杂。

人类任何公共治理行为，本质上，都是为实现一定目标而对这一过程施加必要的影响。超出这个意义的任何举动，都是多余的。假如一项举措就可以达到目标，就不必再施加另一种；假如不附加什么同样能达到目标，那就毋须花费无谓的行政成本。

在美学上，所谓"简约"，是"人工所取得的完美，已不能通过删减来改善"。这种"完美"，是一种"本相"之美，蕴含着素朴的自然法则。牛顿说："自然界不做无用之事，只要少做一点就成了，多做了却多用；因为自然界喜欢简单化……""简单化"是识别科学理论价值的一条重要标准。

现代科学巨匠爱因斯坦非常重视这一标准。他说："实际上，自然规律的'简单化'也是一种客观事实，而且正确的概念体系必须使这种'简单性'的主观方面和客观方面保持平衡。"政治学家伊斯顿也指出："可以肯定地说，理论的使命就是简化"，理论领域复杂化的倾向"往往只会导致失败"。

中国历史上有所谓文景之治、贞观之治、康乾盛世，如果说它们有什么共同点的话，那就是政令简约、无为而治，有一种容与闲易的泱泱风度。相反，在中外历史上，凡是陷入无序状态的朝代，往往都折腾得厉害。总是政令繁出，朝令夕改，百姓不堪其扰。一个社会的行政——政治的繁复芜杂，总是与这个社会的紊乱无序等结下不解之缘。

中国西汉文帝、景帝统治时期（公元前 179 年—公元前 141 年），推行"与民休息"，免减田赋徭役，奖励人口增殖与土地开垦。经过文、景的 39 年，出现了久已未有的富裕景象，库蓄丰厚，民众犯法违禁减少，"两个文明"都有了很大进步。史书称其时："蓄积岁增，户口寝息。风流笃厚，禁网疏阔。"《汉书·食货志》载，当时"京师之钱累百巨万，贯朽而不可校。太仓之粟陈陈相因，充溢露积于外，腐败不可食"。

（《深圳特区报》2010 年 11 月 9 日）

8.8 "符号"：当代生活的一个真相？

> 文明进行到今天，越来越多的东西都进入了符号化流程。经济、政治、文化、艺术、社会、人物，自然物事和社会物事，都在经受符号化的逻辑。
>
> 在符号世界里，重要的不是符号本身，而是符号涵盖或要记述的事情。

1982 年美国卡内基—梅隆大学教授斯科特·法尔曼创造了这一"微笑符号"，它受到的欢迎程度超出我们的想象。冒号、连字号，加半边括号，成了世界上无数人在互联网、MSN、博客和手机上表情达意的工具。无论人类的微笑多么悠久，也无论人们的微笑多么丰富不同，都被简化在这个抽象符号中了。

世界越来越复杂，但我们的认知方式正变得简单。符号和符号系统，简洁的认知方式，成为理解我们这个纷繁世界的一种手段。

今天，我们生存在一个名副其实的"符号世界"中。正如英国《泰晤士报》说的："人类从未有过现在这样的一个注重符号象征的时代。"甚至人本身，也成了某种"生存符号"。生活中许多具象东西，成为人们约定俗成的 LOGO。玫瑰诠释"爱情"，鸽子象征"和平"，钻石表达"永恒"……医生如果少了"白大褂"的职业标志，就不太像医生了。大公司里白领、骨干、精英，似乎难以脱离"标准行政装"，"家庭主妇"的形象应有一条腰裙，而上世纪 30、40 年代的"革命青年"，则少不了那条长长的飘逸的围巾。

文明进行到今天，越来越多的东西都进入了符号化流程。经济、政治、文化、艺术、社会、人物，自然物事和社会物事，都在经受符号化的逻辑。经济形态出现了"符号经济"，它是由货币、股票、债券、金融衍生工具等经济符号的产生、交易与流通所构成的经济系统。今天"符号经济"已独立于"实物经济"而成为世界经济的另一个车轮。

就理论形态来说，人们常把某种理论、学说、价值、理念推向符号化，归结为象征性的话语。20 世纪 30 年代经济危机后，人们把英国经济学家摒弃传统自动调节、为国家干预提供根据的经济理论，名之曰"凯恩斯主义"。今天人们把政治学家塞缪尔·亨廷顿关于冷战后国际关系的理论，名之曰"文明冲突论"。这是一种认识标签，也是一种技术简化符号。

至于艺术形态更如是。英国艺术评论家克莱夫·贝尔认为，艺术家再现事物时，应做的第一件事就是"简化"。简化不仅仅是去掉细节，还要对"再现"创造出有意的形式。的确，今天无论哪种艺术形式，其实都不过是一种符号再现和符号演绎。

正如现代德国哲学家恩斯特·卡西尔在谈到人的特征时说的：人与动物的根本区别在于，人能创造和运用各种符号，人就生活在符号化世界里，这种活动的产物就是文化。"因此，人类的文化都是符号化的，文化形式都是符号形式。"

今天，符号成了当代生活的一个"真相"。符号的功能是简化，在视觉和记忆上给予一种定格催力，起到巩固认识和对象之间的绑定作用。看来，如果要更好地参与这个世界，"看图说话"已是一种极为重要的"能力"。问题的另一面是，符号究竟包含了多少生活的真相？符号与视觉图像的普遍化，是一种生活的必然，还是一种生存的异化？

在符号世界里，重要的不是符号本身，而是符号涵盖或要记述的事情。符号和符号系统终究只是认知事物的简化手段，是一定意义的代码和编码方式。在大多数情况下，它们只是"逃避思考"和远离灵性的托词，它使思想、思考这些东西，成为一种日益遥远的风景，甚至成为多余的奢侈品。是的，当我们每天越来越多地面对和接触大量"符号事实"的时候，标签化的认知方式、"傻瓜相机"式的生存行为，正演化为我们不自觉的习性，成为我们生活的"习惯"。它瓦解我们的自觉力，成为"文明进步"中闲逸的、返祖的也是一种意味深长的方式。

（《深圳特区报》2010 年 10 月 26 日）

8.9　伦理精神与制度理性

> 人情这东西，暖暖的，它是农耕社会、乡村社会和熟人社会、半熟人社会中维系人们关系的纽带。可是，我们生活在一个有着生物特性的"人"所组成的集体环境中——竞争、利益、冲突……制定游戏规则并共同习守之，是公共生活一种无可奈何的选择。

今天，我们已生活在一个大大小小、无数规则纵横交错的世界中，制度的网络构成了人类公共生活的基本方式。"为什么我们不能没有规则制度？"在一次公共政策讲习会上，有人这样提问——其实这也是人类社会一直面临的"基本问题"或者说元问题之一。"因为我们没有'完美的'人性，需要外在的刚性规则来弥补这种'缺陷'。"我回答。

如果人类具有完美的人性，那就不需要上帝，也不需要硬性的杠杠条条来约束了。只是追求完美的人类，本身并不完美，规则制度作为一种"非人格化结构"，成了任何社会维系和运行不能少的人文构架。人性有"缺陷"不要紧，要紧的是要有良好的制度规范，来弥补这种"缺陷"。

人情这东西，暖暖的，它是农耕社会、乡村社会和熟人社会、半熟人社会中维系人们关系的纽带。可是，我们生活在一个有着生物特性的"人"所组成的集体环境中——竞争、利益、冲突……制定游戏规则并共同习守之，是公共生活一种无可奈何的选择。

但是在我们历史传统中，制度理性、规则意识、法治理念这些东西太少，它们犹如黄梅天云层里偶尔闪现的阳光，依稀得很。充斥于日常生活、支撑社会运行的，是各种伦理性东西，不是刚性的、被普遍认同、习守从而真正起作用的规制。

我们习惯把各种制度规范视为一种外在的、异己的东西。凡事要有规制，至于遵守执行，那是不必过于认真的。如果谁固守规制，会被一些人说成"书生气""死脑子""傻帽"之类。只要有可能，许多人总是喜欢钻制度法律的空子，甚至还会被视作是值得夸耀的"生活智慧"。前面红灯亮了，如果闯了红灯没被警察叔叔发现，他会很得意，认为捡了一个"便宜"。

上海浦东—浦西交通有一条重要干线——延安东路隧道，限速70码，明白地作了规定标志。但几乎每天，你都能听到隧道大喇叭在这样喊："驾驶员同志请注意，现在车速不受限制，请尽快驶出隧道。"既然车速可"不受限制"，为什么要作出"限速70"的规定？既然作了限速规定，又怎么可以"不受限制"呢？

这样的例子太多了。你可以说这是"变通"，这是"灵活性"，这是"一切从实际出发"。问题是，再好的游戏规则，只要遭遇"变通""灵活性""下不为例"这些伟大魔法，一定沦为儿戏，一定名存实亡。

正如林语堂说的："我们伟大到可以精心制作一套完整的对官员进行弹劾的制度、行政管理制度、交通制度、图书阅览制度，但我们也伟大到可以打碎所有的制度，不理睬这些制度，绕过这些制度，和制度形象玩笑，驾驭这些制度。"

制度是一个社会结构的灵魂。对一个社会来说，制度是最具有管理产出绩效的。无论是深圳改革发展的历史，还是上海浦东开发开放的经历，本质上都是制度的创新与变迁——人类任何真正意义上的"改革"，一定是制度性的改革和创新；而社会历史的进步，很大程度表现"制度理性"普及、强健、风化天下的过程。

但我们还是一个地道的伦理社会。伦理积习、伦理精神像一坛陈年老酒，越久越醇，沁人心脾，让人不觉漓然自醉。在这充满伦理养分的土壤中，要想浇灌出壮壮实实的法治参天大树，我们必须付出更大、更艰辛、更持久的努力。

（《深圳特区报》2010 年 10 月 19 日）

8.10 深圳的人文品性和文化身份

"创新"是深圳文化之母，是深圳的城市之根。"改革""开放"
"创新""特区""先行先试""敢为天下先"是深圳最深刻、最显性的
文化记忆。

城市是人类文明最具典型性的物理形态。至少在五千年前，人类地平线上
就出现了城市。美索不达米亚平原上，尼尼微古城、尼姆路德古城、古巴比伦
城曾繁盛一时。尼罗河流域和两河流域、黄河流域、印度河流域等，都是人类
最早诞生城市文明的地方。

毫无疑问，城市是人类物质化的生息空间。作为一种文明延承形式和文化
符号，城市是物理的，也是人文的；城市是实体的，也是精神的；城市是人们
遮风避雨的场院，也是人们的精神家园。一座城市便是一个生命。如果没有人
文内质，没有文化血脉，没有精神云雾，城市便成了没有灵魂的砖瓦石木的物
质堆积。

现代化发展使无数高楼拔地而起。但是摩天楼的高度，并不代表城市人文
品质的高度；城市的真正色彩，也并不是时尚模特们的口红、红红绿绿的广告
或五光十色的霓虹灯，而在于城市文化内质所折射出来的奇异亮彩。

深圳不仅仅是一座城市的名字，更是中国一段风云历史的文化凝结。深圳
与北京、南京、洛阳、西安那种历史厚重不一样；与上海、天津、广州、重庆
那种社会遗存也不一样。深圳的出现，本身就是一段传奇，一种精神，一曲明
快嘹亮的歌。

今天，全国许许多多大大小小的城市正在被雷同化、被齐一化所淹没。同
许多城市一样，深圳必须在日益庞大且庞杂的城市群落中，表明自己的文化身
份。那么，深圳如何表达自身的人文特征呢？我认为，在城市人文涵养和构造
上，深圳至少有这样三种内质和文化身份需要重视——需进一步养成和凸显：

一是"青春城市"。深圳在文化年龄上应该是年轻青春的，在文化性格上应
该青春洋溢的。这不仅是因为这座城市历史不长，城市血脉是年轻的；不仅是

因为深圳人多有"敢闯敢为"的青春品性，更因为深圳深层的社会结构是年轻的，深圳的社会心理是年轻的，深圳的城市文化色谱是年轻的。

青春不仅仅代表亮丽、美丽、时尚，更表现为蓬勃、活力、明快、鲜活，演绎一种没有传统羁绊的云淡风轻。在城市美学上，六朝古都式的沧桑和历练是一种美，斑驳的历史厚重和雄浑是一种美；明快、轻盈和洗练何尝不是一种美。文化并不一定非得以古老的城墙、残垣来诠释，青春和朝气同样是文化。对于深圳来说，青春不仅是一种社会结构，更是一种精神资源、一种宝贵的文化财富。

无疑，"青春城市"是深圳的第一品性，是它基本的精神逻辑。深圳的人文开发，应该在"青春"两字上做出漂亮文章。第一，在城市软件上，要秉承深圳富于活力、动感、创造的文化因子，注重点亮和保护城市的朝气、锐气和活力；二是在城市硬件开发上，无论是城市整体设计还是城市细节布局，不必追求膨大、沉稳、厚重，应以明快、淡雅、轻质、温暖为风格取向。

二是"创新城市"。深圳是改革开放的产儿。没有改革开放，就没有深圳。这一点是与其他城市绝然不同而需把握的要津。改革、创新是伟大的，人类各形态文明由改革、创新的激荡而获得一次次生命亮泽。但是，已有的文明构造，对创新既是一种条件与凭借，同时也是一种限制与遏制。由于社会有一种沉淀的本性，当物质、精神、制度、器物形成巨大堆积时，创新的价值很容易被漠视，"守成容易创新难"。深圳不是这样。"创新"是深圳文化之母，是深圳的城市之根。"改革""开放""创新""特区""先行先试""敢为天下先"是深圳最深刻、最显性的文化记忆。

由此，在深圳人文品性的选择和形塑上，"创新"无疑是它最可取的文化品格之一，也是它最本质的城市精神。在城市的文化定型上，"创新城市"是深圳人文类型的必然选择。

在"创新城市"的强化和养成上，最重要的是使"创新"精神成为城市跳动、行进的主旋律，成为城市的公共精神和公共品格。通过弘扬"开拓创新、诚信守法、务实高效、团结奉献"的深圳精神，弘扬深圳一系列新观念、新理念，使"创新""敢为天下先"蔚然成风，内化为城市的发展动力。

具体来说，一要在公共价值上引导创新；二要法律法规上保护创新；三要在城市秩序上激活创新；四要在文学作品中讴歌创新；五要在城市设计（包括城市规模、城市功能、城市布局）上体现创新。如全国其他城市有历史博物馆之类，深圳则应该有自己的"创新博物馆"，甚至可以有"创新大道""创新广场""创新文学"等城市符号。其他城市对先进有这种奖、那种奖，深圳则应设立最重要的"创新奖"。在深圳的城市空间中，创新精神应如春风，时时拂面而来。"创新"应该是城市话语的核心概念；"创新"应如一根红线，串起深圳社会生活的方方面面。

三是"公民城市"。公民文化是人类城市精神文化的主体，是公共生活和公共精神的渊源所在。在古希腊城邦中，公民文化是与城邦公共生活一起成长的。公民文化的核心是国家责任意识和公民主体意识。深圳20多年的发展经历，表明了它具有公民城市的文化底色。在市民构成上，大量异质性外来移民的社会交往和社会生活，营造了宽松的人文环境。人们与公民文化契合度高，对改革精神认同度高。在社会领域，社会组织、第三部门构成的宽阔公共领域，更使它获得了公民城市的诸多条件。深圳发展到了今天，更有条件也更有必要向公民城市迈进。

在向公民城市的迈进中，第一，要营造和保持深圳开放包容、兼收并蓄的城市风格和宽松、平和的社会气息，营造一种有利公民文化成长的社会空间。第二，注重实现人的自由发展和人的现代化。培育"爱国、守法、诚信、知礼"的现代公民品质；塑造以"理想、责任、能力、形象"为要素的领导者公共形象；引导更多的青年群体"立志、修身、博学、报国"，使每一个市民成为真正意义上的"公民"而不仅仅是法律意义上公民。第三，要强化国家责任意识和公民主体意识。践习"法治""正义""平等""民主"的政治文化，将其根植于生产、生活的土壤中，内化为城市的群体意识和城市的人文基因，为全国城市的发展做出示范和榜样。

（《深圳特区报》2007 年 5 月 28 日）

附录：

为新时代提供更有质量的思想理论产品①

——《深圳特区报》理论周刊出版 500 期感言

秦德君

《深圳特区报》理论周刊出版 500 期，十年历程风云际会，500 期理论成果蔚为大观，成为中国理论界一道亮丽的风景线。

《深圳特区报》理论周刊得中国改革开放风气之先，新锐活跃，开放包容，办得非常有质量、有生命活力，充分体现了中国特色社会主义的道路、理论、制度的理论主线，透出深圳改革开放的大气象，是一块有着强大引领力、影响力的思想理论重要阵地。

当前百年变局和世纪疫情交织叠加，世界进入动荡变革期，不稳定性、不确定性上升。世界充满希望，也充满挑战，理论研究面临如何提供更多、更好、更有质量的思想产品的客观需求。

充满活力的理论探索，是一个国家和民族"活的灵魂"。"文者，贯道之器"，理论探索当代中国的意义，在于它通过对相关社会问题的思辨、揭示、研析，推动"问题"的明晰和解决，推动社会认知深化，树立社会公共理性，最终推动社会的繁荣与进步。

---

① 2021 年 10 月 5 日《深圳特区报》理论周刊出版第 500 期。本文是笔者应《深圳特区报》理论周刊邀请，为出版 500 期写的感言。其他撰写者有：经济学家、中国社会科学院学部委员张卓元，中央党校（国家行政学院）马克思主义学院副院长、教授辛鸣，中国人民大学新闻学院副院长、教授王润泽，《光明日报》原总编辑何东平，中国社会科学院农村发展研究所研究员冯兴元，南方科技大学党委书记、讲席教授、广东省优秀社会科学家李凤亮，深圳大学中国经济特区研究中心主任、教授陶一桃，教育部"长江学者"特聘教授、华南师范大学马克思主义学院院长陈金龙，天津财政大学法学院教授、中国法律史学会执行会长侯欣一，中国（深圳）综合开发研究院常务副院长、研究员郭万达，深圳市社会主义学院副院长、深圳先行先试示范区研究中心副主任、研究员谭刚。

衷心期待"理论周刊"越办越好，在统筹百年未有之大变局和中华民族伟大复兴战略全局中，担当好粤港澳大湾区党报理论新高地的重要责任：第一，继续为中国改革开放鼓与呼。为中国特色社会主义道路、理论、制度建设探路，为社会进步提供思想动力。第二，保持现实关切，坚持问题导向。为"美好生活"，为"人的全面发展"，为推动中国现代化政治发展，提供真知灼见。第三，为国家需求与特区担当、国家道路与特区创新进一步探路。为建设粤港澳大湾区和先行先试示范区建言献策。为新时代国家治理、地方治理更好地发挥思想引领先导作用，贡献更多有质量的思想理论产品。

（《深圳特区报》2021 年 10 月 5 日 B03 版　理论周刊/专论）

后 记

2021 年 4 月的清明小长假，一反往年的"清明时节雨纷纷"，阳春布德泽，万物生光辉，阳光洒满窗台和书桌。每日早起整稿，不觉已春深，油然想到唐人王贞白《白鹿洞》诗："读书不觉已春深，一寸光阴一寸金。不是道人来引笑，周情孔思正追寻。"

本书文稿的原始收集、下载排版和初步校勘，由研究生陈萍萍完成，这里致以谢忱。近五年发表的，都标注具体日期和版面，五年前发表的，具体版面已找不到数据，故只有发表日期。除根据责任编辑要求删除的篇目，2021 年底前发表在《深圳特区报》理论版的学术随笔等，都在这里了。

感谢《深圳特区报》理论版主编周国和先生为本书作序。国和主持的理论版办得活跃，包容开放，透出深圳改革开放的气象和学术探索的活力。我请国和写序，他说："我怕担当不起，若能请名家更好，我可以在最后写一段表示感谢的话。"我说："你对稿子最知情，可长可短写几句，这样出书才有意思。"

清初王士禛是当时的文坛盟主，当时后学若能得其只言片语褒奖，便声名鹊起。其时蒲松龄《聊斋志异》不为世人知，蒲松龄便找到王士禛，王士禛写了"王阮亭鉴定"五字，各家书坊立马以刊刻《聊斋志异》为荣。王士禛还赠诗曰："姑妄言之姑听之，豆棚瓜架雨如丝。料应厌作人间语，爱听秋坟鬼唱诗。"

但予素以为，作序这事儿，良师益友或知情者走笔一二，才更得其趣。当年蒲松龄如果写的东西很烂，即使王士禛站台，也是玩不转的。近年文风日趋漫大，套话大话连篇累牍，精到洗炼、可品可咂的学术随笔、笔记体等灵性著述，几近绝矣。但愿这本学术小著，不是滥竽充数。

　　大自然的四季万千风情，理论的四季同样跌宕起伏，沉浮俯仰。个中滋味，未能一一道来，只道人间四月好个春。

于沪上绿隐书屋

2021 年 4 月 17 日